Die Staatsgrenze zwischen beiden deutschen Staaten

Dr. Klaus Emmerich

Die Staatsgrenze zwischen beiden deutschen Staaten

Eine Studie

Bibliografische Information der Deutschen Nationalbibliothek
Die Deutsche Nationalbibliothek verzeichnet diese Publikation
in der Deutschen Nationalbibliografie; detaillierte bibliografische
Daten sind im Internet über http://dnb.d-nb.de abrufbar.

© 2013 Dr. Klaus Emmerich
Umschlagdesign, Herstellung und Verlag:
BoD - Books on Demand
ISBN 978-3-7322-2687-0

197

GESETZBLATT

der Deutschen Demokratischen Republik

| 1982 | Berlin, den 29. März 1982 | Teil I Nr. 11 |

Gesetz
über die Staatsgrenze
der Deutschen Demokratischen Republik
(Grenzgesetz)

vom 25. März 1982

Die strikte Achtung und Einhaltung der allgemein anerkannten Prinzipien des Völkerrechts, darunter die Achtung der Souveränität, der Unverletzlichkeit der Staatsgrenzen, der territorialen Integrität und der Nichteinmischung in die inneren Angelegenheiten, ist eine wesentliche Voraussetzung für die Entwicklung gutnachbarlicher Beziehungen, der Sicherheit und Zusammenarbeit zwischen den Staaten und die entscheidende Grundlage einer stabilen Friedensordnung.

In Wahrnehmung ihrer souveränen Rechte gestaltet die Deutsche Demokratische Republik ihre Beziehungen in Grenzangelegenheiten mit den benachbarten Staaten in Übereinstimmung mit dem Völkerrecht und organisiert den Schutz der Staatsgrenze einschließlich des Luftraumes und der Territorialgewässer.

Zu diesem Zwecke beschließt die Volkskammer auf der Grundlage der Verfassung der Deutschen Demokratischen Republik das folgende Gesetz:

I. Abschnitt
Hoheitsgebiet und Staatsgrenze
der Deutschen Demokratischen Republik

§ 1

Hoheitsgebiet

Das Hoheitsgebiet der Deutschen Demokratischen Republik umfaßt das Festlandgebiet einschließlich des Erdinneren und der Binnengewässer (Flüsse, Kanäle, Seen, Staubecken), die inneren Seegewässer, die Territorialgewässer und den Grund und Untergrund dieser Gewässer sowie den Luftraum über dem gesamten Festlandgebiet und allen Gewässern.

§ 2

Staatsgrenze

(1) Die Staatsgrenze der Deutschen Demokratischen Republik ist die Linie, die das Hoheitsgebiet der Deutschen Demokratischen Republik von den Hoheitsgebieten benachbarter bzw. gegenüberliegender Staaten und vom Offenen Meer abgrenzt.

(2) Die Staatsgrenze verläuft so, wie sie in völkerrechtlichen Verträgen und den dazu gehörenden Dokumentationen über den Verlauf und die Markierung der Staatsgrenze festgelegt und beschrieben ist oder wie sie in Übereinstimmung mit den Normen des Völkerrechts auf dem Offenen Meer einseitig festgelegt wurde.

(3) Die Staatsgrenze (Landgrenze) verläuft:

a) grundsätzlich als gerade unbewegliche Linie von einem zum anderen Grenzpunkt, sofern sie nicht nach natürlichen Gegebenheiten festgelegt ist, — trockene Grenze —;

b) auf schiffbaren Grenzwasserläufen als bewegliche Linie in der Mitte der Hauptfahrrinne (Talweg) und auf nichtschiffbaren Grenzwasserläufen als bewegliche Linie in der Mitte des Grenzwasserlaufes oder seines Hauptarmes (Mittellinie) — nasse Grenze —, sofern in völkerrechtlichen Verträgen nichts anderes festgelegt wird, und

c) auf Seen und Staubecken (Talsperren, Rückhaltebecken und ähnliche Gewässer) entsprechend den Festlegungen der jeweiligen völkerrechtlichen Verträge.

(4) Auf schiffbaren Grenzwasserläufen ändert sich der Verlauf der Staatsgrenze mit den natürlichen Veränderungen der Hauptfahrrinne. Auf nichtschiffbaren Grenzwasserläufen ändert sich ihr Verlauf mit den allmählichen natürlichen Veränderungen der Lage des Grenzwasserlaufes. Plötzliche natürliche Veränderungen an Grenzwasserläufen, auf denen oder an deren Ufern die Staatsgrenze verläuft, haben keinen Einfluß auf den in den Grenzdokumentationen festgelegten Verlauf der Staatsgrenze.

(5) Die Staatsgrenze auf See (Seegrenze) ist die Linie, die die Territorialgewässer der Deutschen Demokratischen Republik vom Offenen Meer oder von den Territorialgewässern der benachbarten bzw. der gegenüberliegenden Staaten abgrenzt. Sie verläuft gegenüber dem Offenen Meer als eine Linie, die an jedem Punkt von dem nächstgelegenen Punkt der Grundlinie um die Breite der Territorialgewässer entfernt ist. Die Grundlinie wird durch die Küstenlinie oder durch eine in Übereinstimmung mit den Normen des Völkerrechts gebildete gerade Linie bestimmt. Die Küstenlinie ist die Berührungslinie zwischen Land und Meer bei mittlerem

Dr. Klaus Emmerich
Die Staatsgrenze zwischen beiden deutschen Staaten
Eine Studie

Inhalt Seite

1 Vorbemerkungen
Aktuelle Bedeutung der Grenzfragen

Wenn von Grenzfragen geredet wird, dann wird in deutscher Vergangenheit und auch in der Gegenwart fast ausschließlich an Mauer und Stacheldraht, an Todesstreifen und sog. Schießbefehl, in jüngster Zeit sogar an ein "wissenschaftlich erarbeitetes Totenbuch" gedacht. Wer in meinem Buch derartiges erwartet, wird enttäuscht sein. Ich möchte anhand völkerrechtlicher Kriterien und vom staatsrechtlichen Standpunkt beider deutscher Staaten das Problem der Staatsgrenze zwischen den beiden deutschen Staaten erläutern und für den Leser verständlich machen. In wesentlichen Teilen stütze ich mich auf mein Buch "Grenzen. Eine Auswahl staats-, völkerrechtlicher sowie zeitgeschichtlicher Aspekte der Grenzen am Beispiel beider deutscher Staaten und der Hauptstadt Berlin", das im Jahre 2009 in der Edition Ost erschien.

Eine "Wiedervereinigung", gar unter dem Dach des Deutschen Reiches oder ein "Zusammenwachsen, was zusammengehört", gab es nicht.[1]

Zum Begriff der Wiedervereinigung bemerkte ein SPD- Politiker: Im künftigen Verhältnis "beider deutscher Staaten (sollte) man vom Begriff Wiedervereinigung Abstandnehmen. Wenn in Deutschland davon gesprochen werde, dann hörten die Nachbarn vor allem das `Wieder´. Die deutsche Politik müsse dagegen deutlich machen, daß wir nicht die Vergangenheit restaurieren, sondern Neues schaffen wollen, und zwar gemeinsam mit unseren Nachbarn".[2]

Die Vereinigung beider deutscher Staaten erfolgte auf dem Wege des Anschlusses der DDR. Dieser schlagwortartige Begriff wird im Weiteren für die staatliche Vereinigung von BRD und DDR verwendet. Fakt bleibt aber, dass mit dem Anschluss der DDR, mit ihrem Ende - auch die Existenz einer Staatsgrenze Staaten beendet war.

"Das Thema *Grenze* ist derzeit von äußerster Aktualität. Der Fall des *Eisernen Vorhangs* einst hermetische Systemgrenze zwischen Ost und West -, ...das Verblassen der alten nationalstaatlichen Grenzen und dem Entstehen einer neuen Außengrenze ...mit der ihr innewohnenden Tendenz zur Überschreitung jeglicher Grenzen haben nicht nur das Bewußtsein über die Bedeutung von Grenzen verschärft, sondern auch die wissenschaftliche Forschung zu diesem Thema stark verändert."[3]

---

[1] Der heutige Präsident der Akademie der Künste, Klaus Steak, benutzte zu damaliger Zeit die Metapher des Zusammenwachsens von Bockwurst und Banane. Staeck, Plakate Deutschland, 1996 Seite 120. Siehe auch: Pätzold/Weißbecker, Historische Schlagwörter, o. D. Seite 168 f.

[2] Eppler, Erhard Gedenkstunde des Bundestages am 17. Juni 1989. In: Archiv der Gegenwart Band 9 Seite 8636.

[3] Grenzen und Grenzüberschreitungen Grenzenloses Österreich, 1998 Seite 1

Der Leiter der Sektion Forschung beim Europarat begründet die aktuelle Bedeutung der Grenzen folgendermaßen: *"Viele der heutigen Grenzen in Europa entsprechen nicht den Trennungslinien zwischen Volksstämmen und natürlichen Gegebenheiten, sondern wurden im Verlauf der Geschichte künstlich gezogen. Viele Grenzen sind das Ergebnis von Kriegen und den daraus folgenden Friedensschlüssen und Verträgen (z. B. Wiener Kongress 1815, Friedensverträge der Alliierten 1919 mit Deutschland, Österreich und Bulgarien und 1920 mit Ungarn und der Türkei, Konferenzen von Jalta und Potsdam 1945). Andere Grenzen entstanden dadurch, daß Regierungen oder Fürsten Gebiete verkauften (Verkauf Korsikas an Frankreich durch die Republik Genua 1786) oder durch Heirat an sich brachten ... Mitunter änderten sich Grenzen auch als Ergebnis von Volksabstimmungen (so etwa nach dem Ersten Weltkrieg ... im Burgenland, in Eupen-Malmedy, Oberschlesien und Schleswig sowie 1935 und 1956 im Saarland), wodurch die neuen Grenzen jedenfalls dem Willen der Mehrheit der Bevölkerung entsprachen. ... Alle Versuche, durch bessere sprachliche Verständigung über die gegebenen Grenzen hinweg Europabewußtsein zu wecken, ein vereintes Europa aufzubauen, können nur dann erfolgreich sein, wenn sie die Geschichte der jeweiligen Grenzregion berücksichtigen..."* [4] Die Demarkationslinie zwischen den Besatzungstruppen in Deutschland, die spätere Staatsgrenze DDR/BRD fand hier nur durch den Hinweis auf die "Konferenzen von Jalta und Potsdam 1945" Beachtung.

Als Beispiele für Grenzprobleme in Europa werden folgende Grenzregionen genannt: Nordirland; Europas hoher Norden; Schleswig; die deutsch-niederländische Grenze; Flandern Grenzregion Aachen; Region Saar-Lothringen-Luxemburg; Grenzraum am Oberrhein (Regio Basilensis); Pyrenäen; Gegend an der italienisch-französischen Grenze; Bodenseeraum; Südtirol; Region Alpen-Adria; Burgenland, Ungarn und Slowakei; Deutsch- tschechisch-österreichisches Grenzland; Grenzen auf dem Balkan; Grenzen im Schwarzmeerraum; Grenzgebiet zwischen Litauen, Polen, Weißrussland, Russland und Ukraine; die Oder-Neiße-Grenze; das Baltikum zwischen Rußland und Skandinavien. [5]

Die Probleme der Staatsgrenzen, werden häufig im Sinne der Historiographie, der Kulturraumwissenschaft; der Sprachwissenschaft, in ethnischer oder konfessioneller Hinsicht erforscht. Die Erforschung der politischen Staatsgrenzen erfolgt zunehmend *vor Ort* und *nicht mehr vom Zentrum aus*. Sie sind "nicht mehrt primär Teil der politisch-diplomatischen oder militärischen Geschichte. Sie gehören mittlerweile zu den Hauptthemen der Erforschung von Lebenswelten und Erfahrungen und insbesondere zu einer aufstrebenden Kulturgeschichte des

---

[4] Vordeck (Grenzen in Europa, 2008 Seite 1 f.

[5] A.a.O. Seite 2 bis 15.

Politischen und des Raums".[6]

Nicht unbeachtet darf bleiben, dass mit der Entwicklung z.B. von unbemannten Flugkörpern (Drohnen) die Überwachung des Luftraumes zunehmend an Bedeutung gewinnt. Die gezielte Tötung Osama Bin Ladens auf pakistanischem Staatsgebiet durch US-Streitkräfte am 02. Mai 2011wirft eine Reihe neuer Fragestellungen auf. Diese Feststellung ist auch zutreffend für jegliche Art grenzüberschreitender Kommunikation (Mobiltelefon).

Nach Ende des Kalten Krieges, dem Zusammenbruch der sozialistischen Staatengemeinschaft und der Sowjetunion sowie dem Anschluss der DDR "gewann das Thema `Grenze´ auch in Europa an Brisanz, die zuvor nur in der Zeit der Entkolonisierung ähnlich groß war. Dabei zeigte sich mit brennender Aktualität, dass Grenzen - und deren ethische, staatliche, sprachliche oder kulturelle Definition - sich ständig konfliktreich verwandeln, dass sie wiederbelebt werden oder aber verschwinden können."[7]

Als aktuelle Beispiele für zeitgeschichtliche Bedeutung von Grenzfragen sollten der Streit zwischen der Volksrepublik China und Japan um einer Inselgruppe im Südchinesischen Meer, der aufkommende Streit an der Grenze Türkei/Syrien, die noch ungelösten Probleme um die Falklandinseln zwischen Argentinien und England sowie der Anspruch Vietnams auf die Nansha-Inseln gegenüber China, angesehen werden.

Ich bin überzeugt, dass es nun auch an der Zeit ist, einige Probleme der Grenzen zwischen der DDR und der BRD sowie der Grenze um Westberlin, mit dem zeitlichen Abstand der Aufhebung dieser Grenzen zu betrachten und die Bedeutung dieser Grenzen während der Existenz zweier deutscher Staaten und ihrer Sicherung für die Erhaltung des Friedens heraus zu arbeiten. In meinem Buch *Die Grenze um Westberlin 1945 bis 1990* habe ich besonders der staatsrechtlichen Status dieser inneren Grenze der DDR herausgearbeitet.

In nur wenigen Staaten dieser Erde war "die Sicherheit so unmittelbar mit seiner Existenz verknüpft wie in der DDR. Der Schutz dieser DDR unter den Bedingungen des gnadenlos geführten Kalten Krieges, der in einen heißen überzugehen drohte, war eine Bedingung für den Frieden in Europa. Die DDR musste aufgrund ihrer Bedrohungslage ihrer Sicherheit einen *höheren* Rang einräumen als andere Staaten. Sie war zu besonderen Staatsschutzmaßnahmen regelrecht gezwungen."[8]

Selbstverständlich bezieht sich diese Einschätzung der Sicherheitslage auch auf die unmittelbare Sicherung des Hoheitsgebietes der DDR.

---

[6] Duhamelle/Kostert/Struck Grenzregionen Seite 10.

[7] A.a.O. Seite 8.

[8] Schwanitz Sicherung der DDR 2004, Seite 89.

"Allein der Umstand, daß ein Grenzproblem sich historisch erledigt hat, hindert nicht die aktuelle Aufarbeitung des ehemaligen Grenzstreits der über die völkerrechtliche Bedeutung… der gewonnenen Erkenntnisse" hinausgeht.[9]

Im Folgenden wird auf eine Periodisierung grundsätzlich[10] verzichtet, da jede Periodisierung im Zusammenhang mit den Staatsgrenzen bliebe den bundesdeutschen Klischees wie z.B. "Schießbefehl" des Sowjetmarchalls Sokolowski 1946 oder 1947, oder anderen Daten nach Gründung der DDR; dem "Arbeiteraufstand" vom 17. Juni 1953, dem "Mauerbau" vom 13. August 1961; schließlich dem "Mauerfall" am 9. November 1989 verpflichtet.

Die Periode der Entspannung zwischen den beiden deutschen Staaten, charakterisiert durch den Abschluss des Grundlagenvertrages, und im gegebenen Zusammenhang insbesondere die gesamte Tätigkeit der Grenzkommission, trägt Prozesscharakter und lässt sich kaum in zeitliche Perioden bzw. Phasen einordnen.

Die Aufnahme der DDR in die UNO am 18. September 1973 und ihre Mitgliedschaft bis zum 2. Oktober 1990 bedeutete eine Gleichbehandlung beider deutscher Staaten und ihre weltweite Anerkennung. In der Zusammenarbeit mit der UNO gab es "sicher immer im Rahmen der jeweiligen Partnerschaft bzw. Blöcke - für beide deutsche Staaten Wirkungsfelder eines konstruktiven Miteinander in der UNO".[11] Zwischen beiden deutschen Staaten gab es in der UNO durchaus übereinstimmende Auffassungen z.B. zum KSZE-Prozess, Weltraumforschung, Abschaffung chemischer Waffen, Rotationsverfahren im Sicherheitsrat, Schaffung eines internationalen Seegerichtshofes in Hamburg.

In einem Interview vom 30. September 1988 erklärte der damalige Bundesaußenminister Genscher, dass Probleme beider deutscher Staaten besser im Rahmen des Grundlagenvertrages als auf der Bühne der UNO geklärt werden.[12] Es ist selbstverständlich, dass zur sachlichen Problemlösung die Grenzfragen gehörten. "Vorhandene Defizite in der Menschenrechtspraxis der DDR wurden hier und da angesprochen; es kam aber nicht zu einer Verurteilung oder zur Einleitung irgendeines Untersuchungsverfahrens."[13]

Ein anderes Beispiel einer Periodisierung könnte die Verabschiedung des Grenzgesetzes am 25. März 1982 von der Volkskammer der DDR sein.

---

[9] Gielen, Text und Karte im Völkerrecht, 1996. Seite 103.

[10] *Grundsätzlich* wird hier und im weiteren im juristischen Sinne angewandt. Das bedeutet nicht ausschließlich, im Prinzip, aber Ausnahmen zulassend.

[11] Neugebauer DDR in der UNO. 2000 Seite 46.

[12] Vgl. a.a.O. Seite 47.

[13] A.a.O. Seite 49.

2 Die deutschen Grenzen nach dem Zweiten Weltkrieg

Die Nachkriegsgrenzen Deutschlands wurden im Londoner Protokoll vom 12. September 1944[14] und den Folgevereinbarungen bestimmt.

Danach war Deutschland jenes Gebiet innerhalb der Grenzen, wie sie am 31. Dezember 1937 bestanden. Die Grenzen der Länder und Provinzen des Deutschen Reiches waren diejenigen, die auf Grund eines Erlasses vom 25. Juni 1941 bestandswirksam wurden.

Als Ausgangspunkt aller Diskussion um die deutschen Grenzen wird der Herbst 1944 gewählt, der das Londoner Protokoll hervorbrachte, der die Aufteilung des faschistischen Deutschen Reiches in vier Besatzungszonen und die *Verwaltung* Groß-Berlins durch die vier Hauptmächte der Anti-Hitler-Koalition, bestimmte.

Aus der militärischen Demarkationslinie zwischen den sowjetischen Truppen einerseits und den drei westlichen Besatzungstruppen andererseits, wurde mit der Gründung der beiden deutschen Staaten eine Staatsgrenze, an der die völkerrechtlichen Regeln verbindlich wurden.

Die Grenzen zwischen den Besatzungsgebieten der USA, Großbritanniens und Frankreichs wurden zur im Sinne des Wortes innerdeutschen Grenze, zur Binnengrenze innerhalb der BRD.

Ich habe keine Probleme damit, dass die Grenze zwischen den Einflußsphären der Sowjetunion und der Westmächte in der Zeit von 1945 bis Ende 1948 rechtlich ähnlich zu betrachten ist wie die damaligen Länder- und Provinzgrenzen, also innerdeutsch waren.

Mit der Gründung beider deutscher Staaten entstand die Staatsgrenze zwischen ihnen. Da die BRD kein explizites Gründungsdatum hat, bleiben die Monate zwischen dem 23. Mai 1949 (Inkrafttreten des GG für die BRD) und dem Gründungstag der DDR am 07. Oktober 1949, (viereinhalb Monate) problematisch. Im Weiteren bleibt dieser Zeitraum aber unberücksichtigt,

Details über "Deutschlands Grenzen", die Nordgrenze, die Ostgrenze, die Südgrenze und die Westgrenze sind nachzulesen.[15]

Geschichte ist so wie sie war, sie kann nicht rückgängig gemacht werden. Aber mit dem Ende des Sozialismus in Europa ist nicht das Ende aller

---

[14] Es existiert eine Vielzahl von Veröffentlichungen. Jochen Mitdank „Berlin zwischen Ost und West" hat im Dokumenten- Anhang ab Seite 245 ein Protokoll in Deutsch und Englisch veröffentlicht.

[15] Vgl. Hansen/Zernack/Riedmann/Mieck in: Demandt Grenzen in der Geschichte Deutschlands, 1990.

gesellschaftlichen Entwicklung erreicht.

Haben die Grenzen und ihre Sicherung dazu beigetragen, dass auf dem europäischen Kontinent aus dem kalten Krieg kein heißer wurde?
Hat das Grenzregime (Grenzsicherung) an diesen Grenzen, das vor allem von der Sowjetunion und der DDR geschaffen wurde, über zwei Generationen einen dritten Weltkrieg verhindert? Armeegeneral a. D. Kessler und Generaloberst a. D. Streletz sowie Hans Bauer geben auf diese Frage umfassende Antworten.[16]
Wenn davon ausgegangen wird, dass es in den etwa 200 Staaten der Welt "über 70 friedenserhaltende oder Frieden schaffende transnationale Operationen und andere Interventionen" gibt, die nur teilweise auf UNO-Mandaten basieren und dass die NATO offensichtlich versucht "eine Art Oberregierung" zu werden, dann wird der Nordatlantikvertrag (Artikel 6), der "klare geographische Grenzen" zog, unterlaufen. Genauso wie der Konflikt zwischen Argentinien und England um die Falklandinseln die NATO nichts anging, galt gleiches auch beim Konflikt Russland und Georgien.[17]
Wenn Geschichte ist wie sie war, dann kann sie aber verschieden bewertet und interpretiert werden. Das ist besonders erkennbar an den unterschiedlichen Rechtsstandpunkten, die insbesondere von den Interpreten der beiden deutschen Staaten vertreten wurden.

3 Die „deutsche Frage"

Die Besetzung Deutschlands und seine Aufteilung unter den Hauptalliierten war bereits im Sommer 1943 "als rein theoretischer Natur" erwogen worden. Die "alliierten Streitkräfte (sollten) sich auf drei Hauptzonen von ungefähr gleicher Größe verteilen, die Briten im Nordwesten, die Amerikaner im Süden und Südwesten und die Russen im Osten. Berlin sollte eine eigene, gemeinsam verwaltete Zone mit einer von allen drei Hauptverbündeten zu stellenden Besatzung werden."[18] Unabhängig von den Operationen der verbündeten Armeen waren die vereinbarten Grenzen der Besatzungszonen verbindlich. Dabei wurden

---

[16] Kessler, Heinz/Streletz, Fritz Ohne die Mauer hätte es Krieg gegeben. Zwei Zeitzeugen erinnern sich. Berlin 2011. Gleichfalls: Bauer, Hans (Hrsg.) Grenzdienst war Friedensdienst Berlin 2011.
[17] Vgl. Schmidt, Helmut Militärische Interventionen 2008
[18] Churchill, Eisener Vorhang 1954, Seite 188.

die Begriffe "taktische Zone" und "Besatzungszone" verwandt.[19]

"Wer immer zuerst nach Berlin, Prag und Wien gelangte, sollte die Stadt nehmen... Die Gesamtheit der Beziehungen zwischen Russland und seinen Verbündeten im Westen war in Fluss. *In keiner Zukunftsfrage waren wir uns einig.*"[20]

Bei der Frage, was bedeutet jetzt Deutschland entwickelte sich auf der zweiten Sitzung auf der Potsdamer Konferenz am 18. Juli 1945 folgendes Gespräch:

"*Truman.* Vielleicht nehmen wir als Ausgangspunkt die Grenzen Deutschlands von 1937?

Stalin. Ausgehen kann man von allem. Von irgendetwas muß man ausgehen. So kann man auch das Jahr 1937 nehmen.

Truman. Das war Deutschland nach dem Versailler Vertrag.

Stalin. Ja, man kann Deutschland von 1937 nehmen, aber nur als Ausgangspunkt. Das ist einfach eine Arbeitshypothese, um unsere Arbeit zu erleichtern.

Churchill. Nur als Ausgangspunkt. Das bedeutet nicht, daß wir uns darauf beschränken.

Truman. Wir sind einverstanden, Deutschland von 1937 als Ausgangspunkt zu nehmen."[21]

Die Begriffe "Deutschland als Ganzes", "Deutsches Reich", "Deutschland", "Deutscher Gesamtstaat" prägten die westdeutsche rechts-wissenschaftliche und öffentliche Diskussion über Jahrzehnte.

In der DDR war die "These von den zwei souveränen Staaten" die alles Tragende. Wenn die deutschen Politiker und Juristen in den Westzonen, bereits kurz nach bedingungsloser Kapitulation im Mai 1945 ihre Rechtskonstruktionen und Ideen gegen die Sowjetunion und ihre Verbündeten richteten, dann war selbstverständlich die SBZ und spätere DDR davor nicht gefeit.

Deutschlands Rechtslage nach dem zweiten Weltkrieg wurde in verschiedene Zeitabschnitte geteilt, der Fortbestand des Deutschen Reiches in den Grenzen von 1937, bzw. der Fortbestand eines gesamtdeutschen Staates und des Deutschen Reiches mittels verschiedener Theorien begründet und das Verhältnis von BRD und DDR zueinander in Theorie und Praxis mediengerecht verarbeitet.[22]

Erst mit dem Vertrag über die abschließende Regelung in bezug auf Deutschland

---

[19] Vgl. a.a.O. Seite 195.

[20] A.a.O. Seite 191. Hervorhebungen K.E.

[21] In: Dokumentensammlung Konferenz 1978 Seite 234.

[22] Typische Beispiel ist: V. d. Heydte: „Deutschlands Rechtslage nach dem zweiten Weltkrieg". In: Strupp/Schlochauer (Herausgeber), Wörterbuch des Völkerrechts Bd. I., 1963, Seiten 352 bis 356. Die Staatlichkeit der DDR sollte schon damals delegitimiert werden, indem der Kürzel der Staatsbezeichnung DDR z.B. in Anführungsstriche gesetzt wurde.

(Zwei plus Vier Vertrag) vom 12. September 1990 wurde im Artikel 1 bestimmt, daß "das vereinte Deutschland …die Gebiete der Bundesrepublik Deutschland, der Deutschen Demokratischen Republik und ganz Berlin umfassen (wird). Seine Außengrenzen werden die Grenzen der Deutschen Demokratischen Republik und der Bundesrepublik Deutschland sein und werden am Tage des Inkrafttretens dieses Vertrages endgültig sein…"[23]

Entgegen der üblichen Ansicht aus der Politik der alten BRD und ihr genehmer Rechtswissenschaftler war es für die Völkerrechtssubjektivität der DDR schon immer "unerheblich, ob ein Staat von anderen anerkannt wird oder nicht."[24]

Da die BRD dem Grundgesetz und damit auch dem Gebot der Wiedervereinigung verpflichtet war, benötigte *"sie ein plausibles Konzept für die Behandlung der Frage des geteilten Deutschlands. Während der 50er und 60er Jahre hatten die Regierungen der Bundesrepublik immer wieder versucht, aus dem Dilemma herauszukommen, indem sie das ostdeutsche Regime ächteten. Doch 1970 hatten immer mehr Länder die DDR anerkannt und sich dabei nicht um die Drohung Bonns gekümmert, dass es die Beziehungen zu solchen Ländern abbrechen werde (das war der Inhalt der Hallstein - Doktrin). Diese Politik ließ die Bundesrepublik in die Gefahr geraten, sich selbst und nicht Ostdeutschland zu isolieren".[25]*

Aber auch die DDR behauptete in ihrer Frühphase von sich, die *"Interessen des gesamten deutschen Volkes"* wahrzunehmen. Wir werden nicht eher ruhen, *"bis die widerrechtlich von Deutschland losgerissenen und dem Besatzungsstatut unterworfenen Teile Deutschlands mit dem deutschen Kernstaat, der Deutschen Demokratischen Republik, in einem einheitlichen demokratischen Deutschland vereinigt sind."[26]*

Selbst Stalin beendete seinen Glückwunsch zur Gründung der DDR:
"Es lebe und gedeihe das einheitliche, unabhängige, demokratische friedliebende, Deutschland!"[27]

4 Die deutsche "grenzgeteilte" Sprache

Die *traditionellen Funktionen* des Grenzregimes, Schutz des Hoheitsgebietes und

---

[23] Ebenda. Vertrag Zwei plus Vier, 1990.
[24] Gornig, Status Deutschlands , 2007, Seite 5.
[25] Kissinger, Berlin und Brandt, 1979. Seite 441 f.
[26] Pieck Rede vom 11. Oktober 1949 nach der Wahl zum Präsidenten.
[27] Stalin, J. W Glückwunsch.

Abwehr feindlicher Angriffe durch Befestigung der Grenze, Regelung der Ein- und Ausreise. Diese führten zwangsläufig zur Abschottung der eigenen geistigen und materiellen Werte, der eigenen Sprache, Religion, Wirtschaft und Kultur gegen fremde (feindliche) Einflüsse. Die eigenen Staatsbürger bzw. Staatsangehörigen sollten auch vor dem *Einfluss des Nachbarstaates geschützt* werden.

Die Sprache der Bewohner sollte im Nachbarstaat auch agitatorisch wirken. Welche Zeiträume dafür notwendig sind, soll hier unberücksichtigt bleiben.

Fakt ist, dass die Umgangs- und die Behördensprache in der DDR eine andere war als die Umgangs-und Amtssprache der BRD.

Die Sprache beider deutscher Staaten begann/endete an den Grenzen.

Welcher Allgemeinwortschatz der DDR-Bürger, geordnet nach Sachgruppen, sich entwickelte und offenbar noch fortexistiert wird in der sprachwissenschaftlichen Literatur kommentiert.[28]

Das DDR-Deutsch war weniger von Anglizismen, mehr von politischen und rechtlichen Parolen und Wörtern durchsetzt, die auch ihren Ursprung in der Sowjetunion hatten wie:

„Nie wieder Faschismus-nie wieder Krieg; erst mehr arbeiten, dann besser essen; Junkerland in Bauernhand; was des Volkes Hände schaffen-ist des Volkes eigen; sozialistisches Eigentum (Art. 10, 12 Verfassung); Thälmann ist niemals gefallen; von der Sowjetunion lernen, heißt siegen lernen; Diktatur des Proletariats; vom Ich zum Wir; arbeite mit, plane mit, Regiere mit (Art. 21 Verfassung); Denken ist die erste Bürgerpflicht; Einheitliches sozialistisches Bildungssystem (Art. 17 Verfassung); keine Fehlerdiskussion; Einholen ohne überholen; jeder nach seinen Fähigkeiten, jedem nach seiner Leistung (Art. 2 Absatz 3 Verfassung); Ami go home; die Partei hat immer Recht; revolutionäre Wachsamkeit; Weltfriedenslager; Sicherung der Staatsgrenze; Nationale Volksarmee (NVA); Volkspolizei (VP); atheistische Weltanschauung; imperialistische Unkultur (Art. 18 Verfassung); gesellschaftliche Gerichte (Art. 96 Verfassung); Schiedskommission; Konfliktkommission; Eingaben Art. 103 Verfassung); Werktätige (Art. 1, 2, 42, 45, 47 u.a. Verfassung); die Volkskammer (Art. 48 ff. Verfassung); der Staatsrat (Art. 66 ff. Verfassung)....“

Biskupek[29] hat aus dem DDR-Wortschatz Begriffe ausgewählt und entsprechend erläutert. Dazu gehören: "Rinderoffenstall, Brigadetagebuch, Straße der Besten, Poetenseminar, Genosse Kossonossow, Antragsteller, Reisekader, Autoanmeldung, Pionierehrenwort, Messe der Meister von Morgen" u.v.a.

---

[28] Vgl. Lange/Praxernthaler/Schröder u.a. (DDR-Sprache).

[29] Biskupek, Matthias Das kleine DDR-Lexikon. Von Haushaltstag bis Reisekader. München Zürich 2006.

In der alten BRD gab es natürlich auch Worte und Losungen, die an der Staatsgrenze ihre Bedeutung verloren und wirkungslos wurden wie : „Eigentum verpflichtet (Art. 14 Abs. 3 GG); Flucht und Vertreibung; Neue Ostpolitik; Ich bin ein Berliner(Kennedy); Wirtschafswunder; Freiheit statt Sozialismus; Freiheitlich-demokratische Grundordnung; Wohlstand für alle; geistig-moralische Wende/Werte; Unbewältigte Vergangenheit; keine Experimente; mehr Demokratie wagen; Recht auf Heimat; Wandel durch Annäherung; wir sind ein Volk; Blockgrenze; Zwangsvereinigung, Innerdeutsche Grenze; Schießbefehl; Maueropfer; Eiserner Vorhang; Verantwortung vor Gott(Präambel GG); Volkskapitalismus; Volksaktien; Freizügigkeit im ganzen Bundesgebiet(Art. 11 GG);"Petitionsrecht(Art. 17 GG); Neugliederung des Bundesgebietes(Art. 29 GG); Gesetzgebungskompetenzen des Bundes(Art. 70 GG ff.); Begriff `Deutscher´ (Art. 116 GG): Geltungsdauer des Grundgesetzes" (Art. 146 GG) u.a.[30]

Unabhängig davon hatten natürlich bestimmte Wörter wie "Demokratie", "politische Macht", "Bündnis", "Eigentum", "Oder-Neiße-Friedensgrenze"; "Freunde"; "Arbeitnehmer(in) Arbeitgeber, Werktätiger" u. v. a. inhaltlich eine völlig andere, bzw. entgegen gesetzte Bedeutung.

Die Verfassung der DDR und das Grundgesetz für die BRD verloren ihre Wirkung an der Staatsgrenze; der demokratische und soziale Bundesstaat BRD (Art. 20 GG) grenzte an den sozialistischen Staat DDR (Art. 1 DDR - Verfassung).
Der demokratische Rechtsstaat BRD "grenzte" an den "diktatorischen Unrechtsstaat" DDR.

Nach dem Anschluss, dem ein Jahr vorher die Öffnung der Grenzen vorausging, hieß es dann *gesamtdeutsch* z.B.:
"Jetzt wächst zusammen, was zusammen gehört; Zwei Diktaturen in Deutschland; Marode DDR-Wirtschaft; Ostalgie; Warteschleife; Blühende Landschaften; Heldenstadt Leipzig; die Sicherheit Deutschlands wird auch am Hindukusch verteidigt; Kollateralschaden (Unwort des Jahres 1999); Kriege gegen den internationalen Terrorismus; Rote Socken; Rückgabe vor Entschädigung; Verordneter Antifaschismus; Buschzulage; die neuen Bundesländer; Besserwessi; Stasisyndrom; Politikverdrossenheit; Ich-AG" (Unwort des Jahres 2002); Linksruck" u. v. a. [31]

---

[30] Den Beispielen wurde das Grundgesetz für die Bundesrepublik Deutschland mit Stand vom 21.12.1983 sowie die Verfassung der Deutschen Demokratischen Republik vom 6. April 1968 zu Grunde gelegt.
[31] Vgl. Bestdeutsch Wörter und Unwörter 1990 bis 2004: Berlin 2005.

Wenn im August 2008 die "Kluft" zwischen der alten BRD und dem Anschlussgebiet von 66 % der Befragten als groß, als "weiterhin getrennt", bezeichnet wird[32], dann gilt das auch für die nunmehr gesamtdeutsche Sprache.

Im Weiteren wird grundsätzlich die Terminologie der DDR verwandt.

5 Zur Quellenlage

Als besondere Schwierigkeit bei der Bewertung der Quellen erwies sich, dass grundsätzlich die eigentlichen Probleme der Existenz und des Verlaufs einer völkerrechtlichen Staatsgrenze zwischen beiden deutschen Staaten mit dem territorialen Grenzregime insbesondere der DDR gleichgesetzt und folglich als deckungsgleich angesehen und bewertet wurden und werden. Die Sicherungs-anlagen sind keineswegs identisch mit dem Verlauf der Staatsgrenze, die wie jede Grenze keiner Seite vollständig *gehört*.

Die Sicherung der Staatsgrenze, "Mauer und Stacheldraht, Beschränkung der Freizügigkeit" wird aus propagandistischen und öffentlichkeitswirksamen Gründen, aber auch durch Unwissenheit, nicht strikt getrennt von jenen Problemen, die mit dem Verlauf der Grenzen zusammenhängen.

Im Wesentlichen wurde eine Auswahl von Dokumenten aus Ost und West, Memoiren und Darstellungen von beteiligten Zeitzeugen, Grenzverträge und Rechtsvorschriften der beiden deutschen Staaten sowie völkerrechtliche Standardwerke und wissenschaftliche Veröffentlichungen benutzt. Weniger von der Tagespolitik geprägte Veröffentlichungen in Printmedien und dem Internet.

Besonders bei dem Studium von Memoiren zeigte sich, dass nicht nur Interessen und/oder Strategien aus der Tagespolitik von Bedeutung waren, sondern die subjektive Sicht eine große Rolle spielte. Als Beispiel sei Nass genannt.

In seinem Buch beschreibt er wie er über *Hitlers Beton* als Mitglied der bundesdeutschen Grenzkommission gen Osten fuhr. Er erlebte, *wie 30 Personen in Magdeburg auf eine Rostbratwurst warteten,* wie er einen Ehrenplatz neben *dem ostzonalen Delegationsleiter* (gemeint ist DDR-Botschafter Karl Kormes) erhielt. Wie er am 9.12.1976 um 10.00 Uhr in seinem Notizbuch notiert, dass er einige handgeschnitzte Spielzeugpferde einkaufte, aber einen Wagen dazu gab es nicht. *Die Pferdchen waren die letzten... Unsere Delegationsmitglieder beginnen zu reden. Daraus ist Honig nicht zu saugen; keine neuen Erkenntnisse zu*

---

[32] Vgl. Tageszeitung Die Welt 14.August 2008 Seite 2.

gewinnen; denn wir werden hier abgehört, mindestens aber müssen wir die Unterhaltung so führen, als ob wir abgehört würden. An anderer Stelle schlendert Nass die Elbe hinunter. *Der nächste Laden an dem ich vorbeikomme, ist „Zur Belieferung gesellschaftlicher Bedarfsträger zugelassen". .Da wird also wohl die Partei ihr Papier einkaufen. Offenbar auch ihr Klopapier, das einen riesigen Korb füllt, der am Eingang steht.* Selbst ein großes Plakat mit Struwwelpeter auf dem Weihnachtsmarkt wird kommentiert: *Die Diktatur des Proletariats huldigt der autoritären Kindererziehung vergangener Zeiten.* [33]

Warum dieses Gewäsch in einem Buch eines Mitgliedes der bundesdeutschen Delegation in der Grenzkommission mit einem Vorwort eines ehemaligen Innenministers im Jahre 2010?

Ein anderes Problem bestand z.B. darin, dass die Dokumente (Gesprächsprotokolle) der Alliierten von jeder Seite separat gefertigt wurden und erst nach Freigabe z.B. der britischen Aufzeichnungen, am Anfang der 70er Jahre des vorherigen Jahrhunderts "erforderliche Korrekturen an der russischen Übersetzung der Ausführungen der Regierungschefs... auf der Teheraner Konferenz vorgenommen" wurden."[34] Aber eine Veröffentlichung im Osten erfolgte erst im Jahre 1986!

Nicht unbedeutend war das "Wechselspiel" zwischen Regierung und Opposition der BRD in der Grenzfrage, die schließlich eine Staatsfrage war. Nicht unbeachtet darf bleiben, dass die BRD ein Förderativstaat ist. Die Beteiligung der Länder an den Verhandlungen mit der DDR wurde trotz unterschiedlicher Rechtsauffassungen zwischen Bund und Ländern bzw. zwischen den Bundesländern gelöst und grundsätzliche Übereinstimmung erzielt. Dazu gehören z.B. die Probleme im Zusammenhang mit dem Grenzverlauf auf der Elbe.

Diese Übereinstimmung fand ihren Niederschlag in Dokumenten, die die Kompetenzverteilung zwischen Bund und Ländern gemäß Artikel 30 und Artikel 32 Grundgesetz für die BRD und in Übereinstimmung mit Entscheidungen des Bundesverfassungsgerichts regelten.

Bundeskanzler Schmidt verwies auf dieses "Wechselspiel" in seiner Begegnung mit Honecker indem er ausführte, dass er es mit einer Opposition zu tun hat, die keine Rücksicht auf die Beziehungen zwischen den beiden deutschen Staaten nähme. Gleichzeitig bat er dringend darum, die BRD-Politik nicht nach Veröffentlichungen der in der Bundesrepublik zu beurteilen.[35]

---

[33] Nass a.a.O. Seiten 62, 64 f, 66 f. ,

[34] Teheraner Konferenz 1986, Seite 5.

[35] Vgl. Erstes Treffen des Ersten Sekretärs des Zentralkomitees der SED Honecker mit Bundeskanzler Schmidt. Helsinki, 30. Juli 1975. In: Dokumente DzD VI/4 1975/76 Dokument Nr. 83, Seite 326.

In diesem Kontext erhebt sich die Frage, ob zu diesen *Veröffentlichungen* die offiziellen Dokumente des Deutschen Bundestages, das "Bulletin" der Bundesregierung, die Bundesgesetzblätter, veröffentlichte Gutachten besonders von Rechtswissenschaftlern und Spezialisten anderer Wissenschaftszweige auch gehörten?

Die DDR - Führung hatte in einem Zentralstaat unter Führung einer Partei diese Probleme nicht. Der Stamm der Funktionäre und ihre ideologische Ausrichtung am Marxismus/Leninismus blieben im Grunde über 41 Jahre gleich. Woran sollte man sich ausrichten? Die Theorie und Praxis der sowjetischen Führung in der Grenzfrage und das Völkerrecht wurden als einzige Alternativen betrachtet und auch dementsprechend umgesetzt.

Die Rolle der Geheimdiplomatie, insbesondere zwischen der Sowjetunion und der BRD,[36] unter Umgehung der DDR im Zusammenhang mit dem späteren Anschluss der DDR an die BRD kann nicht unbeachtet bleiben. Diese Kanäle "zwischen den Führungsspitzen der UdSSR und der BRD" funktionierten über zehn Jahre. Unbestritten ist, dass Gorbatschow die abschließende Verhandlungsrunde zur Einheit Deutschlands ohne die Teilnahme von Vertretern der DDR führte. In seinen Erinnerungen schreibt er dazu: *"In der abschließenden Verhandlungsrunde nahmen neben dem Kanzler und mir Schewardnadse, Genscher, Finanzminister Waigel und S. Sitarjan, der damals für unsere außenwirtschaftlichen Verbindungen zuständig war, teil."*[37]

Fakt ist, dass nicht nur die "abschließende Verhandlungsrunde" sondern auch die Vorverhandlungen zum Anschluss der DDR ohne diese erfolgten. Wie kann man hier von Gleichberechtigung zwischen den beiden deutschen Staaten zur "Wiedervereinigung" reden? Etwas anders verhielt es sich bei den Verhandlungen zum Zwei-plus-Vier-Vertrag. Das Kürzel "Zwei" sollte beide deutsche Staaten symbolisieren. Der letzte Ministerpräsident der DDR bemerkt dazu: "Die Alliierten gingen davon aus, das sie, die vier Siegermächte, darüber zu befinden hätten, ob und wie sich Deutschland einigt. Das noch geteilte Deutschland hat erreicht, den Namen (des Vertrages - K.E.) umzudrehen in Zwei-plus-Vier-Prozess. Dies sollte heißen, die beiden deutschen Teilstaaten beschließen in Ausübung des Selbstbestimmungsrechtes der Völker ihre Wiedervereinigung und beteiligen die vier Siegermächte in dem notwendigen Maße, wie sich dies aus den Verträgen von Jalta, Potsdam und insbesondere aus den Viermächteabkommen ergibt."[38]

Teltschik bemerkt in seinen Tagebuchaufzeichnungen: "Es war Gorbatschow

---

[36] Vgl. Dokumente DzD, 2002. Einführung Seite XV.
[37] Ebenda Seite 724.
[38] de Maizière, Lothar , Deutsche Einheit 2010, Seite 294.

persönlich, assistiert von Schewardnadse, der die großen Entscheidungen getroffen hat."[39]

Die großen Entscheidungen waren *neben dem Anschluss der DDR, solche Kleinigkeiten* wie die Wahl der NATO-Mitgliedschaft des vereinten Deutschland als Ausdruck der vollen Souveränität; der vollständige Abzug der sowjetischen Truppen aus der DDR; der Aufenthalt der vier Alliierten in Berlin, solange die sowjetischen Streitkräfte auf dem Gebiet der DDR verblieben; die Obergrenze der *gesamtdeutschen* Streitkräfte; die Situation der *Sowjetdeutschen in der Sowjetunion;* keine ABC-Waffen im geeinten Deutschland.[40]

Teltschick verwendet den Begriff "Hintergrundgespräche"[41] und zitiert Gorbatschow mit dem entscheidenden Satz am 10. Februar 1990:
*"Es gebe zwischen der Sowjetunion, der Bundesrepublik und der DDR keine Meinungsverschiedenheiten über die Einheit und über das Recht der Menschen, sie anzustreben. Sie (die Staatsbürger der DDR und die Staatsangehörigen der BRD -K. E.) müßten selbst wissen, welchen Weg sie gehen wollen. Die Deutschen in Ost und West hätten bereits bewiesen, daß sie die Lehren aus der Geschichte gezogen hätten und von deutschem Boden kein Krieg mehr ausgehen werde."[42]
Dieses Gespräch in Moskau "konzentriert sich auf die Wirtschaftsbeziehungen zwischen der UdSSR und der DDR, sowie auf den militärischen Status des neuen Deutschland."[43]*
Gorbatschow sprach auch im Namen der DDR. Ironisch sei angemerkt: Nach der Bevollmächtigung wird noch heute gesucht.

Ein großer Mangel besteht darin, dass alle Archive der DDR offen sind, die der alten BRD weiterhin verschlossen bleiben. Eine Ausnahme bildet z.B. die Sonderedition des dem Bundeskanzleramtes aus dem Jahre 1998.[44]
Potthoff[45] sieht diese Problematik völlig anders. Er weist besonders auf den zeitgeschichtlich "fast einmaligen Glücksfall des nahezu unbeschränkten Zugangs zu den ostdeutschen Quellen" hin.[46]
Seine Behauptung, dass etwa ein Drittel des gesamten *Seitenumfangs* der

---

[39] Teltschik 329 Tage, 1991 Seite 339.
[40] Vgl. a.a.O. Seiten 333 bis 342. Montag, den 16. Juli 1990.
[41] A.a.O. Seite 137.
[42] A.a.O. Seite 140.
[43] A.a.O. Seite 141.
[44] Dokumente DzD, 1998.
[45] Potthoff, Heinrich , Dialog, 1997. Seite 15 f.
[46] A.a.O. Seite 14.

Dokumente aus der BRD stammt,[47] wird bezweifelt.

Dieser Zweifel bezieht sich logischerweise auf den Gegenstand dieser Arbeit. Beispielsweise wurde zu den Verhandlungen zum Verkehrsvertrag mit der DDR lediglich ein "Auszug aus dem Kurzprotokoll" einer dreitägigen Kabinettssitzung, das nicht veröffentlicht werden sollte, teilweise veröffentlicht.[48]

Zu Ausführungen des sowjetischen Botschafters zum Status der Westsektoren, also ein brisantes Thema, heißt es auf einer einseitigen Vorlage lapidar: "Diese Ausführungen Abrassimows werden abschließend erst auf Grund des noch nicht vorliegenden detaillierten Protokolls zu beurteilen sein."[49]

Wenn man berücksichtigt, dass diese Bemerkung ohne Fußnote auf das "detaillierte Protokoll" bezug nahm, aber erst im Jahre 2004 veröffentlicht wurde, dann sind zumindest Zweifel an der Wahrhaftigkeit dieses "Dokuments" angebracht.

In den "Dokumenten zur Deutschlandpolitik"[50] wurden z. B. die Beschlüsse und auch Vorlagen des Politbüros des Zentralkomitees der SED veröffentlicht, aber adäquate Dokumente der alten BRD bleiben weitgehend verschlossen im Bundesarchiv.

So gibt es beispielsweise zur Grenzfestlegung in der Lübecker Bucht im Dokumentenband (DzD VI/3 1973/74) ausschließlich Dokumente aus der DDR.[51]

Obwohl auf einen anderen Zeitraum bezogen, wird eine "Gleichwertigkeit oder gar Gleichrangigkeit …durch die intensivere Aufmerksamkeit, die die Deutschlandpolitik der DDR findet" mit der Veröffentlichung der DDR Dokumente "damit auf keinen Fall unterstellt."[52]

Hier wird versucht, die offenen Archive der DDR und die Interpretation der Quellen zu relativieren und ins rechte Licht zu rücken. Anders ausgedrückt: Die

---

[47] Dokumente DzD VI/2 (1971/1972; Bahr - Kohl Gespräche 1970 -73, 2004 S. XI.

[48] Auszug aus dem Kurzprotokoll über die 109. Kabinettsitzung der Bundesregierung Bonn, 3. /5. Mai 1972. In: Ebenda Nr. 143, Seite 523, 525

[49] Vorlage des Vortragenden Legationsrats I van Well an den Staatssekretär des Auswärtigen Amts Frank Bonn, 10. Mai 1971. In: Dokumente DzD VI/2 (1971/1972; Bahr - Kohl Gespräche 1970 -73, Nr. 51 2004 Seite 219.

[50] (DzD VI /3 1973/74 und DzD VI/4). Herausgeber: Bundesministerium des Innern und Bundesarchiv.

[51] In der „Zeittafel" XXXVII wird zwar die Unterzeichnung des Protokollvermerks über den Verlauf der Grenze zwischen dem Küstenmeer der BRD und dem Küstenmeer der DDR und die Vereinbarung zwischen der Bundesregierung und der Regierung der DDR über den Fischfang in einem Teil der Territorialgewässer der DDR in der Lübecker Bucht vom 29. Juni 1974 genannt, aber inhaltliche Dokumente der alten BRD fehlen vollständig.

[52] Vorbemerkung. In: Dokumente DzD, 1996 (Veröffentlichte Dokumente) Seite IX.

Deutungshoheit über die Geschichte insgesamt und über einzelne Quellen hat die alte BRD.

Bemerkenswert ist, dass die Quellen der DDR in der Regel von Wissenschaftlern der alten BRD interpretiert werden (müssen), weil die Wissenschaftler der DDR oftmals durch Abwicklung ihrer Institute bzw. Einrichtungen ihren Arbeitsplatz verloren und demzufolge nicht mehr auf ihrem Tätigkeitsgebiet wirken können. Wenige sind so konsequent[53] dass sie z.B. beim Schreiben der bundesdeutschen (deutschen) Geschichte die DDR-Geschichte ausklammern, weil sie zugeben, dass sie nicht über die methodischen Zugänge und den tiefen Einblick in die Quellen der DDR Verfügen.

5.1 Wertungen der Quellen

Zur hier interessierenden Staatsgrenze DDR/BRD wurden z.B. veröffentlicht:

Vom 9. Januar 1973: Vorlage über Maßnahmen an der Staatsgrenze im Zusammenhang mit dem Vertrag über die Grundlagen der Beziehungen zwischen der DDR und der BRD (Auszüge).[54];

vom 11. September 1973: Konzeption für die weitere Tätigkeit der DDR-Delegation in der Grenzkommission[55];

vom 12. Februar 1974: Konzeption für das Vorgehen hinsichtlich der abschließenden vertraglichen Regelung über den Verlauf der Staatsgrenze zwischen der DDR und der BRD[56];

vom 18. März 1975: Einschätzung der „Thesen zur Rechtslage Deutschlands"[57];

vom 28. Juli 1975: Einschätzung der Schlußdokumente der KSZE[58];

---

[53] Vgl. Görtemaker Geschichte der BRD, 1999.
[54] Dokumente DzD VI/3 1973/74, Dokument Nr.3 Seite 12 - 15.
[55] A. a. o. Dokument Nr. 71 Seite 290 - 294.
[56] A. a. O. Dokument Nr. 131 Seite 486 - 488.
[57] Dokumente DzD VI/4 191975/76, Dokument Nr.27 Seite 127 - 131.
[58] A. a. o: Dokument Nr. 81 Seite 310 -31.

vom 4. November 1975: Konzeption für das weitere Vorgehen der DDR - Delegation in der Grenzkommission; Stellungnahme zur BRD Forderung nach Abschluß einer Vereinbarung über die Nichtanwendung der Schußwaffe auf der Elbe[59];

vom 8. Juni 1976: Konzeption für das weitere Vorgehen der DDR - Delegation in der Grenzkommission DDR/BRD[60];

Wenn man bedenkt, dass das Politbüro das „Oberste Organ" der DDR war, dann sind die Aufzeichnungen von Ministerialbeamten, Vorlagen des BND, Fernschreiben, Gesprächsnotizen, Koordinierungsgespräche, ministerielle Schreiben, Niederschriften, Vermerke u. ä. geradezu Bagatellen gegenüber den Inhalten der Beschlüsse und Vorlagen des Politbüros der SED. Der Führungsanspruch der SED und damit seines Politbüros war allumfassend. .[61]

„Ministergespräche beim Bundeskanzler über DDR Fragen vom 15. Januar 1975"[62] sowie die Koordinierungsgespräche der Bundesregierung auf Delegationsleiterebene vom 14. November 1973,[63] am 23. Januar 1975, am 16. April 1975, am 14.Oktober 1975, am 27. Januar 1976[64] könnten eine gewisse Vergleichbarkeit mit den Vorlagen und Beschlüssen des Politbüros darstellen. Das hängt sehr stark vom Inhalt der Koordinierungsgespräche ab.
Im Vermerk vom 8. August 1973 (Schierbaum)[65] wird die „Billigung der Vereinbarung(en) der Grenzkommission" (Tagesordnungspunkt 3) überhaupt nicht abgedruckt.

Das Fernschreiben der Ständigen Vertretung der BRD, aber die „Überquerung der Elbe durch Jungrinder am 20. 5.1975"[66] findet aber Platz.

Die grundsätzlichen Unterschiede in den Auffassungen beider Staaten zur Staatsgrenze sind "roter Faden" dieses Buches, obwohl es sich nur um

---

[59] A.a.O. Dokumente Nr. 123 und 123 A Seite 447 - 450.

[60] A.a.O Dokument Nr. 188 Seite 666 - 669.

[61] Die parteiinternen Zuständigkeiten sind nachzulesen bei Arnold/Modrow, Politbüro und Zentralkomitee, 1995.

[62] Vom 15. Januar 1975. In: Dokumente DzD VI/4 191975/76 Dokument Nr. 4 Seite 14 bis 16.

[63] In: Dokumente DzD VI/3 1973/74 Dokument Nr. 88 S. 347- 350.

[64] A.a.O. VI/3 Dokumente Nr. 10 (S. 37 - 49); Nr. 35 (S. 149 - 154); Nr. 111 (S. 412 - 419); Nr. 165 Seiten 581 bis 588.

[65] A.a.O. Dokument Nr. 60, Seiten 228 bis 233.

[66] Dokumente DzD VI/4 Dokument Nr. 48, Seite 195.

ausgewählte Probleme handelt.

5.2 Unterschiedliche Bewertung durch beide Seiten

Die Geschichtswissenschaft und auch die Rechtswissenschaft der DDR stellte insbesondere die sowjetische Deutschlandpolitik grundsätzlich "als Friedenspolitik im Geist des Potsdamer Abkommens" dar.

In der BRD überwog die Meinung, "die Sowjetunion habe eine zielstrebige Expansionspolitik betrieben, die die Sowjetisierung ganz Deutschlands einschloss..."[67]

Diese Pauschalisierung führt bei der Untersuchung der Grenzfragen zwischen der DDR und der BRD nicht weiter. Es handelt sich um ein sensibles Thema, das einer differenzierten Betrachtungsweise bedarf, die ständig vertieft werden muss. Denunziatorische oder von blindem antikommunistischen Hass oder leichtfertigem, gedankenlosen Mediengeschwätzt und in Schriften "enthüllte Erkenntnisse" helfen nicht weiter. Sie sind nicht nur unproduktiv, sondern für den Erkenntnisprozess schädlich.

Die Politik der DDR an und um Grenzen war Teil ihrer Militärpolitik. Alle Organe, insbesondere die der Landesverteidigung, haben ihren Beitrag geleistet. Dazu gehörte auch das Ministerium für Staatssicherheit.

Als Beispiel für blinden Antikommunismus gilt der Begriff des Eisernen (auch Eisenen) Vorhangs, der seit Jahrzehnten durch die Welt geistert.

Der *"Eiserne Vorhang"* als Synonym für die Teilung der Welt in zwei sich unversöhnlich gegenüber stehende Lager, als symbolische Darstellung der Unüberwindlichkeit der Grenzen, war in diesem Sinne eine Schöpfung von Goebbels.[68]

Kurz vor Ende des zweiten Weltkrieges, die Sowjetarmee hatte sich bereits bis zur Oder vorgekämpft, gab er einen Ausblick in "Das Jahr 2000" und schrieb u. a.:

"Wenn das deutsche Volk die Waffen niederlegte, würden die Sowjets, auch nach den Abmachungen zwischen Roosevelt, Churchill und Stalin, ganz Ost - und Südosteuropa zuzüglich des größten Teiles des Reiches besetzen. (gemeint waren die Beschlüsse von Jalta- K.E.). Vor diesem einschließlich der Sowjetunion riesigen Territorium würde sich sofort ein eiserner Vorhang heruntersenken, hinter

---

[67] Badstübner/Loth, Wilhelm Pieck, 1994 Seite 13.

[68] Er war Reichsminister für Volksaufklärung und Propaganda, Reichsbevollmächtigter für den totalen Kriegseinsatz; Gründer und Herausgeber der Wochenzeitung „Das Reich" mit zahlreichen Leitartikeln aus seiner Feder. Vgl. Weiß, Hermann (Herausgeber). Personenlexikon 1933 - 1945, Frankfurt a. M. 2002 Seite 150, 152.

dem dann die Massenabschlachtung der Völker, wahrscheinlich noch unter dem Beifall der Londoner und New Yorker Judenpresse begänne".[69] An anderer Stelle erläutert er dann: Würde der "Bolschewismus... wie ein zündender Funke nach England herüberspringen und das Land der klassischen Demokratie in Brand setzen. Wieder würde sich der eiserne Vorhang über dieser nun gigantisch ausgeweiteten Völkertragödie senken."[70]

Die Churchill zugeschriebene Schöpfung des Begriffes "Eiserner Vorhang", die er in seiner Rede in Fulton (USA) im Beisein der US- amerikanischen Präsidenten Truman verwandte, ist demnach faschistischen Ursprungs.

Er sagte: "Von Stettin an der Ostsee bis hinunter nach Triest an der Adria ist ein `Eiserner Vorhang´ über den Kontinent gezogen".[71]

Selbst in jüngster Zeit wird der Ursprung dieses Propagandabegriffes noch Churchill zugesprochen.[72] So hat Gorbatschow hat noch im Mai 1992 behauptet, Churchill hätte den Begriff "eiserner Vorhang" zum ersten Mal gebraucht. "Churchill appellierte an die gesamte westliche Welt, sich gegen die Bedrohung durch die Sowjetunion, gegen die Diktatur und die Gefahr der kommunistischen Expansion zusammen-zuschließen".[73]

Der Centaurus Verlag Freiburg widmet der Vermessung dieses Eisernen Vorhangs im Jahre 2010 ein ganzes Buch. Der Herausgeber Nass bezeichnet die Arbeit der deutsch-deutschen Grenzkommission fast wie ein Wunder.[74]

---

[69] Goebbels, Eiserner Vorhang, 1945. .Hervorhebungen K.E.

[70] Ebenda.

[71] Churchill, Fulton Rede. 1968 Seite 394.

[72] Vgl. Mitdank DDR 2008 Seite 15.

[73] Gorbatschow Churchill, 1993 Seite 294.

[74] Nass a.a.O. Seite 359.

BERLIN 25. FEBRU

DEUTSCHE WOCHENZEITUNG

30 PFENNIG   JAHR 1945

Das Jahr 2000

Von Reichsminister Dr. Goebbels

Die drei feindlichen Kriegsführer haben, wie jetzt aus amerikanischen Quellen bekannt wird, auf ihrer Konferenz in Jalta auf Antrag Roosevelts beschlossen, zur Sicherung des gegen das deutsche Volk festgelegten Vernichtungs- und Ausrottungsprogramms ganz Deutschland bis zum Jahre 2000 besetzt zu halten. Man kann diesem Projekt eine gewisse Großzügigkeit nicht absprechen. Es erinnert an die Wolkenkratzer in New York, die auch in die luftige Höhe hineingebaut sind und in den obersten Stockwerken im Winde hin- und herschwanken. Wie wird die Welt im Jahre 2000 aussehen? Stalin, Churchill und Roosevelt haben ihr bis dahin, wenigstens was das deutsche Volk betrifft, den Entwicklungskurs genau vorgeschrieben. Aber es muß doch sehr bezweifelt werden, ob sie bezw. wir uns danach richten werden.

Niemand kann die Zukunft auf längere Zeit voraussehen; aber gewisse Tatsachen und Wahrscheinlichkeiten sind doch auch für ein kommendes halbes Jahrhundert leicht zu erkennen. Beispielsweise, daß von den drei feindlichen Staatsmännern, die diese tollkühnen Pläne entworfen, dann keiner mehr leben, daß England bestenfalls noch 20 Millionen Einwohner zählen wird, daß unsere Kinder bereits Kinder und diese wieder Kinder haben und die Ereignisse dieses Krieges sicherlich schon Gegenstand der Sage sein werden. Aber auch noch einiges andere ist mit ziemlicher Gewißheit vorauszusehen: Im Jahre 2000 wird Europa ein einiger Kontinent sein. Man wird von Berlin nach Paris in einer knappen Viertelstunde zum Frühstück fliegen können, unsere modernen Waffen werden als völlig veraltet angesehen werden. Roosevelt, Churchill und Stalin, ganz Ost- und Südosteuropa zuzüglich des größten Teiles des Reiches besetzen. Vor diesem ansschließlich der Sowjetunion riesigen Territorium würde sich sofort ein eiserner Vorhang heruntersenken, hinter dem dann die Massenabschlachtung der Völker, wahrscheinlich noch unter dem Beifall der Londoner und New Yorker Judenpresse, begänne. Uebrig bliebe nur ein gewisser Rohstoff Mensch, eine dumpfe, gärende Masse von Millionen proletarisierter und verzweifelter Arbeitstiere, die von der anderen Welt nur das zu wissen bekämen, was der Kreml für seine Zwecke für dienlich hielte. Ohne eigene Führung wären sie hilflos der Blutdiktatur der Sowjets ausgeliefert. Das übrige Resteuropa würde in chaotische politische und soziale Wirren verfallen, die nur das vorbereitende Stadium der darauf folgenden Bolschewisierung darstellten. Das Leben und der

Aufenthalt in diesen Ländern würde zur Hölle werden, was ja auch der Zweck der Uebung wäre.

Ganz abgesehen von seinen sonstigen inneren Sorgen wirtschaftlicher, sozialer und politischer Natur würde England einen Volksschrumpfungsprozeß durchmachen, der es in seiner Menschenzahl so herunterdrücken würde, daß es zu einer seine eigenen Interessen vertretenden Europa- und Weltpolitik noch unfähiger wäre, als es das heute schon ist. Im Jahre 1948 würde Roosevelt, genau wie Wilson nach dem ersten Weltkrieg, bei seiner erneuten Kandidatur durchfallen und ein Republikaner, d. h. Isolationist, USA-Präsident werden. Seine erste Amtshandlung bestände wahrscheinlich darin, die amerikanischen Truppen aus dem brodelnden Hexenkessel Europa herauszuziehen. Zweifellos würde ihm die ganze USA-Oeffentlichkeit dazu ihren Beifall zollen. Da eine andere militärische Macht auf dem Kontinent nicht vorhanden wäre, lägen sich nunmehr etwa und bestenfalls 60 britische und 600 unter sowjetischem Befehl stehende Divisionen in Europa gegenüber. Der Bolschewismus hätte sicherlich die Zeit bis dahin nicht ungenutzt verstreichen lassen. In England würde ein Labour-Regime, wenn nicht eine radikalere, halbbolschewistische Regierung am Ruder sein. Sie würde wahrscheinlich unter dem Druck einer von der Judenpresse aufgepeitschten öffentlichen Meinung und eines kriegsmüden Volkes baldigst ihr Desinteressement an Europa erklären. Wie schnell so etwas vor sich geht, sieht man heute am Fall Polen.

Der sogenannte dritte Weltkrieg wäre vermutlich von nur sehr kurzer Dauer, und unser Kontinent läge dann dem mechanisierten Robotertum aus der Steppe zu Füßen. Das wäre noch die für den Bolschewismus ungünstigste Entwicklung. Sie würde zweifellos wie ein zündender Funke nach England herüberspringen und dessen Völker zu gleichen bolschewistischen Exzessen [...] seiner Völker zu nehmen. Es hat deshalb auch keinen Grund, die wirtschaftliche Konkurrenz der Amerikaner zu fürchten, von ihrer militärischen ganz zu schweigen. Selbst wenn dieser Krieg so endete, wie die Roosevelt und Churchill sich das vorstellen, wären die plutokratischen Länder wehrlos dem Wettbewerb der Sowjetunion und dem Weltmärkten ausgeliefert, es sei denn, sie entschlössen sich dazu, gleich billige Arbeitslöhne, d. h. einen gleich niedrigen Lebensstandard einzuführen. Täten sie das aber, dann wären sie wieder der bolschewistischen Weltagitation rettungslos verfallen. Man drehe also die Sache, wie man will, Stalin würde immer der Gewinner und Roosevelt und Churchill würden immer die Verlierer sein. Die anglo-amerikanische Kriegspolitik hat sich in einer Sackgasse festgefahren. Sie hat die Geister gerufen und wird sie nun nicht mehr los.

6 Staatsgrenzen als Problem

In der völkerrechtlichen und politischen Theorie und Praxis existieren zahlreiche Probleme, die in der Staatenpraxis große Bedeutung haben und deren theoretische Untersuchung auffällig vernachlässigt wurde.

Diese Feststellung gilt in besonders starkem Maße für eine Reihe von Problemen, die mit den Staatsgrenzen im Zusammenhang stehen. Allein die Markierung (besser: Grenzführung) der gemeinsamen Staatsgrenzen zwischen den Staaten haben für die beteiligten Seiten. eine Reihe schwerwiegenden Konsequenzen.

Ungeklärte Grenzfragen bzw. Grenzrevisionismus haben auch zu Kriegen geführt. "Der Schatt el - Arab, der Zusammenfluß aus Euphrat und Tigris, bildet auf einer Länge von ca. 250 km seit (dem Jahre)1639 die Grenze zwischen dem Osmanischen Reich und Persien, später Irak und Iran. Im 19. Jahrhundert entstand ein durch die britisch-russische Hegemoniepolitik in der Region entfachter und geschürter Disput über die Flußgrenze am Schatt el-Arab. Die Verträge von Enzerum 1823 und 1847, Konstantinopel 1913 und Teheran (Saadabad) 1937 fixierten die Grenzen auf dem Ostufer des Flußes, bis im Vertrag von Algier 1975 zwischen Irak und Iran die Talweg - Linie als Staatsgrenze vereinbart wurde".[75]

"So wenig das nachwilhelminische Deutschland die Grenzen von 1914 zurückgewinnen könnte, an sich die dauerhaftesten, solidesten, die das moderne Europa je besaß, so wenig kann das nachhitlerische Deutschland die Grenzen von 1937 zurückgewinnen. Es gilt nicht, alte Grenzstreitereien zu erneuern. Es gilt, auch im Osten moralische Bedingungen anzustreben, unter denen politische Grenzen ihre böse Bedeutung allmählich verlieren; auszubrechen aus dem verhexten Zauberkreis der Kriege um Grenzen…"[76] Anzumerken ist aber, dass Kriege nicht um Grenzen, sondern um das dahinter liegende Gebiet geführt wurden.

Seitens der DDR wurde immer erklärt: "Jeder militärische Konflikt, der über einen Grenzzwischenfall hinausgeht, könnte hier sofort zum Auslöser eines nuklearen Infernos werden".[77]
Einige Überschriften aus Presseinformationen[78] sollen die Bedeutung des Verlaufs der Grenzen zwischen den Staaten verdeutlichen:

---

[75] Fürtig Krieg Iran /Irak, 1986. Seite 826 unter Nennung weiterer Quellen.
[76] Mann, Deutsche Geschichte, 1959 Seite 484.
[77] Keßler, Heinz Gespräch, 1988. Seite 9 siebente Spalte.
[78] Aus: Tageszeitungen Neues Deutschland 1. Halbjahr 1988.

"Angola vereinbarte mit Zaire Grenzregelung"; "China für Lösung der Grenzfrage mit Indien"; "BRD-Flugzeug verletzte Luftraum der DDR"; "Außenministerien Vietnams und Chinas zu Vorkommnissen im Grenzgebiet": "Indien und Pakistan. Punjab - Grenze wird gemeinsam überwacht"; "Vietnam schlägt China Grenzverhandlungen vor"; "Libyen zieht Truppen von Grenze zu Tunesien ab"; "Athen protestiert gegen Luftraumverletzungen".

Martinstetter schrieb bereits im Jahre 1952, dass Deutschland seit der bedingungslosen Kapitulation 1945 keine unbestrittenen Grenzen habe.[79] Er meinte "selbstverständlich", unter Ignoranz des Staatsvertrages der DDR mit Polen aus dem Jahre 1950, auch die Oder-Neiße-Friedensgrenze.

Unbestritten ist, dass auch und gerade richtig geführten Staatsgrenzen (die grundsätzlich zwischenstaatlich vereinbart werden) eine kaum zu überschätzende Wirkung auf die friedlichen und gutnachbarlichen Beziehungen zwischen den beteiligten Staaten haben.

Die zu lösenden Probleme, die mit der Abgrenzung des Hoheitsgebietes aufgeworfen werden, sind komplexer Art. Sie reichen von der Lufthoheit, dem Eindringen in die Tiefe der Erde, der Ausbeutung der Bodenschätze, der Wassernutzung, der Abgrenzung zum offenen Meer (einschließlich Fischerei- und Wirtschaftzonen), dem Grundsatz der guten Nachbarschaft (grenzüberschreitende Immissionen) und schließlich dem Grenzregime.

Im Folgenden geht es grundsätzlich um die völkerrechtlichen Staatsgrenzen, die das Hoheitsgebiet eines jeden Staates um- bzw. abschließen.

In den völkerrechtlichen Standardwerken (vor allem Lehrbücher) wird auf die Probleme des Hoheitsgebietes und seiner Abgrenzung in recht summarischer Weise eingegangen und häufig dergestalt, dass diejenigen Probleme erläutert werden, die im wesentlichen zwischen den Staaten unstreitig sind.

Der Streit zwischen den Siegermächten des zweiten Weltkrieges und den späteren beiden deutschen Staaten über die Staatsgrenze und die innerstaatliche Grenze der DDR um Westberlin, währte über Jahrzehnte. Die Tatsache, dass Berlin die Hauptstadt der DDR war und sich auch Westberlin inmitten des Hoheitsgebietes der DDR befand, kann nicht weggeredet werden. In meinem Buch "Die Grenze um Westberlin 1945 bis 1990. Eine staatsrechtliche Studie", wurde die Problematik erarbeitet.

Die Bezeichnung/Nennung von Begriffen für die Staatsgrenze BRD/DDR wie: Demarkationslinie, Gemeinsame Grenze, deutsch-deutsche Grenze, innerdeutsche

---

[79] Vgl. Ebender: Staatsgrenzen. 1952 Seite 18.

Grenze, Zonengrenze, antifaschistischer Schutzwall, der Goebbelche "Eiserne Vorhang", Systemgrenze, "die Grenze durch Deutschland, die Europa durchschneidet"[80] "widernatürlichste und ungeheuerlichste Staatsgrenze Europas" oder "hermetische Scheidewand"[81] u. a., sind beredtes Zeugnis für das unterschiedliche Herangehen an dieses Streitobjekt.[82]

In der Verordnung der DDR vom 25. Mai 1952 heißt es im Titel "Demarkationslinie zwischen der DDR und den westlichen Besatzungszonen". Vier Jahre später[83] wird von "der Grenze zwischen der DDR und der Deutschen Bundesrepublik" ausgegangen.

Das die BRD in einer Rechtsvorschrift der DDR im Gegenzug als "Deutsche Bundesrepublik" bezeichnet wird hat sicherlich damit zu tun, dass die DDR in Anführungszeichen ("DDR") oder "Zone" oder "Mitteldeutschland" genannt wurde.

7 Der Begriff "innerdeutsch" und seine Verwendung im Zusammenhang mit der Staatsgrenze DDR/BRD

Der Begriff "innerdeutsch" wurde und wird auch in der Zeit nach Anschluss der DDR als ein ideologisierter Stereotyp/Kampfbegriff der alten BRD verwendet. Er bringt zum Ausdruck, dass es zwischen den beiden deutschen Staaten keine aus der Souveränität abgeleiteten "inneren Angelegenheiten" der DDR gab. Die DDR, als zweiter deutscher Staat, war *für die BRD* kein Ausland. Das kam einer Leugnung der Staatlichkeit der DDR gleich.

Dagegen wendete sich die Argumentation der DDR auch im Zusammenhang mit dem Begriff "innerdeutsch" bzw. "innerdeutsche Grenze".

Im allgemeinen und amtlichen Sprachgebrauch in der BRD blieben die Begriffe "Zonengrenze" bzw. "innerdeutsche Grenze" erhalten.

Daran änderte sich auch nichts, nach dem der Grundlagenvertrag abgeschlossen wurde und beide deutsche Staaten Mitglieder der UNO wurden.

---

[80] Falin, Erinnerungen, 1993, Seite 245.

[81] Neue Züricher Zeitung vom 2. November 1982 Seite 5. Zitiert bei: Zieger Grenzgesetz 1983 Seite 11.

[82] Welchen Wandel dieser Begriff, in Abhängigkeit von der politischen "Großwetterlage" durchmachte, ist in der Bibliographie/Quellen- und Literaturverzeichnis, das sich im Anhang befindet unter **Grenzregime DDR** (Sicherung des Hoheitsgebietes) im Detail abzulesen.

[83] Ebenda Ziffer 8.

Im Entwurf eines Friedensvertrages für Deutschland aus dem Jahre 1959[84] gibt es keine "innerdeutschen" oder "Zonengrenzen".

Die Grenzen werden in den Artikeln 8 bis 12 bis zur Einheit Deutschlands wie folgt bestimmt:

Unter Hinweis auf eine beigefügte topographische Karte werden die Hoheitsgebiete beider deutscher Staaten "durch die Linie voneinander abgegrenzt, die am 1. Januar 1956 bestanden" (Artikel 8);

die Oder-Neiße-Grenze ist jene, die in Übereinstimmung mit dem Potsdamer Abkommen steht "einschließlich des Territoriums des ehemaligen Ostpreußen, sowie auf das Territorium der ehemaligen Stadt Danzig, die der Souveränität der Volksrepublik Polen unterstellt worden sind, was Deutschland anerkennt"(Artikel 9 Buchstaben a);

Deutschland verzichtet "auf alle Rechte, Rechtstitel und Ansprüche auf die ehemalige Stadt Königsberg und das umliegende Gebiet, die der Souveränität" der UdSSR "unterstellt worden sind" (Artikel 9 Buchstabe b);

"Deutschland erkennt die Ungültigkeit des Münchener Abkommens mit allen sich aus ihm ergebenen Folgen an und erklärt, daß es das Territorium des ehemaligen sogenannten Sudetengebietes immer als unantastbaren Bestandteil des Staatsgebietes der Tschechoslowakischen Republik anerkennen wird" (Artikel 10);

"Deutschland erkennt an, daß das Territorium Elsass-Lothringens ein Bestandteil der Französischen Republik ist. Das Saargebiet gehört zum Gebietsbestand Deutschlands" (Artikel 11);

"Deutschland bestätigt und anerkennt die Veränderungen und die Festlegung der Grenzen, die gemäß den mit den Nachbarstaaten in der Zeit vom Mai 1945 bis zum 1. Januar 1959 abgeschlossenen Abkommen vorgenommen worden sind" (Artikel 12).

Im Gutachten[85] wird hervorgehoben, dass die Grenzregelungen der Artikel 8 bis 12 des Entwurfes von den bestehenden Grenzen ausgehen, die ein friedliches Zusammenleben mit seinen Nachbarstaaten gewährleisten.

Damit war selbstverständlich auch die Staatsgrenze DDR/BRD gemeint, ohne dass sie besonders genannt wurde.

Ausdrücklich wurde im Gutachten hervorgehoben, dass die Grenzverträge, die

---

[84] Entwurf Friedensvertrag 1959 Seite 5.
[85] Zur Frage der Grenzen. 1959.

zwischen den "Regierungen der USA, Englands, Frankreichs und der Beneluxstaaten vom 28. März 1949 über die Veränderung der Westgrenze Deutschlands an 31 Stellen, die noch im selben Jahr zur Einverleibung deutschen Gebietes durch die Niederlande, Belgien und Luxemburg führten und die Vereinbarungen zwischen Westdeutschland und Belgien über Grenzveränderungen vom 24. September 1956 sowie der zwischen Westdeutschland und der Schweiz im Jahre 1957 vereinbarte Gebietsaustausch im Abschnitt Konstanz - Neuhausen", obwohl sie widerrechtlich seien, anerkannt werden.

Die Widerrechtlichkeit wird damit begründet, dass die völkerrechtlich verbindlichen Vereinbarungen der Siegermächte eine Westgrenze Deutschlands bestimmten, wie sie am 31. Dezember 1937 bestand."[86] Trotzdem wurden die bestehenden Grenzen akzeptiert, ein Nichtangriffsvertrag zwischen Warschauer Vertrag und NATO sowie eine atomwaffenfreie Zone in Mitteleuropa vorgeschlagen.[87]

Die DDR ging *immer* davon aus, dass sichere Grenzen dazu beitragen, dass "weder in unserer Zeit noch in Zukunft ein Krieg von deutschem Boden ausgehen kann."[88]

Zur damaligen Zeit wurden noch die Begriffe "Demarkationslinie zwischen der DDR und den westlichen Besatzungszonen Deutschlands", "an der Demarkationslinie", "Gebiet der DDR und dem demokratischen Sektor von Groß - Berlin", "Interzonenreiseverkehr", "Grenze zwischen der DDR und der Deutschen Bundesrepublik", in Titeln von Rechtsvorschriften der DDR genannt.[89]

Später hieß es dann "Westgrenze der DDR", "Staatsgrenze der DDR", "Staatsgrenze zwischen der DDR und Westberlin", schließlich im Jahre 1990 (unter *Einfluss* der BRD) "an den innerdeutschen Grenzen".[90]

Zum Begriff "innerdeutsch" wurde z.B. durch einen hochrangigen Vertreter der DDR ausgeführt: "Der Begriff innerdeutsch ist nicht nur Unsinn, sondern gefährlicher Unsinn. Es gibt keine innerdeutschen Grenzen, sondern Grenzen zwischen der DDR und der BRD. Es gibt keine innerdeutschen Konflikte. Und die Bombe, die von der BRD auf die DDR abgeworfen würde, jede feindliche Handlung gegen unsere Grenze und unser Territorium, seinen nicht innerdeutsch, sondern Aggression im Sinne des Völkerrechts. Die Beziehungen zwischen der DDR und BRD sind ebenso wenig innerdeutsch, wie die Beziehungen zwischen Frankreich und Kanada innerfranzösisch genannt werden können, nur weil es

---

[86] A. a. O. Seite 23.
[87] Vgl. a. a. O. Seite 36.
[88] Erklärung des Vorsitzenden des Staatsrates niemals Krieg, 1964 Seite 8.
[89] Vgl. Grenzregime der DDR
[90] Vgl. ebenda.

französisch sprechende Kanadier gibt".[91]

In einer gemeinsamen Erklärung über ein Gespräch zwischen dem Staatsratsvorsitzenden Honecker und dem Bundeskanzler Kohl am 12. März 1985 in Moskau hieß es unmissverständlich, die "Unverletzlichkeit der Grenzen und die Achtung der territorialen Integrität und der Souveränität aller Staaten in Europa in ihren gegenwärtigen Grenzen sind eine grundlegende Bedingung für den Frieden".[92]

Im Gespräch zwischen dem sowjetischen Staatspräsidenten Gorbatschow und Bundeskanzler Kohl am 12. Juni 1989 erklärte der Bundeskanzler: "Er sei nicht an einer Destabilisierung der DDR interessiert".[93]

Etwas über ein Jahr später wurde zu *einem Gesetzentwurf* der Volkskammer der DDR ausgeführt, dass dieser für die Bundesregierung nicht akzeptabel sei.
Die Bundesregierung "wird versuchen, eine Verabschiedung des Gesetzes zu verhindern, keinesfalls aber Überleitung im Einigungsvertrag tolerieren".[94]

Was vom Bundeskanzler und seiner Regierung nicht anders zu erwarten war, erläuterte Gorbatschow im Herbst 1999 in seiner Rede an der Technischen Universität in Ankara folgendermaßen:
"Mein Lebensziel war die Zerschlagung des Kommunismus… Als ich den Westen persönlich kennen gelernt hatte, war meine Entscheidung unumkehrbar. Ich mußte die gesamte Führung der KPdSU und der UdSSR entfernen. Ich mußte auch die Führung in allen sozialistischen Staaten beseitigen."[95]

Während eines Besuches des Bundesministers Seiters am 03. und 04. Juli 1989 in Berlin erklärte der Außenminister der DDR Fischer unwidersprochen, dass es generell notwendig sei, "die Grenze als eine Grenze zwischen zwei souveränen Staaten zu achten; die Bezeichnung `innerdeutsche Grenze´ verschleiere diesen Sachverhalt".[96]

Schon aus diesem Grunde mutet es wie ein Witz an, wenn es in der Anordnung der DDR über die Aufhebung der Personenkontrollen an den "innerdeutschen

---

[91] Gespräch des Mitglied des Politbüros der Zentralkomitees der SED Axen mit dem französischen Außenminister Schumann Paris, 4. Februar 1972. In: Dokumente DzD VI/2 (1971/1972; Bahr - Kohl Gespräche 1970 -73, 2004. Erster Teilband Nr. 125 Seite 484.

[92] Bulletin der Bundesregierung, Nr. 28, 14.März 1985, S.230.

[93] Dokumente, DzD 1998 Dokument Nr. 2, S.283.

[94] Vorlage des Ministerialdirigenten Busse an den Chef des Bundeskanzleramtes Seiters Bonn, 17. August 1990. In: Dokumente, DzD 1998 Dokument Nr. 383 Seite 1465.

[95] Zitiert nach Gossweiler. Gorbatschow, 2007 Seite 207.

[96] Dokumente, DzD 1998 Dokument Nr. 13, Seite 327.

Grenzen" statt an den Staatsgrenzen, heißt.[97]

Selbstverständlich hatte das nichts mit einer *Destabilisierung der DDR* zu tun!

Bei dem o.gen. Treffen des Staatsratsvorsitzenden mit Bundesminister Seiters (4. Juli 1989) wurden die folgenden Äußerungen Honeckers durch den Bundesminister *würdigend* zur Kenntnis genommen: Eine Politik "der Veränderung der Grenzen ist illusionär. Die Philosophie des Fortbestandes des Deutschen Reiches in den Grenzen von 1937 sei nicht haltbar; das Deutsche Reich sei untergegangen. Seit 1949 gebe es zwei deutsche Staaten".[98]

Der Staatsratsvorsitzende Krenz erklärte am 20. November 1989 in Berlin im Gespräch mit dem Bundesminister: "Die DDR mache die Grenzen durchlässiger; das heiße aber nicht, dass die Grenzen in Frage gestellt würden...".[99]

Während eines Gesprächs von Bundeskanzler Kohl mit US- Außenminister Baker am 12. Dezember 1989 sagte der Bundeskanzler, dass die Grenzfrage wichtig sei, "er habe daher in Punkt 8 seines 10-Punkte Vorschlages deutlich auf die KSZE - Schlußakte abgestellt, die u. a. die friedliche Änderung der Grenzen vorsehe. Viele sprächen zwar von der Oder-Neiße-Grenze, meinten aber in Wirklichkeit die innerdeutsche Grenze. Was die Oder-Neiße-Grenze angehe, so gäbe es klare vertragliche Regelungen der Bundesrepublik Deutschland wie den Moskauer und (den) Warschauer Vertrag, die für uns absolute Geltung hätten. Der Warschauer Vertrag sei vom Bundesverfassungsgericht aber mit der Maßgabe interpretiert worden, dass die Bundesrepublik Deutschland keine Erklärung für Gesamtdeutschland abgeben könne".[100]
Warum wohl? Weil das Bundesverfassungsgericht korrekterweise davon ausging, dass es zwei deutsche Staaten gab.

Nicht unerwähnt soll bleiben, dass die DDR sich darum bemühte, die Diözesangrenzen der katholischen Kirche den Staatsgrenzen DDR/BRD anzugleichen.[101]

---

[97] Verordnung, Kontrollen, 1990.
[98] Dokumente DzD, Dokument Nr. 13, Seite 333.
[99] A. a. O. Dokument Nr. 96 Seite 554.
[100] A. a. o. Dokument Nr. 120, Seite 639.
[101]Beschluß des Politbüros der SED Berlin, 18. Juli 1972. Anlage Memorandum und Begründung der Beschlußvorlage für das Politbüro des Zentralkomitees der SED. In: Dokumente DzD VI/2 (1971/1972; Bahr-Kohl Gespräche 1970 -73, 2004 Nr. 158 A und Nr. 158 B Seite 559 bis 563.

8 Grundlagenvertrag und Staatsgrenze

Die Bedeutung des Grundlagenvertrages oder auch als Grundvertrag bezeichnet liegt darin, dass er als "Kernstück eines ganzen Geflechtes von Vereinbarungen und Regelungen, die das Verhältnis zwischen der DDR und der BRD auf eine normale gutnachbarliche Basis stellen sollten" anzusehen ist.

Seine Regelungen trugen Kompromisscharakter und waren so ausgewogen, "daß man kaum etwas hinzufügen oder wegnehmen konnte, ohne das ganze Gebäude aus dem Gleichgewicht zu bringen"[102]

Der Grundlagenvertrag und seine Regelungen zu den Grenzfragen trugen dazu bei, die Grundfrage zu beantworten: Waren die Beziehungen zwischen den beiden deutschen Staaten völkerrechtlicher Art oder innerdeutsch?

Die Regelungen zu den Grenzfragen "enthielten insofern einen Trick, als bei weiter Auslegung auch Grenzveränderungen darunter verstanden werden konnten…" Die BRD-Vertreter wollten "dies aus rechtlichen Gründen nicht ausdrücklich formulieren, da für Grenzveränderungen nur die vier Mächte wegen ihrer `Verantwortung für Deutschland als Ganzes´ zuständig seien. Wir stimmten zu, da wir davon ausgingen, daß es ohnehin keine nennenswerten Grenzveränderungen geben könnte, allenfalls kleine Grenzkorrekturen, über die man sich leicht verständigen würde. Ein Irrtum, wie sich bald zeigte. Das Grenzprotokoll war eine Art Generalvollmacht (vor allem für die Verhandlungen in der Grenzkommission K.E.). Natürlich war es den vier Mächten völlig gleichgültig, wie die beiden deutschen Staaten ihre Grenzprobleme regelten; die Bonner Berufung auf die Viermächteverantwortung (für ganz Deutschland) war nur ein Vorwand, um Regelungen auszuweichen, die nicht in das BRD-Konzept passten… Die Elbgrenze sollte das Hauptproblem bleiben. Es ist mir bis heute unbegreiflich, warum Bonn nicht bereit war, einer Elbgrenze Mitte Strom zuzustimmen. Die BRD (hätte) nichts verloren; denn in der Praxis wurde so verfahren, als ob die Grenze in der Mitte des Stromes verlief."[103]

Auch nach Unterzeichnung und Inkrafttreten des Grundlagenvertrages ging es in der Auseinandersetzung zwischen den beiden deutschen Staaten vorrangig um die Folgevereinbarungen zum Post- und Fernmeldewesen; Transitverkehr; Wirtschaft; Nichtkommerzieller Zahlungsverkehr; Wissenschaft und Technik; Rechtsverkehr; Staatsbürgerschaft; Gesundheitswesen; Sport; Kultur; Umweltschutz; Reiseerleichterungen - und Reiseverbesserungen; Fortführung der Familienzusammenführungen; Entlassung ehemaliger Häftlinge aus der DDR; weitere Differenzierung beim Mindestumtausch von Besuchern der DDR; Stromlieferungen nach Westberlin; Bau von Autobahnen; Arbeitsmöglichkeiten

---

[102] Seidel Balance 2003, Seite 168.

[103] A.a.O. Seite 38 f.

für Journalisten; Einrichtung der Ständigen Vertretungen; Transfer von Unterhaltszahlungen.[104]

Eine Nebenrolle spielten offensichtlich für beide Seiten (wenn man die Aktenlage beachtet) die Verhandlungen der Grenzkommission und die damit im Zusammenhang stehenden Fragen wie z.B. die Feststellung des Grenzverlaufs in der Elbe, der Abbau der Braunkohleabkommen im Raum Harbke, Nutzung des Erdgasverkommens im Raum Salzwedel.

Trotz dieser *Nebenrolle* wurden diese Verhandlungen immer wieder mediengerecht und damit öffentlichkeitswirksam mit "Grenzzwischenfällen" und Schußwaffenanwendung durch die Grenzsicherungskräfte der DDR *angereichert*.

Nach Anschluß der DDR an die BRD kam dann zur Tätigkeit der Arbeit der deutsch-deutschen Grenzkommission noch die *viele Arbeit, Last und Risiken eines inoffiziellen Mitarbeiters* des Ministeriums für Staatssicherheit der DDR hinzu.[105] Welche Rolle die Dienste der BRD spielten, bleibt weiterhin im Dunkeln.

Eine nicht unwesentliche Rolle in den Grenzfragen zwischen beiden deutschen Staaten spielte das Urteil des Bundesverfassungsgerichts zum Grundlagenvertrag vom 31. Juli 1973 indem es u. a. hieß, dass "das Deutsche Reich den Zusammenbruch 1945 überdauert" hat und fortbestehe. Die DDR könne "nicht als Ausland angesehen" werden. Bei der Grenze zwischen der BRD und der DDR handele es sich um eine staatsrechtliche Grenze "ähnlich denen, die zwischen den Ländern der Bundesrepublik Deutschland verlaufen". Die deutsche Frage bleibt, bis zur Herstellung der deutschen Einheit, offen.[106]

Der Grundlagenvertrag reihte sich nahtlos ein in die gesamte Nachkriegsentwicklung Europas. Die Gründung der UNO, das Potsdamer Abkommen, die Verträge von Moskau und Warschau, das Vierseitige Abkommen schließlich die KSZE - Schlußakte gehörten in diese Reihe.[107]

---

[104] Vgl. Dokumente DzD VI/2 (1971/1972; Bahr-Kohl Gespräche 1970-73, Nr. 51 2004 Seiten 39 f. 44 ff.; 373 ff.; 387 ff.

[105] Vgl. z.B. Nass 2010 a.a.O. Seiten 93 bis 100.

[106] BVerfGE, 36, S.15, 21, 23 .

[107] Vgl. Badstüber Potsdamer Konferenz 1989 Seite 466; Bertsch DDR und friedliche Koexistenz 1989 Seite 599 f.; Laboor KSZE 1989 Seite 611 f.

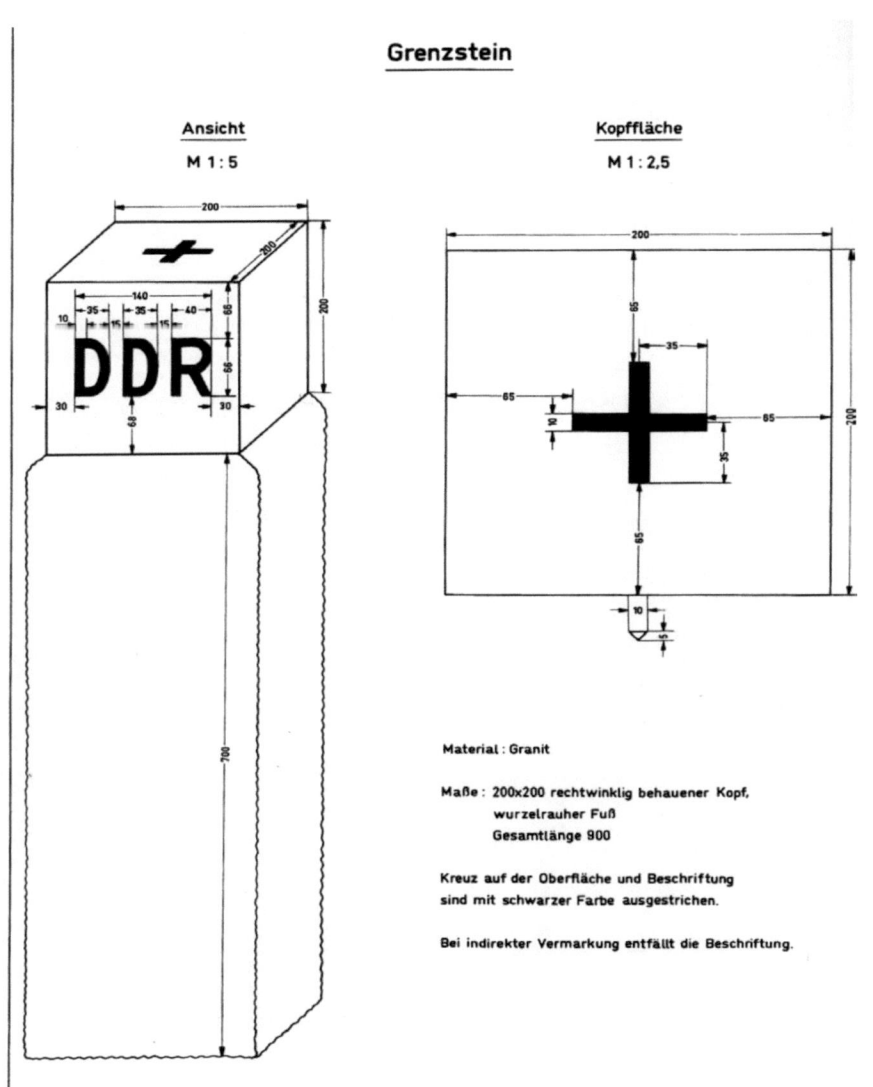

Abbildung aus: Die Grenzkommission. Eine Dokumentation über Grundlagen und Tätigkeit. Bundesministerium für innerdeutsche Beziehungen. Dezember 1978, Anhang IV, Anlage 2, Blatt 1

Erklärung

des Leiters der Delegation der Regierung der Deutschen
Demokratischen Republik in der Grenzkommission
Deutsche Demokratische Republik/Bundesrepublik Deutschland,
Botschafter Karl Kormes

Die Regierung der Deutschen Demokratischen Republik begrüßt die soeben erfolgte Unterzeichnung des „Protokolls zwischen der Regierung der Deutschen Demokratischen Republik und der Regierung der Bundesrepublik Deutschland über die Überprüfung, Erneuerung und Ergänzung der Markierung der zwischen der Deutschen Demokratischen Republik und der Bundesrepublik Deutschland bestehenden Grenze, die Grenzdokumentation und die Regelung sonstiger mit dem Grenzverlauf im Zusammenhang stehender Probleme".

Der nach längeren, intensiven Verhandlungen erfolgte Abschluß dieses Regierungsprotokolls ist ein bedeutungsvoller Schritt zur Entwicklung gutnachbarlicher Beziehungen zwischen beiden Staaten auf der Grundlage der Gleichberechtigung gemäß solcher Prinzipien wie der souveränen Gleichheit, der Achtung der territorialen Integrität, der Lösung von Streitfragen mit friedlichen Mitteln und der Enthaltung von Gewaltandrohung und Gewaltanwendung.

Die Unterzeichnung und Inkraftsetzung dieses Protokolls stellt einen wesentlichen Beitrag zur Erfüllung der im Vertrag über die Grundlagen der Beziehungen vom 21. Dezember 1972 hinsichtlich der Grenze zwischen beiden Staaten gestellten Aufgaben dar. Damit wird durch die im Regierungsprotokoll getroffenen Regelungen auch die Festlegung des Grundlagenvertrages über die Unverletzlichkeit der zwischen beiden Staaten bestehenden Grenze bekräftigt.

Das heute abgeschlossene Regierungsprotokoll findet auch in anderen Staaten ein positives Echo. Dies ist keineswegs zufällig, da es dem Geist der Schlußakte von Helsinki entspricht und eine nicht zu unterschätzende Bedeutung für Frieden und Entspannung in Europa hat.

Die berechtigte positive Würdigung des unterzeichneten Protokolls erfordert zugleich den Hinweis, daß die Aufgabenstellung des Grundlagenvertrages noch nicht völlig erfüllt ist. Zum Grenzverlauf auf der Elbe und zu einem Teilabschnitt der Warmen Bode besteht noch keine Übereinstimmung. Die Position der Deutschen Demokratischen Republik hierzu ist hinreichend bekannt. Die Verhandlungen zu diesen Fragen werden, wie im Protokoll ausdrücklich festgelegt ist, fortgesetzt. Die Regierung der Deutschen Demokratischen Republik bringt ihre Überzeugung und Erwartung zum Ausdruck, daß auf dieser Grundlage bei gutem Willen beider Seiten in den genannten Fragen eine Übereinstimmung gefunden werden kann. Sie ist bereit, sobald als möglich zu einer einvernehmlichen Regelung zu kommen.

In der zum Regierungsprotokoll gehörenden Grenzdokumentation ist der Grenzverlauf eindeutig und für beide Seiten verbindlich festgehalten. Dazu wurden die Grenzvermessungsunterlagen neu erarbeitet. Sie bilden die Grundlage der Grenzdokumentation.

Die Regierung der Deutschen Demokratischen Republik begrüßt auch die Tatsache, daß durch den Abschluß von 23 Vereinbarungen im Rahmen der Tätigkeit der Grenzkommission zahlreiche mit dem Grenzverlauf zusammenhängende praktische Probleme zum gegenseitigen Nutzen geregelt werden. Das beweist nicht zuletzt die ebenfalls heute unterzeichnete Vereinbarung zur Regelung von Fragen, die mit der Errichtung eines Hochwasserrückhaltebeckens auf dem Gebiet der Bundesrepublik Deutschland an der Itz zusammenhängen.

Ich möchte diese Gelegenheit benutzen, um namens der Regierung der Deutschen Demokratischen Republik all denen, die zum Zustandekommen des heute unterzeichneten Regierungsprotokolls beigetragen haben, insbesondere aber den Delegationen beider Seiten in der Grenzkommission, den besten Dank zu übermitteln. Die Regierung der Deutschen Demokratischen Republik verbindet das mit der Erwartung, daß die Grenzkommission auch weiterhin einen konstruktiven Beitrag zur Entwicklung der Beziehungen zwischen beiden Staaten und damit zum Entspannungsprozeß in Europa leistet.

9 Strikte Trennung von Grenzverlauf und Grenzregime

Stets wurde und wird in Rechtswissenschaft, Politik und damit auch in den Medien ignoriert, dass das Grenzregime grundsätzlich eine innere Angelegenheit des Staates ist, von dem es angewandt bzw. durchgeführt wird.[108]
In der häufig benutzten schematischen Darstellung [109] vom Verlauf der Staatsgrenze

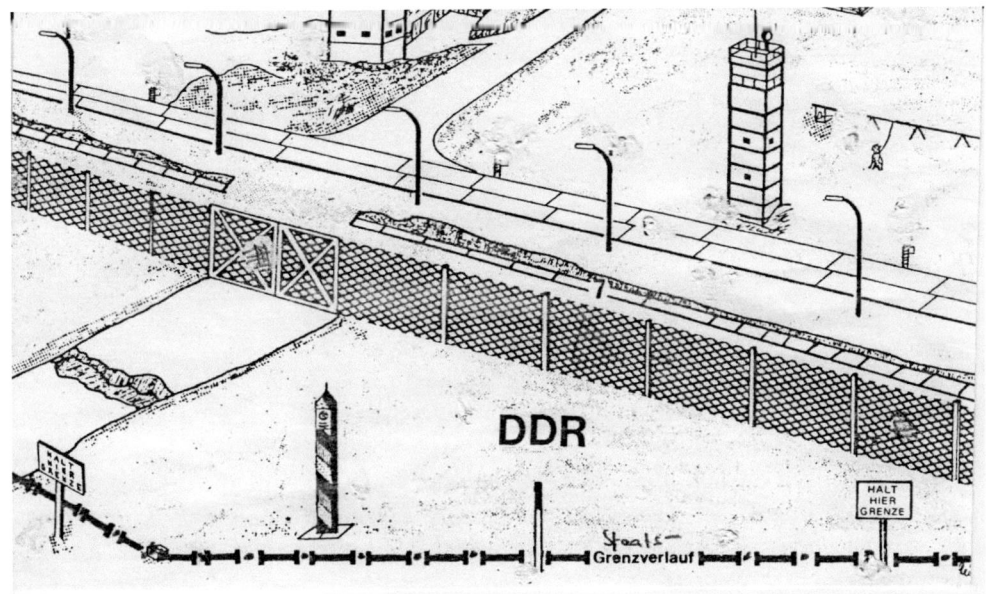

BRD

DDR/BRD einerseits und den *Grenzsicherungsanlagen der DDR* andererseits verdeutlicht das Problem.[110] Offensichtlich bewusst unberücksichtigt bleibt hier die Signatur der Staatsgrenze in topographischen oder Landkarten. Diese Signatur müsste korrekt zwischen den Strichen noch einen Punkt haben. Aber vom

---

[108]Eine vollständigere Aufarbeitung aller einschlägigen Archivalien zum Grenzregime (Sicherung) der DDR, als die von Thoß Grenzregime 2004, wird es wohl nicht geben können.
[109] Hier wurde eine Darstellung aus Informationsmaterial des BGS der 80er Jahre verwendet.
[110] Abgebildet in: Emmerich Grenzen Seite 39:

Rechtsstandpunkt der BRD ausgehend war es eine "innerdeutsche", keine Staatsgrenze.[111]

Abbildung: Staatsgrenzverlauf im Raum zwischen Schönberg und Lübeck

Die DDR ging davon aus, daß "die Festlegung von Grenzübergangsstellen und Transitstrecken sowie das Grenzregime in ihre alleinige souveräne Kompetenz fallen. Man könne den Abkommenspartnern die Zusage geben, sie über unsere Festlegungen zu informieren."[112]
Die hier praktizierte Dreiteilung (Grenzübergangsstellen, Transitwege und Grenzregime) lässt unberücksichtigt, dass zumindest der Standort von *Grenzübergangsstellen* nur dort festgelegt werden können, *wo Übereinstimmung mit den Grenznachbarn besteht.*

Welches Durcheinander durch die fehlende Differenzierung von Grenzverlauf und Grenzregime entstehen, sollen folgende Beispiele eines Autors verdeutlichen:
So wird der Verlauf der 784 km langen Staatsgrenze BRD/Österreich mit dem "aktuellen Grenzregime" und dem "antiquiert anmutenden Grenzregime" einfach mit der "Konkretisierung der Grenzziehung im Inn" in einem Zusammenhang

---

[111] Ebenda.
[112]Konsultation zwischen dem Außenminister der DDR Winzer und dem sowjetischen Außenminister Gromyko Moskau, 20. Oktober5 1971. In: Dokumente DzD VI/2 (1971/1972; Bahr-Kohl Gespräche 1970-73, 2004 Nr. 103 Seite 419.

dargestellt. Damit entsteht der zweifelsfreie Eindruck, dass Grenzverlauf und Grenzregime identisch sind.[113]

Der "heutige Grenzverlauf" im Bereich der Hochstifte Freising und Augsburg, sowie in Ostschwaben wird unter dem Begriffspaar des hier völlig falschen "gegenwärtigen Grenzregimes" abgehandelt.[114]

An anderer Stelle wird dann vom "grenzbezogenen Rechtsregime" gesprochen, worunter dann aber die Qualität, die Art und Weise der Grenzbeschreibung verstanden wird.[115]

Bei der Staatsgrenze BRD/Polen wird richtiger Weise zwischen "Grenzverlauf" einerseits und "Grenzregime" andererseits unterschieden.[116]

Die deutsch-dänische Staatsgrenze in den Jahren 1864/66 wird als "Volkstumsgrenze" und Selbstbestimmungsrecht als Grundlage eines `gerechten´ Grenzregimes" charakterisiert.

"Nicht nur der Grenzverlauf als solcher, sondern der Grenzraum insgesamt kann damit heute als in modellhafter Weise befriedet gelten".[117] Wie soll ein *Grenzverlauf modellhaft* befriedet werden?

Auch im Zusammenhang mit der Darstellung der deutsch-niederländischen Staatsgrenze wird das "aktuelle Grenzregime" in unzulässiger Weise mit dem Grenzverlauf vermischt.[118]

Das *"rechtliche Grenzregime* nach dem Zweiten Weltkrieg"* wird an der deutsch-belgischen Grenze mit "dem heutige(n) Grenzverlauf" ohne erkennbare Abgrenzung vermischt.[119]

Ungeachtet der Argumentation von Khan, dass die Staatsgrenze im Dreiländereck im Bodensee zwischen Österreich, Deutschland und der Schweiz die "meistbehandelte Grenzfrage im deutschsprachigen Schrifttum überhaupt"[120] sei, möchte ich im folgenden vorrangig auf ausgewählte Probleme der Staatsgrenze BRD/DDR eingehen.

Selbst Zieger[121] lässt eine deutliche Trennung völkerrechtlicher Probleme des

---

[113] Vgl. Khan Staatsgrenzen 2004, Seite 164, 181.

[114] Vgl. a.a.O Seiten 209, 213, 219.

[115] Vgl. a.a.O. Seite 225.

[116] Etappen der Fixierung und Konkretisierung des Grenzverlaufes nach dem Zweiten Weltkrieg. In: A.a.O. Seite 314. Die Übernahme des substantiellen Inhalts des bestehenden Grenzregimes durch das wiedervereinigte Deutschland. In: A0a.O. Seiten 339 ff.

[117] Vgl. a.a.O. Seiten 371 ff; 398.

[118] Vgl. a.a.O. Seiten 399 ff.

[119] Vgl. a.a.O. Seiten 468 ff.

[120] Khan Staatsgrenzen 2004 Seite 233 Anmerkung 2.

[121] Zieger Grenzgesetz 1983.

Verlaufes der Staatsgrenze und dem Grenzregime vermissen. Er ging sogar soweit, der DDR das "autonome Dispositionsrecht" abzusprechen, selbstständig völkerrechtliche Grundsätze in einem Gesetz zu formulieren, die es in der BRD nicht gab und auch jetzt nicht gibt.[122]

Die strikte Unterscheidung zwischen dem Verlauf der Grenzen einerseits und vor allem dem territorialen Grenzregime andererseits ist ein Kredo des gesamten Buches.
Aus diesem Grunde bleiben die Sicherungsmaßnahmen der DDR vom 13. August 1961 und ihre Wirkungen weitgehend unberücksichtigt.

Seitens der DDR wurde das Grenzregime als die *"Gesamtheit notwendiger, staatsrechtlicher Normen eines Staates zur Gewährleistung der territorialen Integrität und der Unverletzlichkeit seiner Grenzen sowie zur Regelung der Sicherheit und Ordnung in den grenznahen Räumen, der rechtmäßigen Grenzpassage und grenzüberschreitenden Kommunikation in Grenzangelegenheiten sowie das Tätigwerden der zu diesen Regelungen herangezogenen staatlichen Organe und gesellschaftlichen Kräfte"*[123] betrachtet.

Das Grenzregime DDR umfasste demnach *nicht nur* die eigentliche Grenzsicherung durch Sperranlagen und Personal in Form von Grenzpolizei bzw. Grenztruppen, sondern auch Regelungen für den grenznahen Raum, die Grenzpassage und die grenzüberschreitende Kommunikation.

Auf der Grundlage des Artikels 7 der DDR-Verfassung gehörten Teile des Grenzgesetzes mit den entsprechenden Grenzordnungen; das Ausländer- und Paßgesetz; Regelungen für den grenzüberschreitenden Reiseverkehr für DDR-Bürger sowie der grenzüberschreitende Waren - und Devisenverkehr (Zollgesetz); die Grenzsicherung bzw. Grenzüberwachung zum Grenzregime.

Die Sicherungsanlagen, egal in welcher Form, verliefen niemals auf der Grenzlinie, sondern waren begradigt und hatten einen Abstand vom Verlauf der Grenze von mindestens einen Meter und konnten mehrere hundert Meter betragen.
Obwohl der Ort für eine Grenzübergangsstelle nur mit dem Nachbarn vereinbart werden kann, ist das Prozedere des Übertritts von Personen (eigenen Staatsbürgern, Staatenlosen und Ausländern) immer eine innere Angelegenheit des Staates der verlassen oder betreten werden soll.

---

[122] Vgl.a.a.O. Seite 1 und 7.
[123] Bischoff/Freitag/Paulsen Grundlagen des Grenzregimes der DDR, 2004 Seite 72.

Selbstverständlich (vor allem aus Gründen der Konspiration und Geheimhaltung) spielten solche Fragen wie "einen Teil des Verbindungssystems" und "Schleusungen" der Kundschafter der DDR in der BRD konspirativ über bzw. durch die Grenzsicherungsanlagen durchzuführen, bei der Definition des Grenzregimes der DDR, keine Rolle.[124]

Selbstverständlich gehörte zum Grenzregime der DDR auch die Sicherung der Seegrenze bzw. der Küste.

In der *alten* BRD gehörten zum Grenzregime jene Aufgaben, Verwendungen und Maßnahmen des Bundesgrenzschutzes, die ihm durch Gesetz übertragen wurden.[125]

Dazu gehörten u.a. der Grenzschutz (Sicherheit der Grenzen, Schutz des Festlandsockels, Kontrolle des grenzüberschreitenden Verkehrs, Passnachschau, die Grenzfahndung, Gefahrenabwehr im Grenzgebiet (bis zu einer Tiefe von dreißig Kilometern); Aufgaben im Notstand und Verteidigungsfall; Schutz von Bundesorganen; Unterstützung anderer Bundes- und Landesbehörden; Verfolgung von Straftaten und Ordnungswidrigkeiten insbesondere im Grenzgebiet.

Die Demarkationslinie bzw. Zonengrenze wurde im Jahre 1945/46 von westlicher Seite mit blau - rot gestreiften Holzpfählen gekennzeichnet. "Später wurden dann zusätzlich Stacheldrahtzäune gezogen, um die anhaltende Flucht aus der sowjetisch besetzten Zone in den Westen zu verhindern oder zumindest zu erschweren".[126]

Die westliche Überwachung der Demarkationslinie erfolgte zunächst durch den Einsatz einer Deutschen Hilfspolizei in Zivil. Sie wurde zur Unterstützung der Besatzungstruppen mit einer Armbinde ("Hilfspolizei") gekennzeichnet und teilweise mit alten Karabinern bewaffnet. Die Demarkationslinie war "offen". Sie konnte in beiden Richtungen ohne Schwierigkeiten passiert werden.

Gegen bewaffnete Verbrecherbanden, Schmuggler und illegalen Warentransport zwischen den Zonen (vor allem Sicherstellung von Diebesgut, Unterbindung unerlaubten Tauschhandels z.B. Fisch gegen Alkohol) wurde mit etwa 50 cm langen Holzknüppeln vorgegangen.[127] "Die Grenze war somit eine Art Grauzone für Verbrechen und Vergehen aller Art geworden und so manche Straftat blieb

---

[124] Vgl. Geyer Verbindungen über Elbegrenze, 2008 Seite 281 ff.

[125] Gesetz über den Bundesgrenzschutz und die Errichtung von Bundesgrenzschutzbehörden vom 16. Mai 1951. In: BGBl. I Seite 201. Zweites Gesetz über den Bundesgrenzschutz vom 30. Mai 1956.(BGS wird zum Aufbau der Bundeswehr herangezogen). In: BGBl. I 436; Gesetz über den Bundesgrenzschutz vom 18. August 1972. BGBl. I Seite 1834.

[126] Borchardt Teilung Deutschlands o. D. Seite 104.

[127] Vgl. a.a.O. Seite 151 ff.

damals leider unentdeckt und ungesühnt".[128]

Ab 1948/49 wurde der Zollgrenzschutz bzw. Zollgrenzdienst zur Überwachung der Demarkationslinie eingesetzt. Teilweise wurden berittene Zollbeamte eingesetzt.

Ausschließlich zur Überwachung des Warenverkehrs auf der Elbe gab es in Schnackenburg eine Grenzkontrollstelle der Zollverwaltung, die etwa 15.000 Schiffe, die jährlich in beiden Richtungen die Elbe befuhren, kontrollierte. Streifenmotorboote hatten neben der Überwachung des Schiffsverkehrs auf der Elbe auch die Beobachtung beider Ufer des Stromes als Aufgabe. Sie gewährten Hilfe und retteten Personen, "die die Elbe in Richtung Ost-West durchschwimmen wollten (DDR - Flüchtlinge). Flugmeldungen (DDR-Hubschrauber bzw. Flugzeuge) Verhinderung von Grenzverletzungen durch DDR-Organe (Anlegen von Streifenbooten der DDR-Grenztruppen bzw. der -Wasserschutzpolizei) am Ufer der Bundesrepublik Deutschland ...[129] gehörten ebenfalls zu ihren Aufgaben.

Seit dem Jahre 1951 wurde der Bundesgrenzschutz auch zur Überwachung der Staatsgrenze BRD/DDR eingesetzt.

Im Artikel 87 Absatz 1 Satz 2 Grundgesetz für die Bundesrepublik Deutschland ist geregelt, dass "durch Bundesgesetz... Bundesgrenzschutzbehörden... eingerichtet werden (können)". Dieser, den BGS betreffenden Text des GG, wurde während des hier interessierenden Zeitraumes (1949-1990) nicht geändert.

Ähnlich wie in der DDR wurden spezifische Aufgaben des BGS nicht nur in Gesetzen, sondern auch in Dienstanweisungen geregelt.

Das waren u. a.:

"Aufklärung und Erkundung der Grenzlage mit allen zugelassenen Mitteln... Meldungen über Grenzverletzungen sowjetischer und sowjetzonaler Flugzeuge..., Schutz der westdeutschen Grenzbevölkerung..., Meldungen besonderer Vorkommnisse (Schußwaffengebrauch, Grenzübertritte und Grenzzwischenfälle) Berichte über Festnahmen, Kraftfahrzeugunfälle o. ä. müssen auf schnellsten Wege erstattet werden".[130]

Die Grenzpolizei und später die Grenztruppen der DDR hatten zwei grundsätzliche Aufgaben: Die Grenzsicherung unter Friedensbedingungen zu gewährleisten "und bereit zu sein, Gefechtshandlungen zur Verteidigung der Staatsgrenze zu führen. Die Aufgabenstellung vom Jahre 1956 und die anschließende Ausrüstung stellte außer Frage, daß diese militärische

---

[128] A.a.O. Seite 157.

[129] A.a.O. Seite 159, 162.

[130] A.a.O. Seite 166.

Grenzsicherung immer dem äußeren Gegner galt."[131] Damit die westliche Gegenseite nicht in Versuchung kam, wie z.B. im Herbst 1961 innerhalb Berlins, Drahthindernisse niederzuwalzen wurden seitens der DDR Panzerhindernisse (Betonhocker) errichtet.[132]

Die ehemals Geheime Kommandosache, die "Direktive Nr.1/85 des Ministers für Nationale Verteidigung über die Führung der Nationalen Volksarmee und der Grenztruppen der DDR im Krieg" wurde in Durchsetzung der "Grundsätze über die vereinten Streitkräfte der Teilnehmerstaaten des Warschauer Vertrages und ihre Führungsorgane (für den Krieg)" ist zwischenzeitlich veröffentlicht.[133]

Die Gruppe der Sowjetischen Streitkräfte in Deutschland (GSSD) hatte die Kommandogewalt über alle, nicht nur wesentlichen Fragen zur Sicherung der Staatsgrenze DDR/BRD.

In einem Schreiben vom 14. September 1961 des Oberkommandierenden der GSSD an den Verteidigungsminister der DDR wurden die *"Wünsche und Vorschläge"* wie folgt aufgelistet:

"Zur Schaffung von Pioniersperren.... ist es angebracht einen Geländestreifen von 30 m Breite zuzuweisen, der bis zu einen Kilometer von der Grenze entfernt ist. In diesem Streifen sind Drahtsperren, Minenfelder, Signalvorrichtungen, Beobachtungstürme und ein Kontroll- und Patrouillenstreifen anzulegen, der in der Regel entlang der Drahtsperre an ihrer rückwärtigen Seite verläuft..."[134]

Dieses Schreiben des Oberkommandierenden der Gruppe der Sowjetischen Streitkräfte in Deutschland (GSSD) belegt, dass sie das *Sagen an der Staatsgrenze DDR/BRD* hatten und die zuständigen Organe der DDR lediglich befehlsempfangende, Ausführungsorgane waren. Das wurde zwar seitens der DDR immer unter Hinweis auf die Souveränität bestritten und z.B. durch die BRD-Politik und Justiz (bei der strafrechtlichen Verfolgung der "Mauerschützen") weitgehend ignoriert, entspricht aber offensichtlich den Tatsachen, der historischen Wahrheit!

Die Beziehungen zwischen der DDR und den sowjetischen Organen waren "ihrem Wesen nach außenpolitische Beziehungen und für die DDR zeitweilig mit bestimmten Einschränkungen bei der Ausübung einzelner Souveränitätsrechte, z.B. hinsichtlich der Funktion des militärischen Schutzes verbunden. Diese Kontrolle wurde konsequent zur Verwirklichung der Verantwortung der vier

---

[131] Baumgarten, DDR - Grenzsicherung, 2004, Seite 201.

[132] Vgl. Brief Ulbricht an die Mitglieder des Politbüros Genossen Hermann Matern, Moskau 29.10.1961. In: Uhl/Wagner. Dokument 41. Mauer 2003 Seite 170.

[133] Die Streitkräfte der DDR und Polens in der Operationsplanung des Warschauer Paktes Potsdam 2010, (Anlage) Seiten 131 bis 176.

[134] Brief Ulbricht a. a. O.

Siegermächte für die Durchsetzung der Hauptforderungen des Potsdamer Abkommens ausgeübt."[135]

Diese historische Tatsache wurde nach Anschluss der DDR durch Gerichte, namentlich sei das Landgericht Berlin genannt[136], zu einer *Schutzbehauptung* der angeklagten Spitzenpolitiker der DDR umfunktioniert.[137] Das Gericht führte aus, "daß die DDR hinsichtlich des Grenzregimes nicht völlig souverän war, jedoch bei der konkreten Ausgestaltung weitgehend freie Hand hatte…"[138]

Das o. gen. Schreiben vom 14. September 1961 sagt aber genau das Gegenteil aus, obwohl es höflich als "Wunsch und Vorschlage" betitelt wurde!

Am 13. August 2001, dem 40. Jahrestag des "Mauerbaus" hielt Bundespräsident Rau eine Fernsehansprache. Dort hieß es: "Heute vor vierzig Jahren hat auf Befehl der Führung der DDR der Bau der Berliner Mauer begonnen…" Damit wurde wider besseres Wissen vom Bundespräsidenten die Lüge von der "Alleinschuld der DDR an der Mauer" wieder aufgewärmt. Ursprünglich stammt sie aus dem Munde des Kanzlers Adenauer, der sie am 13. August 1961 "in einer ersten Erklärung" verwandte "als er gegen `die Machthaber der Sowjetzone´ wetterte und von der `Willkür des Pankower Regimes´ sprach".[139]

Im Archiv der Gegenwart wird mit Datum vom 18.08.1961 (Berlin-Sperre durch die DDR) die von ADN veröffentlichte Erklärung der "Warschauer Paktstaaten" vom 13. August 1961, die **offensichtlich vor** dem in folgenden Absatz wiedergegeben Beschluß der Volkskammer abgegeben wurde, da im Beschluß darauf Bezug genommen wurde. Die Erklärung hat folgenden Wortlaut: "…Die Regierungen der Teilnehmerstaaten des Warschauer Vertrages wenden sich an die Volkskammer und die Regierung der DDR, an alle Werktätigen der DDR mit dem Vorschlag, an der Westberliner Grenze eine solche Ordnung einzuführen, durch die der Wühltätigkeit gegen die Länder des sozialistischen Lagers zuverlässig der Weg verlegt und rings um das ganze Gebiet Westberlins, einschließlich seiner Grenze mit dem demokratischen Berlin eine verläßliche Bewachung und eine wirksame Kontrolle gewährleistet wird…" [140]

Im Beschluß der Volkskammer wurde "die vom Ministerrat, vom Magistrat von Groß-Berlin und den Räten der Bezirke Potsdam und Frankfurt (Oder)

---

[135] Schöneburg Seite 288.

[136] Vgl. Urteil des LG Berlin gegen ehemalige Mitglieder des Nationalen Verteidigungsrates der DDR vom 16.9.1993 - (527 2 Js 26/90 Ks 10 (92). In: Neue Justiz 1994 Seite 210 f.

[137] Vgl. a.a.O. Seite 211 „II. Beweiswürdigung".

[138] Ebenda.

[139] Hartmann, Ralph Lügen über die DDR 2007 Seite 54 ff.

[140] Ebenda Band 3 2000 Seite 2886. Hervorhebung: K. E.

eingeleiteten Maßnahmen zur Sicherung der DDR…" bestätigt. Die Volkskammer "beauftragt den Ministerrat, alle Maßnahmen vorzubereiten und durchzuführen, die sich auf Grund der *Festlegungen der Teilnehmerstaaten des Warschauer Vertrages und* dieses Beschlusses als notwendig erweisen…"[141]

Im "Zwei plus Vier Vertrag" aus dem Jahre 1990[142], heißt es im Artikel 7:
"(1) Frankreich, Großbritannien, die UdSSR und die USA "beenden hiermit ihre Rechte und Verantwortlichkeiten in Bezug auf Berlin und Deutschland als Ganzes. Als Ergebnis werden die entsprechenden, damit zusammenhängenden vierseitigen Vereinbarungen, Beschlüsse und Praktiken beendet und alle entsprechenden Einrichtungen der Vier Mächte aufgelöst.
(2) Das vereinte Deutschland hat demgemäß volle Souveränität über seine inneren und äußeren Angelegenheiten".

Erhielt das vereinte *Deutschland* durch diesen Vertrag wirklich seine volle Souveränität?
Im Zusammenhang mit dem "Übereinkommen zur Regelung bestimmter Fragen in Bezug auf Berlin"[143] wird das für einen bestimmten Zeitraum bezweifelt. In der Präambel werden z.B. Regelungen, die die "deutsche Souveränität in Bezug auf Berlin" betreffen, ausgeschlossen.

10 Schengen und die europäischen Außengrenzen

Nach dem Fall, des von Goebbels erfundenen und über Jahrzehnte vor allem in der westlichen Welt geprägten und häufig verwandten Begriffs des "Eisernen Vorhangs"[144] wird häufig und gern von der Aufhebung der nationalen Grenzen geredet.
"Raum ohne Binnengrenzen". Das Schengener Abkommen wird zitiert, indem es heißt:
"Die Binnengrenzen dürfen an jeder Stelle ohne Personenkontrollen überschritten werden" (Artikel 2 Absatz 1).
Das gesamte Vertragssystem von Schengen strebt eine Harmonisierung von Maßnahmen bei der Einreisekontrolle an. Die Kontrolle an den gemeinsamen

---

[141] Ebenda Seite 2887. Hervorhebung: K. E.
[142] Vertrag Zwei plus Vier, 1990.
[143] vom 25. September 1990. In: BGBl. II Seite 1274.
[144] Siehe Fußnote 36 ff.

Grenzen sollen schrittweise abgebaut werden.

Aus Gründen der öffentlichen Ordnung oder nationalen Sicherheit kann von den Mitgliedsstaaten für einen begrenzten Zeitraum (!) davon abgewichen werden. Frankreich z.B. hat sich auf diese Klausel, wegen der Drogenpolitik der Niederlande, berufen.[145]

Die Beschleunigung vor allem der Kapitalströme (Handelspolitik, Gemeinsamer Zolltarif, Wirtschafts- und Währungspolitik; gemeinsamer Markt und Herstellung des Binnenmarktes, Markfreiheiten, freier Warenverkehr, Freiheit des Kapital- und Zahlungsverkehr; Wirtschafts- und Währungspolitik) auch die Sozialpolitik und die damit zusammenhängenden Menschenströme (Migration) gelten als Elemente der Widerspiegelung sozialer Erscheinungen, Sachverhalte, Prozesse und politische Situationen.

Betrachtet man diese Elemente differenzierter, dann werden die Außengrenzen der EU zwar nicht mehr mit dem Goebbelchen Begriff "eiserner Vorhang" bezeichnet, sollen aber (für unerwünschte Personen) praktisch undurchlässig sein.

Das Grenzregime der EU stellt praktisch ein Abschottungssystem gegen jede Art "unnützer Migranten" dar.[146]

Der "Schengener Grenzkodex" legt z.B. die Einzelheiten fest, wie an den Außengrenzen zu verfahren ist.

Dazu gehört, dass die nationalen Rechtsvorschriften, wozu selbstverständlich auch diejenigen über die Anwendung von Schusswaffen gehören, zur "Aufstellung eines `gemeinsamen Beistands´ eine wesentliche Komponente der gemeinsamen Politik für den Grenzschutz darstellen."[147]

Hervorgehoben wird, dass die "Grenzkontrollen nicht nur im Interesse des Mitgliedsstaates sind, an dessen Außengrenzen sie erfolgen, sondern auch im Interesse sämtlicher Mitgliedstaaten, die die Grenzkontrollen an den Binnengrenzen abgeschafft haben. Grenzkontrollen sollten zur Bekämpfung der illegalen Zuwanderung und des Menschenhandels sowie zur Vorbeugung jeglicher Bedrohung der inneren Sicherheit, der öffentlichen Ordnung, der öffentlichen Gesundheit und der internationalen Beziehungen der Mitgliedstaaten beitragen".[148]

Die Kontrollen des Grenzübertritts *sollten* der menschlichen Würde entsprechen, ihre Durchführung *sollte* auf "professionelle und respektvolle Weise erfolgen und, gemessen an den verfolgten Zielen, verhältnismäßig sein".[149]

Offen bleibt z.B. die Frage, wie "jegliche Bedrohung der inneren Sicherheit" ohne

---

[145] Vgl. Herdegen, Europarecht, 2007, S. 301.
[146] Vgl. Jelpke Schäubles Grenzregime
[147] Schengener Grenzkodes Seite 2 Absatz (4).
[148] Ebenda Absatz (6).
[149] Ebenda Absatz (7).

Einsatz von Schusswaffen "*verhältnismäßig*" unterbunden werden soll.

Die "äußere Sicherheit" wird mit der Entwicklung der "grenzüberschreitenden staatlichen Zusammenarbeit" in einen Zusammenhang gebracht, der gern als "modern" bezeichnet wird.[150]

Im März 2008 wurde bekannt, daß an den EU-Außengrenzen unbemannte Flugkörper, sog. Drohnen, zur Überwachung der Außengrenzen eingesetzt werden sollen.[151]

Die "Europäische Agentur für die Operative Zusammenarbeit an den Außengrenzen der EU" (kurz: Frontex)[152] nahm am 3. Oktober 2005 in Warschau ihre Tätigkeit auf. Bekannt wurde sie durch militärische - polizeiliche Aktionen im Mittelmeerraum gegen "Bootsflüchtlinge" aus Afrika.

Zu ihren Aufgaben gehört die Sicherung der neuen Schengen-EU-Außengrenzen Polen/Belarus (Weißrussland) und der Ukraine.[153]

Der allgemeine Trend, entgegen den *Versprechen*, die NATO immer weiter an Russlands Grenzen heran zu schieben, ist ungebrochen.[154]

Gorbatschow brachte dieses Problem folgendermaßen auf den Punkt: "Die USA haben versprochen, daß die NATO nach dem Kalten Krieg nicht über die Grenzen Deutschlands hinausgehen wird. Heute ist die Hälfte von Mittel- und Osteuropa Mitglied dieser Allianz. Wie wir sehen, sind alle Versprechen nichts wert. Das zeigt, daß man ihnen nicht vertrauen kann."[155]

Die Sicherung an der gemeinsamen Staatsgrenze zwischen Mexiko und den USA; den monströsen Mauern Israels gegenüber den (besetzten) arabischen Gebieten; die Absicherung Marokkos mit dem "Hassan - Wall" gegen die annektierte Westsahara; den Grenzzaun Botswanas gegen Zimbabwe; die Sperranlagen Saudi-Arabiens gegen den Jemen und anderes sollen wohl als Vorbild gelten? Selbstverständlich, so wird behauptet, gibt es an der Grenze zwischen Mexiko

---

[150] Vgl. Bußmann Seite 84 f.

[151] Drohnen an den Außengrenzen. Slowenien: EU - Innenminister bereiten Regelungen zur weiteren militärischen Abschottung Europas vor. In: Tageszeitung junge Welt 13. März 2008 Seite 7. Obwohl es sich um Israel handelt, veröffentlichte „Der Spiegel" (Nr.10 / 3.3.08, Seite 133) unter der Überschrift „Fliegende Agenten" bemerkenswerte Details zum Einsatz von Drohnen.

[152] Abkürzung der französischen Worte "frontieres exerieurs".

[153] Vgl. Jelpke Grenzregime 2008.

[154] Vgl. Mellenthin, Knut: Russland hat NATO - Vormarsch satt. Es gibt eine Grenze. In: Tageszeitung junge Welt 18. Juli 2008 Seite 8.

[155] Interview im *Daily Telegraph* am 07. Mai 2008. Zitiert in: Tageszeitung junge Welt 09. Mai 2008 Seite 8.

und den USA keinen Befehl zum Schießen auf unbewaffnete Menschen. Die mehr als 500 Menschen in den Jahren 2002 bis 2007 starben meist an den "harten Witterungsbedingungen"[156]

Auch die EU umgibt sich mit "starken" Außengrenzen. Insbesondere wird an die seeseitige Überwachung und Sicherung vor unliebsamen Einwandern gedacht.
Ein strenges Grenzregime an den Außengrenzen der EU wird und wurde errichtet, das z. B. erwünschte von unerwünschten Einreisenden trennt.
Die Grenzen werden je nach Bedarf als völkerrechtliche Staatsgrenzen, als innerstaatliche Grenze, als "Regionalblockgrenze", als ökonomische Grenze zwischen verschiedenen regionalen Wirtschafts- und Integrationsräumen, als Grenze in sozi- kultureller, ethnischer und religiöser Hinsicht verstanden. "Als Anschauungsraum dient die ganze Welt."[157]
Die EU wird häufig als "Festung Europa" bezeichnet. "Um den Missbrauch offener Grenzen durch illegale Einwanderung oder das internationale Verbrechen zu verhindern, sichern die Schengen - Staaten ihre Außengrenzen mit Stacheldraht, Wassergräben aber auch modernster Technik. Das gilt insbesondere für die südliche Grenze Europas, die Meerengen der Ägäis und des Mittelmeers, die mit Nachsichtgeräten, Radar - und Infrarotkameras überwacht werden. Bei dem Ansturm von insgesamt 12 000 afrikanischen Migranten auf die spanischen Enklaven Ceuta und Melilla in Marokko im Jahr 2005 gab es Verletzte und Tote. Danach wurde der Sperrzaum erhöht"[158].
Die Außengrenzen werden direkt durch Abschottung, "Abwehr von Flüchtlingen in den Herkunftsländern...", Errichtung von Auffang- und Abschiebelagern, direktes Zurückführen von Flüchtlingen in ihre Heimatstaaten gesichert.[159]
Die spanische Regierung hat bereits im Jahre 2002 damit begonnen ein System zur Überwachung "ihrer" Außengrenzen auf den Kanaren und an der Meerenge von Gibraltar aufzubauen. Dutzende von Türmen, die mit Infrarotkameras und Radargeräten bestückt sind, sollen das Meer überwachen. Mit den Radargeräten können "Bootsflüchtlinge" aus einer Entfernung von zwanzig Kilometern, mit den Infrarotkameras Menschen auf eine Entfernung von 7, 5 Kilometern geortet bzw. erkannt werden.[160]

In der Behauptung, dass zur "modernsten Technik" *keine* Schusswaffen und ihre

---

[156] Vgl. Schultke Seite 142.
[157] Vgl. Becker/Kromlessy, Grenzen, 2004 , Seiten 1 bis 10; Weinzierl, Menschenrechte, 2007 Seite 5 (Das Sterben an den südlichen Seegrenzen).
[158] Schultke Seite 141.
[159] Vgl. Welzer Seite 181.
[160] Vgl. a.a.O. Seite 182 f.

Anwendung gehören., liegt eine unverkennbare Ironie. Schusswaffen werden sicherlich im Sinne mittelalterlichen Gebrauchs wie "Steinschleudern" angewandt? Der Einsatz von Tränengas und Gummigeschossen wird bereits zugegeben. Etwa "500 zum Teil verletzte Flüchtlinge (wurden) von der marokkanischen Polizei in der Wüste nahe der algerischen Grenze (am 16.10.2005) ausgesetzt."[161]

Wenn auf dem Mittelmeer Kriegsschiffe der verschiedensten Art und unterschiedlicher Staaten zur Überwachung der Seegrenzen eingesetzt werden, dann sind ihre Geschütze und die Handfeuerwaffen wahrscheinlich verplombt und versiegelt? Sollte es etwa mittels der "modernsten Technik" möglich sein, auf geringe Entfernung zu erkennen, ob es sich bei dem Grenzverletzer, um einen international gesuchten Verbrecher oder nur um einen Migranten handelt?

Nicht unerwähnt soll bleiben, dass nach Artikel 2 Absatz 2 der Konvention zum Schutz der Menschenrechte und Grundfreiheiten vom 4. November 1950[162]

"eine Tötung nicht als Verletzung dieses Artikels betrachtet wird, wenn sie durch eine Gewaltanwendung verursacht wird, die unbedingt erforderlich ist, um

a) jemanden gegen rechtswidrige Gewalt zu verteidigen,

b) jemanden rechtmäßig festzunehmen oder jemanden, dem die Freiheit rechtmäßig entzogen ist, an der Flucht zu hindern…"

Dazu gehört nach meinem Rechtsverständnis auch der Schusswaffen-Einsatz an den Außengrenzen der EU.

11 Historischer Abriss der Entwicklung der Staatsgrenzen

Die Herausbildung und Entwicklung der Grenzen aller Art ist untrennbar von den ökonomischen und gesellschaftlichen Entwicklungsbedingungen der menschlichen Gesellschaft, vor allem beeinflusst durch die Entwicklung des Privateigentums an Grund und Boden.

"Gegenüber der alten Gentilorganisation kennzeichnet sich der Staat erstens durch die Einteilung der Staatsangehörigen nach dem Gebiet… Das Gebiet war geblieben, aber die Menschen waren mobil geworden. Man nahm also die Gebietseinteilung als Ausgangspunkt und ließ die Bürger ihre öffentlichen Rechte und Pflichten da erfüllen, wo sie sich niederließen… Diese Organisation der Staatsangehörigen nach der Ortsangehörigkeit ist allen Staaten gemeinsam… Das

---

[161] A. a. O,. Seite 183, 299.

[162] In der Fassung vom 17. Mai 2002. In: BGBL. II Seite 1054

zweite ist die Einrichtung einer öffentlichen Gewalt... diese öffentliche Gewalt existiert in jedem Staat; sie besteht nicht nur aus bewaffneten Menschen, sondern auch aus sachlichen Anhängseln, Gefängnissen und Zwangsanstalten aller Art... Sie kann sehr unbedeutend, fast verschwindend sein in Gesellschaften mit noch unentwickelten Klassengegensätzen und auf abgelegenen Gebieten..."[163]

Anders ausgedrückt: Die drei Bestandteile (Elemente) jedes Staates sind: Hoheitsgebiet (Staatsgebiet, Territorium), Staatsbürger (Staatsangehörige) und Staatsmacht (Staatsgewalt, Staatsorgane).[164]

Das *Hoheitsgebiet* eines Staates ist das räumlich begrenzte Gebiet eines Teils der Erde, innerhalb dessen dieser Staat die ausschließliche Rechtshoheit (Territorial - und Personalhoheit) ausübt. Das geschieht in der Neuzeit in Übereinstimmung mit dem Völkerrecht und wird als territoriale Souveränität charakterisiert.[165]

Dieses Hoheitsgebiet des einen Staates war von Anbeginn der Staatsentstehung mehr oder weniger deutlich vom Nachbarstaat abgegrenzt.

Studiert man z.B. das Deutsche Wörterbuch (Verfasser Jakob und Wilhelm Grimm) unter dem Wort "Grenze"[166] dann wird die historische Entwicklung glaubhaft deutlich, die nicht nur das *Wort* Grenze, sondern auch die Landes (Staats-) grenzen durchlaufen haben.

Während der Begriff der Grenze im ursprünglichen Sinne auf die Vorstellung eines Raumes diesseits und jenseits der Scheidelinie fußt, entwickelte er sich seit dem 18. Jahrhundert im deutsch-sprachigem Raum in dem Sinne, dass er vom Räumlichen mehr oder weniger absieht und so das Wort sich der Bedeutung "Schranke, Abschluss, Ziel, Ende" nähert.[167] Bereits hier zeigt sich, dass es zu Grimms Zeiten offenbar, soweit überhaupt vorhanden, eine konsequente Trennung vom neuzeitlichen Begriff *Grenzregime* gab.

Die Auswertung der Schriften und Forschungsergebnisse von Tacitus, Waitz, Ptolemäus, Kaspar Zeuß und vor allem von Jakob Grimm wurden von Engels dazu verwandt, die Verbreitung von Dialekten und Mundarten "Sprachdenkmäler" der Deutschen, ihre räumliche Ausdehnung (zwischen dem ersten Jahrhundert u. Z. und den ältesten Sprachquellen) und ihre "Scheidelinie" zu den Nachbarvölkern zu bestimmen. "Die genauen Grenzen zu ziehen, muß der

---

[163] Engels, Ursprung, 1984. Seite 165 f.

[164] Im Folgenden werden die Begriffe Hoheitsgebiet, Staatsbürger und Staatsmacht verwandt.

[165] Vgl. z.B. Völkerrecht Lehrbuch , 1973, Band 1, S. 357.

[166] Ebendie , Band 9, Berlin 1935, Spalte 124 bis 148.

[167] Ebendie, Spalte 134. Vgl. auch Grimm, Jakob: Vorlesung über deutsche Rechtsalterthümer S.54 ff.

Detailforschung überlassen bleiben…"[168] Zur Verdeutlichung dieser Problematik wurden in Schemata die Ansiedlungen der Germanen nach Engels gefertigt.[169]

Bereits mit der Entwicklung des Privateigentums am Produktionsmittel Boden (Wasserfläche eingeschlossen) machte sich bereits eine Abgrenzung zum anderen Besitzer bzw. Eigentümer notwendig.
Die Sueven (die späteren Schwaben und Bayern) hatten das Land nicht besetzt, sondern in eine etwa 150 deutsche Meilen breite Waldwüste (gemeint sich sicherlich ein Urwald K.E.) verwandelt. Bereits Cäsar verweist auf die Sitte der Urdeutschen, sich durch breite Waldwüsten zu sichern. Die "nordelbischen Sachsen schützte der Grenzwald".[170]

Das Wort "Grenze" war im Mittelalter zuerst in den ostdeutschen Territorien üblich. Das althochdeutsche Wort für Grenze war marca (Ende, Land, Gebiet), ähnlich im Mittelhochdeutschen.
Feste Grenzen waren zunächst unbekannt. Sie verliefen fast überall in der Ebene, größeren Wäldern oder Bergrücken. Grenzen im Ödland dürften in Sumpf und Heidegebieten Norddeutschland vorgeherrscht haben. "Die am meisten auf antiker Tradition aufbauenden Angelsachsen, Langobarden und wohl auch Westgoten kannten im 7. und 8. Jh.(bereits) Grenzbeschreibungen."[171]

Aber nicht nur Eigentums- und Nutzungsgrenzen und ihre sichtbare Markierung waren z.B. im mecklenburgisch-prigneritschen Grenzraum im 15. bis 17. Jahrhundert notwendig und üblich, sondern sie waren auch Hoheitsgrenzen, damit der Bewohner auch wusste, wo und bei wem er Recht erhielt.[172]

Die *Grundstücksgrenze* wurde zu Beginn des 19. Jahrhunderts als *Fläche* verstanden die "senkrecht die Erdoberfläche im Laufe der Grenzlinie durchschneidend, nach oben und nach unten unbegrenzt sich fortsetzt… Das Netz der Staatsgrenzen scheidet die Staatsgebiete… Das Völkerrecht entnimmt die Normen des Grenzrechts meistens dem Privatrechte. Bei schiffbaren Grenzflüssen bildet nicht die Mitte, sondern der Thalweg" die Grenze, "bei Grenzseen im

---

[168] Derselbe. Der fränkische Dialekt. In: Marx/ Engels Werke (MEW) Band 19 Seite 500.

[169] Engels. Die deutschen Stämme. In: Ebenda Zur Urgeschichte der Deutschen. MEW 19 Seite 471, 512/13.

[170] Engels Zur Urgeschichte der Deutschen Seite 431 f.

[171] Stichwort Grenze. In: Lexikon des Mittelalters Studienausgabe. Band IV. Stuttgart/Weimar 1999. Spalte 1700 f.

[172] vgl. Enders, Grenzraum, 2004. Seite 15.

Zweifel die Seemitte. Am Meer läuft die G. drei engl. Seemeilen vom Ufer."[173]

An diesen Beispielen wird u. a. deutlich, dass bis zum Ende des 19. Jahrhunderts das Territorium und seine Begrenzung weniger vom Völkerrecht, als vielmehr durch das Privat (Zivil-)recht bestimmt wurde. Logisch, das sich das Völkerrecht (was die *Begrenzung* der Staaten betraf) erst entwickelte

Wie der Begriff der Grenze mit dem Eigentum verbunden ist, drückt Grimm wie folgt aus:
"Es leuchtet ein wie wesentlich der Begriff der grenze mit dem des eigenthums sich verknüpfe. wenn das unser eigen ist worüber wir schalten und walten, so setzt solches schalten und walten absonderung der gegenstände voraus, bewegliche sachen,... sind ihrer natur nach schon durch ihre gestalt gesondert; der aneinander hängende liegende grund und boden fordert eine scheide, und diese landscheide ist es welche wir grenze heiszen ohne grenze sind eigenthum und besitz am land unmöglich. damit dasz die völker sich allmählich über die unbewohnte erde ergossen, wurde sie ihnen soweit zu eigen als sich ihre herrschaft erstreckte und sie weder durch das flutende meer, durch unwirtliche Urwälder und Gebirge noch durch den entgegen rückenden nachbarn aufgehalten war..."[174]
Grimm nennt dann unter Zeichen Wörter wie: Mark, Moor, Grenze, Rand, Wald, Rain, Stein, Grenzpfad, Limes. Unter Grenzzeichen zählt er Wälder, Berge, Hügel, Gräben Sümpfe, Bäche, Flüsse, Quellen, Mündungen, Gipfel, überragende Felsen, Grenzfahnen, eingeschlagene Pfähle, Marksteine, Lochsteine. Im 9./10. Jahrhundert wurden noch Urkunden in die Betrachtung einbezogen.[175]
Als "Arten der Landtheilung" wird die Vermessung der Mark mittels "Hammerwurf" oder "Sonnentheilung", die "Schneeschmelze" oder "Schneeschleife", der "Flug von Hahn und Henne" oder der "Flug des Habichts an sommerlangen Tagen" dargelegt, um die Begrenzung eines Gebietes zu ermitteln.[176]
Die Götter dienten in der altdeutschen Mythologie dazu, die Grenze zu weihen.
"Die ursprüngliche austheilung des festen landes ist in dem glauben der völker von den göttern selbst ausgegangen. Dem Donnergott war vorzugsweise die Eiche heilig. Die Grenzen und ihre Zeichen wurden als heilig angesehen. Gottesurteile - als Zweikämpfe ausgetragen - dienten häufig dazu, die Landesgrenze zu

---

[173] Stichwort Grenze. In: Brockhaus Konversations=Lexikon. 14. Auflage. Achter Band . Leipzig 1908.Seite 245 f.
[174] Grimm Grenzaltertümer 1865/1991 Seite 30 f.
[175] Vgl. ebenda Seite 38 ff.
[176] Vgl. ebenda Seite 47 ff.

bestimmen... "damit der überlebende theil ungehindert die Flucht ergreifen könne. schwere strafen und buszen waren gegen jeden verordnet, der die grenze beschädigte, den rain abweidete oder laub von dem heiligen mahlbaum brach."[177]

Die Feststellung der Grenze, der "Begang", diente dazu, "von wissenden oder kunstverständigen ihren lauf und ihre zeichen untersuchen zu lassen ... so hatte selbst der neue könig, beim antritt der herschaft sein reich nach bestimmten wegen zu durchziehen und von allen marken feierlichen besitz zu nehmen".[178]

Zur Lösung des "Grenzstreits", wenn über eine gerechte Grenze keine Einigung erzielt wurde, wurden Gottesurteile herangezogen: "entweder läszt die sage eigens bestimmte thiere laufen, ein blindes Pferd die grenze ermessen, oder gar einen rückwärts kriechenden krebs durch seine unregelmäszigen Bewegungen die ecken und winkel hervorbringen, nach welchen die grenze abgesteckt scheint..."[179]

Die Territorien waren keine Staaten, als Subjekte des Völkerrechts, soweit dieses überhaupt als existent betrachtet werden konnte. Es wurde davon ausgegangen, dass diese Territorien einfach Teile des Landes (Bodens) waren, die ihrerseits aus der Summe dazugehöriger Grundstücke bestanden.

Die Grenzen des Eigentums am Boden waren zugleich Herrschaftsgrenzen. Daher rührt auch die Praxis, dass die Hoheitsgewalt des Staates, ähnlich denen des zivilrechtlichen Eigentums ist, aber weit darüber hinausgeht.[180]

In grauer Vergangenheit spielten auch die verschiedensten Arten von Grenzen eine Rolle.

Hierbei ging es nicht nur um die Linie als Grenze, sondern um direkte Berührungen mit dem Nachbarn oder Feind zu vermeiden, um Grenzländer oder Grenzstreifen, die niemandem gehörten (Niemannsland).

So soll z. B. im 2. Jahrhundert v. u. Z. das Land der Hunnen von dem der Tungusen durch einen 500 km breiten Landstreifen getrennt worden sein. Böhmen soll im 10. und 11. Jahrhundert von einem tiefen, fast gänzlich unbewohnten Wald eingeschlossen gewesen sein, dessen Breite im Westen etwa 90 km betrug.

Die bergigen und bewaldeten Gebiete an der sächsisch-böhmischen Grenze "blieben viele Jahrhunderte hindurch unbesiedelt und stellten mehr Grenzzonen als Grenzlinien dar". Mit dem Silber - und Zinnabbau im 15. und 16. Jahrhundert stieg auch der Bedarf an Holz. Der notwendige Holzabbau wurde vor allem in den

---

[177] Vgl. ebenda Seite 53 ff.

[178] Vgl. ebenda Seite 61 ff. Die Antrittsbesuche z.B. des Bundespräsidenten, sollten hier ihren Ursprung haben?

[179] Vgl. ebenda Seite 68 ff.

[180] Vgl. Bleckmann, Völkerrecht, 2001. Seite 189.

Grenzwäldern durchgeführt, was schließlich zu einer stärkeren Besiedlung führte. Die Grenzzonen wurden schmaler. Das führte dazu, dass es um Wasser, Holz und Bodenschätze Streit gab.

Um diese Streitigkeiten "zu vermeiden, wurden seit der zweiten Hälfte des 16.Jahrhunderts die gemischten sächsisch-böhmischen Grenzkommissionen einberufen, welche die Streitfragen beseitigen und den Verlauf der Grenzen markieren sollten"[181].

Auf eine entspreche Anfrage beim Sächsischen Oberbergamt in Freiberg wurde mir mitgeteilt, dass es entlang der sächsisch-tschechischen Grenze in den letzten fünf bis sieben Jahrhunderten mehrere *grenzüberschreitende* Grubenbaue (Erzbergbau) gab. Als Beispiele gelten die Grubenbaue um Zinnwald/Cinovec(Osterzgerbirge), Niederschlag /Kovarska (Mittleres Erzgebirge) und Johanngeorgenstadt / Potucky (Westerzgebirge).[182]

Ob die "Limeslinien" tatsächlich als Grenze des Römischen Reiches zum nichtrömischen Gebiet zu betrachten sind, wird die weitere Forschung ergeben. Aber deren besondere Rolle als Grenzmarkierung im völkerrechtlichen Sinne oder "Limes… als Anlage im Sinne einer völkerrechtlich verbindlichen Demarkationslinie" zu interpretieren, ist wohl fehlerhaft..[183]

Für "Limes" (Grenzen, Demarkationslinien) von der Mitte des 2. Jahrhunderts bis Anfang des 3. Jahrhunderts v. u. Z. im Römischen Reich das Völkerrecht zu bemühen, geht am römischen Anteil völkerrechtlicher Grundsätze (gerechte Kriege; Kriegsvertrag; Kriegserklärung Kriegsbeute; Vertragsabschluss mit Nachbar "Staaten"; Prinzip der Unverletztlichkeit von Gesandten) im Altertum offensichtlich vorbei.[184]

Gisela Graichen macht in ihrem Buch unter anderem auf den "nassen Limes, römische Kriegsschiffe auf Rhein und Donau" sowie auf einen "Kontrollpunkt … als Durchlass für die Barbaren" im heutigen Rheinland -Pfalz aufmerksam.[185]

Grenzstreitereien der verschiedensten Art führten in der Geschichte der Menschheit häufig zu Kriegen.

Eine besondere Rolle spielten künstlich gezogene Grenzen, die auf Entscheidungen von Kolonialmächten beruhten. "Seitdem der Staat Israel im Jahre 1948 auf einem Teil des Gebiets des historischen Palästina gegründet wurde,

---

[181] Krocova Grenze Sachsen/Böhmen 2007 Seite 185.
[182] Siehe: Sächsisches Oberbergamt.
[183] Schallmeyer Limes 2006, Seite 8, 15.
[184] Vgl. Ziegler Völkerrechtsgeschichte 2007. Seiten 38 ff. 50.
[185] Graichen Seite 68 ff.; 177 ff.

sind die Grenzen zu den arabischen Nachbarstaaten umstritten. Viele Gebiete werden heute von mehreren Seiten beansprucht..."[186] Auch in der Küsten- und Bergregion, dem Jordantal, dem "Beduinennest Beerscheba" und der Wüste gibt es ungelöste Grenzfragen.[187]

Mit dem "Dekret über den Frieden"[188] schien das Kapitel ius ad bellum (Recht der Staaten auf Krieg) der Vergangenheit anzugehören. In diesem Dekret verkündete Sowjetrußland, dass es für sofortigen Frieden, ohne Annektionen eintrat. Sowjetrußland annullierte und veröffentlichte zahlreiche Geheimverträge, die vom zaristischen Rußland bis zur Oktoberrevolution 1917 abgeschlossen wurden und die den Prinzipien dieses Dekret widersprachen.

Mit der Ablehnung der Aneignung fremder Territorien, den Prinzipien des Nichtangriffs, der friedlichen Beilegung von Streitigkeiten, der Selbstbestimmung der Völker wurde die friedliche Koexistenz sowie die Zustimmung zu gutnachbarlichen Beziehungen, zur Achtung der territorialen Souveränität, zur Gleichberechtigung der Staaten und zur Nichteinmischung in die inneren Angelegenheiten verbunden.

Die Darlegung der Problematik des Deutsch-sowjetischen Grenz- und Freundschaftsvertrages vom 28. September 1939 (sog. Hitler/Stalin Pakt) würde hier zu weit führen.

Fakt bleibt aber, dass die oben genannten Prinzipien der Sowjetmacht wie "Aneignung fremder Territorien"; "Achtung der territorialen Souveränität"; "Gleichberechtigung der Staaten"; "Nichteinmischung in innere Angelegenheiten"; "Offenlegung aller Geheimverträge" von der UdSSR selbst nicht eingehalten wurden.

11.1 Die Grenze zum Meer

Bis etwa zum Jahre 1700 besaß die Küstenlinie als Ausgangspunkt für die Festlegung der Hoheitsgrenze der Staaten nur geringe Bedeutung.

Die Auffassung, dass jedem Küstenstaat ein bestimmter Teil seiner vorgelagerten Küstengewässer gehört, stammt bereits aus dem Feudalismus.

---

[186] Herz, Grenzen, 2003. Seite 11.
[187] Vgl. ebenda Seite 13 bis 18.
[188] Vgl. Völkerrecht, Lehrbuch, 1967, S.198; vgl. Lenin, Werke , Band 26, S. 239 ff.; Vgl. Tunkin, 1963, S. 28 - 57.

Grund dafür war u. a. der Schutz der eigenen Fischerei von fremden Fischern und der Schutz der Handelsschifffahrt vor Seeräuberei.

Zu Beginn des 18. Jahrhunderts kam als Begrenzung des Hoheitsgebietes die sog. Kanonenschussweite auf. Sie war praktisch eine mit der Entwicklung der Waffentechnik einhergehende Verlagerung der Grenze auf das offene Meer. Um die Veränderlichkeit der Kanonenschussweite auszugleichen, wurde gegen Ende des 18. Jahrhunderts die Drei*meilen*zone allgemeine Staatenpraxis.[189]

Die Territorialgewässergrenze die identisch mit der Seegrenze bzw. Staatsgrenze auf See ist, zeichnet sich durch die Besonderheit aus die darin besteht, dass sie durch innerstaatlichen Akt der Küstenstaaaten festgelegt wird.

Da die Territorialgewässer zum Hoheitsgebiet des Küstenstaates gehören, sind sie auch der territorialen Souveränität und Gebietshoheit unterworfen.

Ihre besondere Rechtslage wird dadurch charakterisiert, dass im Bereich der Territorialgewässer alle ausländischen Seefahrzeuge mit Ausnahme von Kriegsschiffen das Recht der friedlichen Durchfahrt haben.

In der Territorialgewässer Konvention (TG-Konvention) heißt es in den Artikeln 1 und 2: *"Die Souveränität eines Staates erstreckt sich über sein Landgebiet und seine Binnengewässer hinaus auf einen an seine Küste angrenzenden Meeresstreifen der als Küstenmeer bezeichnet wird. Diese Souveränität wird gemäß den Bestimmungen dieser Artikel und der anderen Regeln des Völkerrechts ausgeübt. Die Souveränität eines Küstenstaates erstreckt sich sowohl auf den Luftraum über dem Küstenmeer als auch auf dessen Meeresgrund und Meeresuntergrund"*.[190]

Die TG-Konvention legte keine bestimmte Breite fest. Bei der Breite der Territorialgewässer lassen sich die Staaten von unterschiedlichsten Interessen leiten.

Im Mittelpunkt stehen die Sicherheits- und Wirtschaftsinteressen. Die Festlegung der Breite der Territorialgewässer (TG) reicht von 3 bis 200 Seemeilen.

Die Genfer Seerechtskonferenz von 1960 konnte keine verbindlichen Ergebnisse über die Breite der TG erzielen.

Auf der III. Seerechtskonferenz in Caracas 1974/75 wurde Einigung darüber erzielt, eine Breite der Territorialgewässer von 12 Seemeilen, von der Grundlinie gerechnet, nicht zu überschreiten.

"Erstmals überhaupt in der Völkerrechtsgeschichte konnte damit in dieser seit

---

[189] Als eine Seemeile wurden 1. 852 Meter zu Grunde gelegt.

[190] Konvention über die Territorialgewässer und die Anschlusszone vom 29. April 1958. In: GBl. Teil II 1974 Nr. 23 Seite 442.

Jahrhunderten intensiv und kontrovers diskutierten Frage ein nahezu universeller Konsens hergestellt werden".[191]

12 Der Begriff der völkerrechtlichen Staatsgrenze

Ohne den vorhandenen Definitionen eine weitere hinzuzufügen, soll künftig folgende zur Grundlage genommen werden:
"Staatsgrenzen sind die Linien, die das Festlandgebiet und die Wasserräume eines Staates umschließen, die vertikale Oberfläche, die über diesen Linien verläuft, ist die Grenze des zum Staat gehörenden Luftraumes und Erinnern. Diese Abgrenzungslinien sind die räumliche Grenze, innerhalb der der Staat seine Gebietshoheit ausübt."[192]

Da die Bundesrepublik Deutschland weder im Grundgesetz noch in nachgeordneten Rechtsvorschriften eine Definition des Hoheitsgebietes oder der Staatsgrenze hat, wird im Weiteren auf die Definition der Grenzgesetzes der DDR zurück gegriffen. Das geschieht auch deshalb, da es sich hier um die einzige Definition in einer Rechtsvorschrift in deutscher Sprache handelt.[193]
Sie lautet (etwas gekürzt) wie folgt:
Das Hoheitsgebiet umfasst das Festlandgebiet einschließlich des Erdinnern und der Binnengewässer (Flüsse, Kanäle, Seen, Staubecken), die inneren Seegewässer, die Territorialgewässer und den Grund und Untergrund dieser Gewässer sowie den Luftraum über dem gesamten Festlandgebiet und allen Gewässern (§ 1).

In der Entscheidung des BVerfG zum Grundlagenvertrag wurde nicht vergessen, die verschiedene "rechtliche Qualität" der Grenzen zu nennen: "Verwaltungsgrenzen, Demarkationsgrenzen, Grenzen von Interessensphären, eine Grenze des Geltungsbereichs des Grundgesetzes, die Grenzen des Deutschen Reiches nach dem Stand vom 31. Dezember 1937, staatsrechtliche und hier wiederum solche, die innerhalb eines Gesamtstaates Gliedstaaten... voneinander trennen"[194].
Klarheit wurde damit, auch unter den damaligen Umständen, nicht geschaffen!

---

[191] Khan , Staatsgrenzen 2004 Seite 583.
[192] Völkerrecht Lehrbuch, 1967 S. 198.
[193] Grenzgesetz, 1982, §§ 1 bis 6.
[194] Ebenda. Abschnitt V. 2.

Wenn der Artikel 3 Absatz 2 des Grundlagenvertrages,[195] vom Bundesverfassungsgericht so interpretiert wurde, dass damit nur "eine staatsrechtliche Grenze gemeint" sei, dann konnte das damals nur als juristischer Zaubertrick, verstanden werden, der die "Anerkennung der Grenze zwischen den beiden Staaten als Staatsgrenze mit dem Grundgesetz (als) vereinbar" erklärte.

Mit der Anerkennung der Grenze als völkerrechtliche Staatsgrenze verhält es sich genauso wie mit der Anerkennung eines Staates durch andere Staaten.
Neue Staatsgrenzen entstehen durch neue Staaten. Ob es sich um Estland, Lettland, Georgien, Moldawien, Kroatien oder den Kosovo handelt.
Die *Entstehung der völkerrechtlichen Staatsgrenze* zwischen beiden deutschen Staaten fällt mit der Gründung dieser Staaten zusammen. Wie die Entstehung zweier deutscher Staaten ein Produkt des kalten Krieges war, trifft das auch auf die Staatsgrenze zwischen ihnen zu.

Nach Annahme des Grundgesetzes für die Bundesrepublik durch den Parlamentarischen Rat, seiner Genehmigung durch die drei Westmächte und Billigung durch die Länder der BRD wurde mit dem Inkrafttreten des GG am 23. Mai 1949 dieser Staat errichtet.[196]
Am 07. Oktober 1949 konstituierte sich die DDR als Staat. Am gleichen Tage hat die Provisorische Volkskammer, die vom Dritten Deutschen Volkskongreß am 30. Mai 1949 bestätigte Verfassung in Kraft gesetzt.[197]

Das Bundesverfassungsgericht ging in seinen Entscheidungen[198] davon aus, dass das Deutsche Reich fortexistieren würde und "mit der Errichtung der Bundesrepublik Deutschland wurde nicht ein neuer westdeutscher Staat gegründet, sondern ein Teil Deutschlands neu organisiert". Die BRD ist *"nicht `Rechtsnachfolger´ des Deutschen Reiches, sondern als Staat identisch mit dem Staat `Deutsches Reich, - in bezug auf seine räumliche Ausdehnung `teilidentisch´, so daß insoweit die Identität keine Ausschließlichkeit beansprucht... Sie beschränkt staatsrechtlich ihre Hoheitsgewalt auf den `Geltungsbereich des*

---

[195] Er lautete: „Sie bekräftigen die Unverletzlichkeit der zwischen ihnen bestehenden Grenze jetzt und in Zukunft und verpflichten sich zur uneingeschränkten Achtung ihrer territorialen Integrität."
[196] Vgl. Creifelds, Rechtswörterbuch. 2000 Seite 278
[197] Vgl. Erklärung, 1975 Seite 136.
[198] Genannt sollen hier werden: BVerfGE 2, 266 (277); 3, 288 (319 f.); 5, 85 (126); 6, 309 (336, 363).

Grundgesetzes'[199], fühlt sich aber auch verantwortlich für das ganze Deutschland (vgl. Präambel des Grundgesetzes). Derzeit besteht die Bundesrepublik aus dem in Art. 23 GG genannten Ländern, einschließlich Berlin; der Status des Landes Berlin der Bundesrepublik Deutschland ist nur gemindert und belastet durch den sog. Vorbehalt der Gouverneure der Westmächte... Die Deutsche Demokratische Republik gehört zu Deutschland und kann im Verhältnis zur Bundesrepublik Deutschland nicht als Ausland angesehen werden. "[200]

Ironisch sei die Frage gestattet: Wo blieb hier der *räumliche* Platz für die "Neuorganisation des Deutschen Reiches"?

"Der Vertrag (gemeint ist der Grundlagenvertrag K.E.)kann so interpretiert werden, daß er mit keiner der dargelegten Aussagen des Grundgesetzes in Widerspruch gerät. Keine amtliche Äußerung innerhalb der Bundesrepublik Deutschland kann dahin verstanden werden, daß sie bei der Interpretation des Vertrags diesen verfassungsrechtlichen Boden verlassen hat oder verläßt."[201]

Das Grundgesetz für die BRD[202] (nach seiner 58. (achtundfünfzigsten)Änderung vom 21.7.2010) kennt keinen einheitlichen Begriff für das Staatsgebiet der BRD.
Die Präambel des Grundgesetzes für die BRD löst das Problem, indem die einzelnen Bundesländer aufgezählt werden.
Die Artikel 11 Absatz 1; 25; 29 Absatz 1 Satz 1; 115 a Absätze 1, 4 und 5 verwenden den Begriff "Bundesgebiet".
Im Artikel 116 Absatz 1 heißt es "Gebiete des Deutschen Reiches nach dem Stande vom 31. Dezember 1937".
Artikel 116 Absatz 3 nennt "Deutschland".
Artikel 134; 135 a verwendet die Begriffe des "Reiches" und "Bundes".
Der Artikel 23 (alt, Stand: 1989) nannte "Gebiete der Länder" und "andere Teile Deutschlands".
Die Begriffe "im Artikel 3 des Einigungsvertrages genanntes Gebiet"; "Beitrittsgebiet"; "Neue Bundesländer"; "Junge Bundesländer" für die DDR - kannte und kennt das Grundgesetz für die BRD nicht.

---

[199] Hierbei beruft sich das Gericht auf seine Entscheidungen (BVerfGE 3, 288 (319 f.; 6, 309 (388, 363).
[200] Grundlagenvertrag 1973. Entscheidung des BVerfG 1973, III. 1.
[201]Ebenda III. 3.
[202] Auch wenn führende Politiker (z. B. Bundespräsident von Weizsäcker oder Bundeskanzler Kohl) von einem Grundgesetz **der** Bundesrepublik schreiben, heißt es korrekt: Grundgesetz **für die** BRD.

In den Beziehungen zwischen beiden deutschen Staaten gab es eine Phase, in der die Staatsgebiete als "Währungsgebiete der Deutschen Mark der Deutschen Notenbank (DM-Ost)" oder "Währungsgebiete der Deutschen Mark (DM-West)" gegenseitig benannt wurden.[203]

In den "Römischen Verträgen" wurde der innerdeutsche Handel "zwischen den deutschen Gebieten innerhalb des Geltungsbereiches des Grundgesetzes" der BRD und "den deutschen Gebieten außerhalb dieses Geltungsbereiches" beschrieben.[204]

Dem Minister für Außenwirtschaft der DDR saß als Partner von Seiten der BRD, der Leiter der Treuhandstelle für den Interzonenhandel gegenüber.

Solange es die die DDR gab, bestand das ständige Bemühen der BRD darin, nicht zuzugeben, dass ein zweiter deutscher Staat, mit eigenem Hoheitsgebiet und Grenzen, existierte. Die Staatsgrenze zwischen ihnen war *innerdeutsch*.

Die Staatsgrenze ist die Linie, die das Hoheitsgebiet von den Hoheitsgebieten benachbarter bzw. gegenüberliegender Staaten und vom Offenen Meer abgrenzt.[205]
.

Die Staatsgrenze verläuft so, wie sie in völkerrechtlichen Verträgen und den dazu gehörenden Dokumentationen über den Verlauf und die Markierung der Staatsgrenze festgelegt und beschrieben ist oder wie sie in Übereinstimmung mit den Normen des Völkerrechts auf dem Offenen Meer einseitig festgelegt wurde.[206] Zweifelfrei machen diese Formulierungen deutlich, dass es zwar allgemeine Grundsätze über die Staatsgrenzen gibt, es sich aber bei der Abgrenzung immer um ein konkretes Hoheitsgebiet, um einen konkreten Nachbarn (Staat) handelt.

Eine Staatsgrenze "an sich" gibt es nur in der Theorie.

Hier handelt es sich um die Staatsgrenze *zwischen* der DDR einerseits und der BRD, VRP, CSSR und dem offenen Meer (Schweden) andererseits.

Die Sicherung der Staatsgrenze (territoriales Grenzregime) durch den einen Staat

---

[203] Abkommen über den Handel zwischen den Währungsgebieten der Deutschen Mark (DM - West) und den Währungsgebieten der Deutschen Mark der Deutschen Notenbank (DM-Ost) (Berliner Abkommen) in der Fassung der Vereinbarung vom 16. August 1960. In: Beilage zum Bundesanzeiger Nr. 32 vom 15. Februar 1961.

[204] Protokoll über den Innerdeutschen Handel und die damit zusammenhängenden Fragen vom 25. März 1957.

[205] Grenzgesetz , 1982 § 2 Absatz 1.

[206] Ebenda Absatz 2.

gegenüber dem anderen hängt u. a. von dem Charakter und Zustand der gegenseitigen Beziehungen zwischen diesen Nachbarstaaten ab.

Deutlich wurde das an der Staatsgrenze der DDR/BRD einerseits und der Staatsgrenze DDR/VRP und DDR/CSSR andererseits. Zwischen den befreundeten Staaten bestand das territoriale Grenzregime im Wesentlichen aus einer Grenzüberwachung.

Die Staatsgrenze zwischen den beiden deutschen Staaten war nicht nur eine "normale" Grenze zwischen Nachbarstaaten, sondern gleichzeitig eine Systemgrenze zwischen den Warschauer Vertragsstaaten und den NATO - Staaten. Die Staatsgrenze DDR/BRD wurde "von den Teilnehmerstaaten des Warschauer Vertrages und vor allem von der Führung der Sowjetunion als Grenze zwischen zwei sich feindlich gegenüber stehenden militärpolitischen Blöcken betrachtet. Und behandelt. Es war eine sensible Trennlinie zwischen den beiden mächtigen Gruppierungen, deren zuverlässige militärische Sicherung eine erstrangige Bedeutung hatte."[207]

Ob diese völkerrechtliche Staatsgrenze DDR/BRD, nach über zwei Jahrzehnten nach dem Anschluss der DDR, unverändert als innerdeutsch betrachtet, angesehen oder gar an den ehemaligen Grenzübergangsstellen (Grenzmuseen) "gekennzeichnet" wird, ist völlig gleichgültig.

Innerdeutsche (staatsrechtliche) Grenze(n) *waren und sind* u. a. die Grenzen zwischen den einzelnen Bundesländern. Eine innere Grenze der DDR war die um Westberlin![208]

Diese Staatsgrenze war wie jede Grenze gleichzeitig (grundsätzlich) Eigentums - (Grundstücksgrenze), Landesgrenze (der BRD), Bezirks- bzw. Kreisgrenze (der DDR).

Zwischen diesen verschiedenen Grenzen gab es keine extra, wie auch immer gearteten Linienführungen.

Die DDR war "im Sinne des Völkerrechts ein Staat und als solcher Völkerrechtssubjekt"[209]. Das trifft selbstverständlich auch für die BRD zu. Welches Recht, als das Völkerrecht, soll demzufolge zwischen den beiden deutschen Staaten gegolten haben?

Wenn die DDR "im Sinne des Völkerrechts" Völkerrechtssubjekt war, dann war sie im "Sinne des Grundgesetzes (für die BRD)" und ihrer fleißigen Interpreten, eben kein Staat!

---

[207] Kulikow, Schreiben 2004. A.a.O. Seite9.
[208] Vgl. hierzu mein Buch „Die Grenze um Westberlin 1945 bis 1990"
[209] Kulikow, a.a.O. Abschnitt IV. 3.

In Abhängigkeit von der jeweiligen Schärfe des kalten Krieges war die DDR ein "Gebiet jenseits von Fulda /Elbe", eine "(Ost)Zone", "Sowjetzone", "sogenannte DDR", "Diktatorisches Regime", "SED -Staat", "Diktatur" usw. Bundeskanzler Kissinger sprach bevorzugt von einem "Gebilde" als von einem Staat.[210]

Nach dem Anschluss der DDR an die BRD wird von "ehemaliger", "damaliger", "früherer" oder "vormaliger" DDR geschrieben und geredet, auch wenn die Zeit ihrer tatsächlichen Existenz gemeint ist.

Genau genommen sind die "neuen" oder "jungen" Bundesländer erst seit dem Anschluß die "ehemalige" DDR.

Nach dem Anschluß überwog je nach politischem Zweck die Bezeichnung: "Zweite deutsche Diktatur" und "Unrechtsstaat".
Es wurde und wird die "erste, die faschistische Diktatur" mit der DDR in eine Reihe gestellt.[211] Offiziell wurden und werden dann für das Anschlussgebiet die bereits genannten Bezeichnungen "im Artikel 3 des Einigungsvertrages genanntes Gebiet"; "Beitrittsgebiet"; "Neue Bundesländer"; "Junge Bundesländer" verwandt.

Bewußt im Dunkeln gehalten wird die Frage, wie mit diesem Staat, der DDR, ein Vertragswerk abgeschlossen werden konnte (Einigungsvertrag)[212], der in seiner Präambel hervorhebt "dass die Unverletzlichkeit der Grenzen und der territorialen Integrität und Souveränität aller Staaten in Europa in ihren Grenzen eine grundlegende Bedingung für den Frieden ist"?

---

[210] Vgl. Verhandlungen des Deutschen Bundestages, 5. Wahlperiode. Stenographische Berichte. Band 69. Bonn 1969 Seite 12663.
[211] Der Begriff "Rechtsstaat" wurde von der DDR- Rechtswissenschaft *auch deshalb* nicht verwandt, weil das faschistische Deutsche Reich sich häufig als "Rechtsstaat" bezeichnete.
[212] Ebenda. Vertrag Einigungsvertrag, 1990.

13 Demarkationslinien gleich Zonengrenzen -plus zweier deutscher Staaten gleich Staatsgrenzen

Da das Bundesverfassungsgericht den Grundlagenvertrag als grundgesetzkonform ansah, fand diese Grundaussage Niederschlag in der Äußerung von Bundeskanzler Brandt am 15. Februar 1973 vor dem Bundestag, indem er dort erklärte:

"... ob es uns gefällt oder nicht, daß gegenwärtig alle entscheidenden und auf uns einwirkenden Faktoren von der Teilung Deutschlands und davon ausgehen, daß aus Demarkationslinien Staatgrenzen geworden **sind***". Der Grundlagenvertrag ist zwischen gleichberechtigten Staaten "ausgehandelt worden; anders hätte er nicht zustande kommen können. Und er hat weder der einen noch der anderen Seite zur Durchsetzung von Maximalpositionen verholfen. Selbstverständlich konnte es sich nur um einen Kompromiss handeln. Wenn ich dies nicht für einen tragbaren Kompromiss hielte, würde ich den Vertrag nicht vertreten."*[213]

Wenn das Bundesverfassungsgericht in seinem Urteil zum Grundlagenvertrag, die Qualifizierung der Staatsgrenze zwischen der DDR und der BRD mit der "Besonderheit" der staatsrechtlichen Grenze versah, und das damit begründete, dass beide deutschen Staaten "auf dem Fundament des noch existieren Staates `Deutschland als Ganzes´ existierten, es sich also um eine staatrechtliche Grenze handelt ähnlich denen, die zwischen den Ländern der Bundesrepublik verlaufen", und im Bundesgesetzblatt ausdrücklich die Gesetzeskraft des Entscheidungssatzes betont wurde,[214] dann erfolgte eine entsprechende Erwiderung durch die DDR-Seite:

Zusammenfassend wurde in einer Demarche vom 04. Oktober 1973 festgestellt:
"Verbindlich ist allein der Text des Grundlagenvertrages und seiner Zusatzdokumente. Einseitige Interpretationen der BRD sind für die DDR unerheblich. Sie haben keine völkerrechtliche Kraft und berühren nicht die Verpflichtungen der BRD aus dem Grundlagenvertrag. Maßgebend für die Auslegung des Vertrages sind allein die Prinzipien des Völkerrechts. Sie unterliegen nicht den Maßstäben der innerstaatlichen Rechtsordnung der BRD. Es gilt der völkerrechtliche Grundsatz, dass sich ein Partner eines internationalen Vertrages nicht auf Bestimmungen seines innerstaatlichen Rechtes als Rechtfertigung für die Nichterfüllung des Vertrages berufen kann. Die DDR hält sich an den allgemein anerkannten Völkerrechtsgrundsatz: Verträge sind

---

[213] Brandt Grundlagenvertrag, 1995 Seite 378 f. Unterstreichung von mir.
[214] Entscheidung des Bundesverfassungsgerichts zum Gesetz zum Grundlagenvertrag.   In: BGBl. 1973 Teil 1 vom 14. August 1973 Seite 1058. BVerfGE 36, 1 (8).

*einzuhalt*en…"[215]

Der Verhandlungsführer der BRD; Egon Bahr, erklärte daraufhin u. a. *"Die Bundesregierung wird sich voll an Text und Inhalt der geschlossenen Verträge und ihrer dazu gehörigen Texte halten…"*[216]

Die DDR - Führung schenkte der Versicherung Brandts Glauben, dass das Urteil des BVerfG zum Grundlagenvertrag "eine innere Angelegenheit der BRD sei und keine Gültigkeit für die Beziehungen zur DDR (hätte)".[217]

Weil beide Seiten von der Erhaltung eines friedlichen Nebeneinanders und beiderseits vorteilhafter Zusammenarbeit ausgingen, fielen die Auseinandersetzungen über die Grenzfragen nicht so schwer ins Gewicht. Die ungelösten Fragen wurden "entweder auf einer gegenseitig akzeptablen Grundlage gelöst oder sie werden nach beiderseitigem Einverständnis ausgeklammert, damit sie Entwicklungen an anderen Abschnitten nicht hindern."[218]

14 Die Staatsgrenze auf dem Festland

Aus der angewandten Definition zum Hoheitsgebiet lässt sich ableiten, dass das Hoheitsgebiet ein mehrdimensionaler Raum ist, der von den Staatsgrenzen umschlossen wird und das durch diese auf der Erdoberfläche markiert und abgegrenzt wird.
Die Landgrenze verläuft grundsätzlich als gerade unbewegliche Linie von einem zum anderen Grenzpunkt, sofern sie nicht nach natürlichen Gegebenheiten festgelegt ist, trockene Grenze-.[219]. Die grundsätzlich eingemessene und gekennzeichnete Grenzlinie ist demnach diejenige, die umgangssprachlich als "die Grenze" bezeichnet wird.
Sie wird aus jenen (Grenz)punkten der Grenzfläche gebildet, die die Schnittlinie

---

[215] Demarche von Dr. (Michael) Kohl gegenüber Bahr zum Karlsruher Urteil am 4.10.1973. Kopie im Besitz des Verfassers.
[216] Ebenda. Anlage 2.
[217] Vermerk des Stellvertretenden Außenministers der DDR Nier über das Gespräch mit dem Leiter der Ständigen Vertretung der BRD Gaus am 3. März 1995. In: Dokumente DzD VI /4 (1975/76), 2007 Dokument Nr. 20 Seite 110.
[218] Breshnew an Schmidt 20. Januar 1975 dürfte wohl auch auf die Staatsgrenzen zutreffen. In: A.a.O. Dokument Nr. 6 Seite 19.
[219] Grenzgesetz § 2 Absatz 3 Buchstabe a).

der Grenzfläche mit der Erdoberfläche bildet. Sie stellt demnach nur einen Teil der gesamten Staatsgrenze dar.

Die Vermessung und Kennzeichnung des Verlaufs der Staatsgrenze erfolgt zwischen den Nachbarstaaten auf der Grundlage völkerrechtlicher Verträge.

Im Grenzgesetz der DDR[220] heißt es, dass die Markierung der Grenzpunkte im Verlauf der Staatsgrenze durch Grenzzeichen oder Hilfsgrenzzeichen erfolgt, deren Form, Abmessungen, Material, Beschriftung und Lage sowie die Art und Weise ihrer Instandhaltung zwischenstaatlich vereinbart sind werden. Gleichzeitig wird darauf verwiesen, dass ohne Zustimmung der innerstaatlichen Organe und ohne Vereinbarung mit dem Nachbarn Grenzzeichen nicht entfernt oder versetzt werden dürfen. Sie sind vor Beschädigung oder Veränderung ihrer Lage zu schützen.[221]

Bei der Festlegung und Feststellung der Staatsgrenzen zwischen den Nachbarstaaten ist davon auszugehen, dass die Grenzen in ihrer gesamten Länge unabänderlich und genau feststehen und entsprechend markiert und dokumentiert sein sollten.

Die Festland- bzw. Oberflächengrenze (trockene Grenze) ist deshalb besonders bedeutsam, weil sie absolut Verlauf und Lage der über und unter ihr befindlichen Luftraum und das Erdinnere bestimmt. Diese Unabänderlichkeit ist relativ aufzufassen, da sie nicht nur geologischen Umbildungsprozessen der Erdkruste, sondern auch klimatischen Veränderungen unterliegen.

Abgesehen von Naturkatastrophen, wird dadurch kein Einfluss auf den Verlauf der Grenze ausgeübt. Nur durch die exakte Dokumentation der gemeinsamen Grenze kann vermieden werden, dass über den Verlauf der Grenze hinausgehende Streitigkeiten entstehen.

Die Markierung der Grenzen erfolgt seit alters her durch genau eingemessene Grenzzeichen (Grenzsteine, Pfähle, Nägel, Säulen o. ä.). Sie stehen in der Regel zentrisch auf der Grenzlinie, d. h. praktisch betrachtet "gehört" das Grenzzeichen jedem der angrenzen Staaten zur Hälfte.[222]

Eine andere Variante: Das Grenzzeichen schließt mit der Grenzlinie ab, es gehört einem Staat komplett.

Eine dritte in der Praxis angewandt Methode ist die der indirekten Vermarkung: Die Grenzzeichen werden auf den Hoheitsgebieten gegenüber aufgestellt. Zwischen ihnen verläuft (in der Mitte oder einem vereinbarten Abstand) die Grenzlinie.

---

[220] Ebenda § 7.
[221] Ebenda, § 7Absatz 2.
[222] Vgl. Abbildung Seite 32.

Es wird im Detail beschrieben, wie der Grenzverlauf zwischen der DDR und der Volksrepublik Polen (Oder-Neiße-Friedensgrenze), aus geodätischer Sicht vermessen wurde.[223]

Typisch ist hier, dass auf dem Landabschnitt sich zwei hölzerne Grenzmarkierungssäulen in einer Entfernung von je 2,5 Metern beiderseits der Grenzlinie gegenüberstanden. In der Mitte zwischen ihnen, der eigentlichen Grenzlinie, wurde ein runder Holzpfosten/ Grenzpfahl ins Erdreich eingebracht.[224]

Im Jahre 1960, wurde die *erste gemeinsame* (zwischenstaatliche) Kontrolle auf vertraglicher Basis durchgeführt. Aus diesem Grunde wurden z.B. alle Holzpfähle gegen Grenzmarkierungssäulen aus Beton ausgetauscht. Diese Säulen enthielten jeweils die Hoheitszeichen beider Staaten. Das Staatswappen der DDR und das Hoheitszeichen der Volksrepublik Polen.[225]

Eine *zweite gemeinsame* Überprüfung sollte planmäßig im Jahr 1989 durchgeführt werden. Sie unterblieb, weil der Anschluss der DDR an die BRD erfolgte. Seitens der BRD war unvorstellbar, dass das Staatswappen der DDR die Grenze zu Polen "schmückte". Die alten Betonsäulen wurden mit einer schwarz-rot-goldenen Plastikhülle, überzogen und darauf eine maximal dreiziffrige Nummer der Grenzmarkierungssäule aufgeklebt.[226]

In diesem Zusammenhang muss auf den unterschiedlichen Inhalt der Begriffe "**festlegen**" und "**feststellen**" der Grenze aufmerksam gemacht werden.

Die Festlegung der Landgrenze bedeutet immer, dass die Grenzlinie zugunsten oder zum Nachteil eines Nachbarn "verschoben" wird. Faktisch findet immer, unabhängig von der Größe der Verschiebung, ein Gebietsaustausch zwischen den Nachbarn statt.

Wird die Grenze lediglich festgestellt, dann entfällt dieser Gebietsaustausch völlig. Der vorhandene Verlauf der Grenzlinie wird lediglich festgestellt, und bleibt unverändert.

So wurde der Grenzverlauf zwischen beiden deutschen Staaten im Bereich Priwall bis Elbe in einem Protokollvermerk der Grenzkommission *festgelegt*.[227]

---

[223] Killiches Arbeit der Geodäten.

[224] Vgl. a.a.O. Seite 41.

[225] Vgl. a.a.O. Seite 43 f.

[226] Vgl. a.O. Seite 48.

[227] Protokollvermerk Nr. 7 der Grenzkommission. Wolfsburg 6. Dezember 1973 über „Festlegung des Grenzverlaufes zwischen der BRD und der DDR im Bereich Priwall bis Elbe".

Dieses Protokoll ist in den Dokumenten zur Deutschlandpolitik[228] demzufolge auch im Sachregister[229] nicht enthalten! Eine Veröffentlichung dieses Protokolls durch die DDR ist ebenfalls nicht bekannt.

Da die Bestimmung der Grenzen bereits im Londoner Protokoll und den späteren Vereinbarungen der Besatzungsmächte erfolgte wurden an der Staatsgrenze BRD/DDR zum Bundesland Schleswig - Holstein andere Abschnitte genannt, die mit dem Protokoll Nr. 7 nicht übereinstimmen.

In diesem Protokollvermerk Nr. 7 kommt der Kompromisscharakter der gesamten Tätigkeit der Grenzkommission zum Ausdruck.

Es geht eindeutig um eine *"Festlegung"* des Grenzverlaufes zu Gunsten der BRD.

Bei unklarem Verlauf der Staatsgrenze oder an Abschnitten der Grenze über die keine Einigung erzielt wurde, konnte das bei Erfordernis *einseitig gekennzeichnet* werden.[230]

Grundstücksgrenzzeichen durften nicht auf der Staatsgrenze eingebracht werden.

Die Begrenzungen der anliegenden Grundstücke, konnten in angemessener Entfernung von der Staatsgrenze durch Richtungszeichen, gekennzeichnet werden.[231]

Im Interesse der Sichtbarkeit des Grenzverlaufes gestattete das Grenzgesetz auch einseitige Maßnahmen entlang der Staatsgrenze.[232] Selbstverständlich nur auf eigenem Hoheitsgebiet.

Auf die Einteilung der Staatsgrenzen nach bestimmten Typen, orographische (natürliche z.B. Wasserscheiden, Gebirgskämme); geometrische (Gerade zwischen zwei Punkten oder Kreisbögen) und astronomische (entsprechend des Verlaufs bestimmter Längen- oder Breitengrade) wird nicht näher eingegangen, weil sie im geteilten Deutschland keine Bedeutung hatten.

---

[228] Dokumente DzD VI/3 (1973/74).

[229] Ebenda Sachregister: Seite 949 Grenzkommission: Protokolle, Protokollvermerke sowie Protokolle, Protokollvermerke Seite 959.

[230] Grenzgesetz § 7 Absatz 3.

[231] Ebenda , Absatz 5.

[232] Ebenda, Absatz 6.

Wolfsburg, den 6. Dezember 1973

Protokollvermerk Nr. 7
der Grenzkommission

9. Sitzung am 05./06. Dezember 1973 in Wolfsburg

Erörterte Frage: Festlegung des Grenzverlaufes zwischen der
Bundesrepublik Deutschland und der Deutschen
Demokratischen Republik im Bereich Priwall
bis Elbe

Die Arbeitsgruppe Grenzmarkierung, die die Standpunkte
beider Seiten über den genauen Verlauf der Grenze in den
nachstehend aufgeführten Abschnitten erörtert und an Ort
und Stelle überprüft sowie alle Unterlagen beigezogen und
ausgewertet hatte, erstattete der Grenzkommission Bericht.
Auf dieser Grundlage erklären die Delegationen der Bundesrepublik Deutschland und der Deutschen Demokratischen Republik, die hierzu von ihren Regierungen bevollmächtigt sind,
den genauen Verlauf der Grenze wie folgt festzulegen:

7. Insel in der Stecknitz westlich Bickhusen:

Es handelt sich um eine Fläche von ca. 0,8 ha.
Die Grenze folgt dem jetzigen Verlauf der Stecknitz.

In den vorgenannten Abschnitten sind die Arbeiten zur
Markierung der Grenze durchzuführen.

B. Pagel

Für die Delegation der
Bundesrepublik Deutschland

Für die Delegation der
Deutschen Demokratischen
Republik

15 Die Staatsgrenze in und an Gewässern

Zum Hoheitsgebiet des Staates gehören neben dem Landgebiet auch die fließenden und stehenden Binnengewässer.

An schiffbaren Grenzgewässerläufen verläuft die Grenze als bewegliche Linie in der Mitte oder der Mitte der Hauptfahrrinne (Talweg) und auf nichtschiffbaren Grenzgewässerläufen als bewegliche Linie in der Mitte des Gewässers oder seines Hauptarmes (Mittellinie), in Seen und Staubecken (Talsperren, Rückhaltebecken u. ä.) entsprechend der zwischenstaatlichen Vereinbarungen [233]

Auf schiffbaren Grenzwasserläufen änderte sich der Verlauf der Grenze mit den natürlichen Veränderungen der Hauptfahrrinne.

Auf nichtschiffbaren Grenzwasserläufen ändert sich der Verlauf der Grenze mit den allmählichen natürlichen Veränderungen des Grenzwasserlaufes.

Diese Veränderungen haben keinen Einfluss auf den in den Grenzdokumentationen festgelegten Verlauf der Grenze. [234]

Als Grenzgewässer wurden definiert: Alle Abschnitte von Wasserläufen, in denen oder an deren Ufern die Staatsgrenze verlief oder die von der Staatsgrenze geschnitten wurde. Sowie alle Seen und Staubecken (Talsperren und Rückhaltebecken und ähnliche Gewässer) auf denen oder an deren Ufern die Staatsgrenze verläuft. [235]

Aber es ist Folge dieses "flüssigen Teils des Hoheitsgebietes", dass was heute im Staatsgebiet des einen Staates ist, sich in nächster Zeit in einem anderen Staatsgebiet befindet.

Die Tatsache, dass ein Teil des Hoheitsgebietes sich in ständiger Bewegung befindet, ist trotz seiner Einbeziehung in den stabilsten Teil (das Land), eher vergleichbar mit dem Vogelflug, Wind und Wolken.

Als Binnengewässer gelten vor allem jene Ströme und Flüsse, die von der Quelle bis zur Mündung ins Meer nur einen Staat durchfließen (Loire, Seine, Tiber, Wolga) oder die sogenannten Binnenmeere und Binnenseen, die vollständig vom Hoheitsgebiet eines Staates umgeben sind (Totes Meer, Winnipegsee). Diese Binnengewässer haben auf den Verlauf der Staatsgrenze logischerweise keinen Einfluss. Anders sieht es mit den internationalen Gewässern oder Grenzgewässern aus.

Grenzgewässer kann ein Gewässer dann sein, wenn z.B. ein Strom oder Fluss nacheinander verschiedene Staaten durchfließt (berührt) oder ein Gewässer, verschiedene Staaten voneinander trennt (Rhein, Oder, Bodensee).

---

[233] Vgl. Grenzgesetz § 2 Absatz 3 Buchstabe b) und c).

[234] A.a.O.§ 2 Absatz 4.

[235] A.a.O. § 6.

Anders ausgedrückt: Es wird zwischen quergeteilten und längstgeteilten Grenzgewässern unterschieden. Ein quergeteilter Fluss z.B. durchfließt nacheinander verschiedene Staaten er wird beim "Übertritt" vom Hoheitsgebiet des Oberliegers auf das Hoheitsgebiet des Unterliegers von der Grenzlinie quer (entweder rechtwinklig oder in einem anderen Winkel) zur Flussachse durchschnitten

Bei einem längstgeteilten Fluss oder See befinden sich die Staaten an der Ufern gegenüber (eigentliches Grenzgewässer). Es kommt vor, dass ein Strom zugleich längstgeteilt und quergeteilt ist (Rhein, Elbe).

Zu den Grenzverhältnissen an längstgeteilten Grenzgewässern, die quergeteilten bleiben hier unberücksichtigt:

Für die Festlegung der Staatsgrenze an Grenzgewässern gibt es u .a. folgende Möglichkeiten:

Das Ufer ist die Staatsgrenze. Diese Art der Grenzfestlegung ist selten, wurde aber einige Male zwischen beiden deutschen Staaten vereinbart.[236]

Hier ist bedeutsam, bis zu welcher Linie sich das Hoheitsgebiet erstreckt. Umfasst es nur das Wasser, dem von Wasser bedeckten Erdboden das Bett des Gewässers (mit oder ohne Wasser).

In diesem Zusammenhang ist das wichtigste eine klare Definition darüber, was ist Ufer, Uferrand oder Uferlinie?

Auch hier ergibt sich eine Reihe von Möglichkeiten u. a.:

Die Linie des durchschnittlichen Niedrigwasserstande, die Linie des normalen mittleren Wasserstandes, die Linie des höchsten Hochwasserstandes, die jemals gemessen wurde Im Vertrag zwischen dem Deutschen Reich und der CSR vom 31.Januar 1930 wird in Art. 1 Absatz 1 die Begrenzungslinie der ständigen Vegetation am Uferrand als Staatsgrenze festgelegt.

Das Grenzgewässer gehört zum Hoheitsgebiet eines Uferstaates oder ist neutral, gehört zu keinem Hoheitsgebiet, oder die Mitte bzw. der Talweg ist Grenze. Im französisch-Niederländischen Grenzvertrag von 1816 war festgelegt, dass die Grenzbäche, -flüsse und - ströme beiden Staaten gemeinsam "gehörten".

Im belgischen-luxemburgischen Grenzvertrag von 1843 hieß es, dass dort, wo die Wasserläufe die Grenze bilden, beiden Staaten die Souveränität zusteht.

Die Aufteilung des Grenzgewässers zwischen den Uferstaaten ist die Regel bei der Festlegung der Staatsgrenze in Grenzgewässern. Hier kommt vor allem die Längstteilung nach der Mittellinie (Mitte oder Hälfte) in Betracht. Diese Mitte wiederum wird bestimmt durch die Halbierung der die Höhenpunkte beider Ufer rechtwinklig an geeigneten Punkten gedachten) Linien. Die mathematische Mittellinie teilt das Grenzgewässer dergestalt, dass zu jedem Uferstaat ein

---

[236] Zum Beispiel: Wakenitz, Mechower See, Priwall, Dassower See

bestimmter Teil gehört. Diese Linie folgt in genau gleichen Abständen beiden Uferlinien in Fließrichtung des Grenzgewässers.

Der Verlauf der völkerrechtlichen Staatsgrenze bestimmt sich nach der errechneten Mittellinie ohne Rücksicht darauf, ob es bei schiffbaren Flüssen der Schifffahrtsweg (Mitte Talweg) geschnitten wird oder nicht.

Bei Gewässern, die das gesamte Jahr einen relativ gleichen Wasserstand haben, ist die Festlegung der Mittellinie als Staatsgrenze verhältnismäßig einfach. Hier wird zumeist die Mitte des Wasserspiegels mit der Mitte auf dem Grunde zusammenfallen.

In jedem Falle ist der Verlauf der Grenze auf dem Grunde des Gewässers ausschlaggebend.

Im Ems-Dollart-Vertrag[237] heißt es im Artikel 1, dass die unterschiedlichen Rechtsstandpunkte über den Verlauf der Staatsgrenze einer praktischen Regelung (Wasserbauarbeiten, Seezeichen, Strompolizei, Vermessungen, Gewinnberechtigung von vermuteten Erdöl und Erdgas Vorkommen u.a.) der besonderen Interessen beider Seiten nicht im Wege stehen.

Zur Klärung von Streitigkeiten wurden eine Emskommission und ein Schiedsgericht eingesetzt. "Jede Vertragspartei kann die Frage des Verlaufs der Staatsgrenze in der Emsmündung dem Internationalen Gerichtshof zur Entscheidung vorlegen."[238]

Beide Seiten dokumentierten mit diesem Vertrag, dass sie sich darüber einig waren, dass es zu bestimmten Fragen des Verlaufs der Staatsgrenze keine Einigung gab.

Welche Bedeutung die DDR/BRD Grenzkommission dem Grenzverlauf in oder an den Wasserläufen und den damit zusammenhängenden Problemen beimaß, ist aus der aus der Erklärung vom 29. November 1978 des *Leiters der BRD-Delegation* zu ersehen, indem er erklärte, dass nach fast sechsjähriger Tätigkeit der Grenzkommission etwa "500 wasserwirtschaftliche Maßnahmen an den Grenzgewässern" veranlasst "und in zahlreichen Fällen zur Verhütung und Bekämpfung von Schäden an der Grenze" bei getragen haben.[239] In der veröffentlichten Erklärung des Leiters der DDR-Delegation (siehe Seite 33) fehlt die Nennung der *500 wasserwirtschaftlichen Maßnahmen.*

Eines der am wenigsten entwickelten Teile im Völkerrecht stellt m. E. das Internationale Wasserrecht dar.

Wohl existieren allgemeine Regeln über die Ordnung der Schifffahrt und der

---

[237] Grenzvertrag, Niederlande, Ems-Dollart, 1963.

[238] Ebenda § 46 Absatz 2.

[239] Erklärung Grenzkommission BRD, 1978.

Fischerei, aber die Nutzung des Wassers zur Energiegewinnung, für Brauch- und Trinkwasser ist ungenügend entwickelt. Auch diese Problematik ergibt sich aus der historischen Entwicklung: Noch bis vor wenigen Jahrzehnten waren Schifffahrt und Fischerei fast die einzigen Nutzungsarten, welche über die Staatsgrenzen hinaus Bedeutung hatten und zwischenstaatliche Regelungen erforderten. Wassermühlen, Bewässerungsanlagen für die Landwirtschaft, Wehre und Stauanlagen waren gewöhnlich nicht derart, dass Interessen der Nachbarstaaten (vor allem der Unterlieger) berührten oder gar verletzten. Deshalb bestand auch kein Bedürfnis nach internationaler Regelung.

Das hat sich aus heutiger Sicht völlig geändert. Das Interesse der Staaten wächst, die Rechte und Pflichten der Staaten hinsichtlich der Grenzgewässer abzugrenzen, einen Ausgleich zwischen den Interessen der Staaten zu schaffen.

15.1 Die Mitte des Talweges auf schiffbaren Grenzgewässern als Variante für den Verlauf einer Staatsgrenze

Diese Art der Staatsgrenze, die auch als Talweggrenze, Hauptfahrrinne, Talweglinie, tiefste Tiefe, Achse, Stromrinne, Stromstrich bezeichnet wird, entwickelte sich prinzipiell im 19. Jahrhundert und löste, besonders auf schiffbaren fließenden Gewässern die Mittellinie ab.

Grund dafür war die Gewährleistung eines reibungslosen Schiffsverkehrs auf diesen Grenzgewässern.

Der Vertrag von Luneville aus dem Jahre 1801 soll der erste gewesen sein, der den "le Talweg du Rhin" (Talweg des Rheins) mit seinem Artikel 6 in das Völkerrecht einführte.

Im Vertrag zwischen Rußland und Preußen von 1817 lautet Art. II: "Überall, wo die vorgemerkte Grenze durch Gewässer gebildet wird, soll der Talweg des Wassers... die Grenze beider Staaten bezeichnen..."

Aber auch ältere Grenzverträge lassen eine sinngemäße Anwendung des Begriffes Talweg zu: Im Jahre 1556 gab es in Zusammenhang mit einem Grenzstreits zwischen dem Abt von St. Gallen und dem Vogt von Feldkirch zum Grenzverlauf zwischen österreichischem und schweizerischem Gebiet die Aussage, dass maine Grenze dort verlaufe, "wo bei stillem Wasser eine Feder den Rhyn hinunterschwimmt".

Der Talweg erschien zunächst als Staatsgrenze deshalb gut geeignet, weil er den Uferstaaten gleiche Rechte am Fischfang und vor allem am Schiffsverkehr garantierte. Das geschah einfach dadurch, dass man den Schifffahrtsweg als Grenze festlegte. Dieser Weg war der Weg des zu Tal fließenden Wassers, den die Schiffe nur benutzen können, um "zu Tal" zu fahren.

Dieser Talweg hat die höchste Stromgeschwindigkeit und größte Tiefe. Da der Talweg über diese Eigenschaften verfügt, reicht es nicht aus, dass er die Staatsgrenze bildet. Er ist eine Fläche innerhalb des Grenzgewässers. Es musste folglich eine Linie gefunden werden, die die Staatsgrenze sein konnte. Diese Linie war zunächst die mathematische Mittellinie des Talweges, später seine Achse.

Am Streit will ich mich nicht beteiligen, ob nun die Mitte oder Achse des Talweges die bessere Grenzlinie sei. Wichtig ist, dass die Mitte als auch die Achse mittels Spezialmessgeräten, genau festgestellt und aufgezeichnet werden kann.

Für den Schiffsverkehr auf den Grenzgewässern ist der Verlauf der Staatsgrenze im Allgemeinen von geringer Bedeutung. Jedes Schiff hat eine bestimmte Breite, so dass es bei seiner Fahrt stets mit einem Teil die Hoheitsgebiete beider Staaten "berühren" muss. Der Talverkehr konzentriert sich auf der rechten, der Bergverkehr auf der linken Seite des Fahrwassers.

Im Vertrag zwischen der DDR und der Volksrepublik Polen[240] über die Schifffahrt auf den Grenzgewässern wird in Artikel 1 festgelegt, dass "die ganze Breite der Grenzgewässers der Oder und der schiffbaren Lausitzer Neiße" für den Verkehr genutzt werden können.

15.2 Veränderungen des Laufes oder der Ufer der Grenzgewässer und ihre Wirkungen auf den Verlauf der Staatsgrenze

Die völkerrechtliche Staatsgrenze folgt im Allgemeinen den Veränderungen des Verlaufes des Grenzgewässers. Das gilt vor allem dann, wenn die Mitte oder der Talweg als Grenze festgelegt wurde. Hierbei darf es sich aber nur um unbedeutende Veränderungen handeln.

Diese Veränderungen können verschiedene Ursachen haben:

-Allmähliche natürliche Veränderungen durch Anlandungen oder Abschwemmungen;

-Plötzliche gewaltsame (elementare Veränderungen;

-sonstige Einwirkungen auf das Grenzgewässer und die Ufer z. B. durch

---

[240] Vertrag vom 15. Mai 1969. GBl. Teil I 1972, S.95.

wasserwirtschaftliche oder andere Baumaßnahmen.

Bei den allmählichen, natürlichen Veränderungen handelt es sich entweder um eine Anschwemmung (Alluvion) oder um eine Abspülung (Avulsion) von Erde.
In beiden Fällen werden durch die ununterbrochene Bewegung des Wassers, Änderungen am Erdreich vorgenommen. Ihr Ausmaß hängt wesentlich davon ab, ob das Grenzgewässer durch eine Ebene im Flachland, durch Mittel- oder Hochgebirge fließt. In stehenden Flussbetten der Ebene ist das umgebende Erdreich weniger Änderungen unterworfen als in Gebirgsflüssen. Langandauernde Regenfälle oder Schneeschmelzen machen kleine Bäche bekanntlich zu reißenden Flüssen, die beträchtliche Auswirkungen auf die Uferkonfiguration und damit auf den Verlauf der Staatsgrenzen haben können.
Hat sich die Uferkonfiguration und damit der Verlauf eines nichtschiffbaren fließenden Gewässers (z.B. eines Baches) durch Alluvion oder Avulsion) allmählich verändert, so gilt als Grenzverlauf derjenige, der durch diese natürlichen allmählichen Veränderungen tatsächlich entstand. Es erfolgt grundsätzlich kein Gebiets- oder anderer Ausgleich.
Sind Veränderungen z.B. durch Verschilfung, Verlandung, Veränderungen des Wasserspiegels an Seen entstanden, hat dies ebenfalls keinen Einfluss auf den Verlauf der Staatsgrenze.
Möglich wäre eine Veränderung des *Charakters* der Grenze: Aus einer nassen ist eine trockene oder umgekehrt geworden.
Im Grenzgesetz heißt es dazu: Die Grenzgewässer, Ufer und Anlagen sind so instand zu halten, dass der Verlauf und Charakter der Grenze ständig erhalten bleibt.[241]
Sind Inseln entstanden, so gehören sie je nach ihrer Lage zu einem der beiden Staaten.

Plötzliche, gewaltsame Veränderungen, die z.B. durch Hochwasser oder Sturmfluten eintreten können, haben ebenfalls keinen Einfluss auf den bisherigen Verlauf der Staatsgrenze. Verlässt ein Grenzgewässer teilweise oder gar vollständig sein bisheriges Bett, dann bleibt die Grenze im alten Gewässerlauf erhalten. Auch hier kann lediglich der *Charakter* verändert werden.
Treten solche Fälle auf, dann wird zwischen den Nachbarstaaten vereinbart, ob
-der ursprüngliche Verlauf des Grenzgewässers wieder hergestellt wird;
-der neue Verlauf des Grenzgewässers die Staatsgrenze bildet (teilweise Neu-festlegung der Grenze);
-unabhängig vom Verlauf des Gewässers der bisherige Grenzverlauf bestehen bleibt und die Veränderungen sich lediglich darauf beziehen, dass der Charakter"

---

[241] Grenzgesetz § 38 Absatz 2

der Grenze verändert wird.

Im Grenzgesetz heißt es dazu: Werden an Grenzwasserläufen plötzliche, natürliche Veränderungen festgestellt, prüfen die zuständigen Organe beider Seiten, ob eine Wiederherstellung des ursprünglichen Grenzverlaufs (entsprechend der Grenzdokumentation) möglich ist. Ist eine Widerherstellung technisch und aus Kostengründen unzweckmäßig sind Vorschläge zu machen, ob der ursprüngliche Verlauf der Staatsgrenze beibehalten wird oder ab das neue Gewässerbett die Grenze bildet. Das betrifft auch jegliche Art von wasserwirtschaftlichen Maßnahmen, die Einfluss auf den Grenzverlauf haben. Derartige Veränderungen sind zwischen den Nachbarstaaten zu vereinbaren.[242]

Mit der *Prüfungspflicht beider Staaten* in einem Gesetz der DDR sind hoheitsrechtliche Fragen berührt, die selbstverständlich einen berechtigten Protest der BRD ausgelöst hätten, der aber nicht erfolgte, weil es sich nach Rechtsauffasssung der BRD nicht um eine hoheitsrechtliche Problematik handelte.

Bei jeder Veränderung an den Grenzgewässern werden ihre Ursachen geprüft. Liegen diese im Tun oder Unterlassen des Nachbarstaates begründet, so bleibt der Verlauf der Staatsgrenze unverändert. Der schädigende Staat hat sich vertragswidrig verhalten und ist für alle Schäden grundsätzlich verantwortlich.

Die Einwirkungen auf den Verlauf der Staatsgrenze durch Dammbauten, Ablagerung von Abfallstoffen, die Ableitung von Wasser, der Abbau von Bodenmaterilien, das Anbohren unterirdischer Quellen, der Entzug von Wasser oder Wasserkraft, das Einleiten von Abwässern, ungenügende wasserwirtschaftliche Instandhaltung usw. sind gegen die Interessen des Nachbarn gerichtet und soweit sie Einfluss auf den Verlauf der Grenze haben, zu unterlassen bzw. abzustellen.

Ist zwischen den Staaten ihre Grenze in einem Grenzgewässer weder vertraglich noch gewohnheitsrechtlich bestimmt oder festgelegt, dann ist die Frage von Bedeutung, welche Grenzlinie als verbindlich anzusehen ist?

Diese Frage ist deshalb so bedeutsam, weil in der Staatenpraxis und -theorie entgegengesetzte Auffassungen vertreten werden.

Die wohl bekanntesten Streitigkeiten auf diesem Gebiet stellen der Grenzverlauf auf dem Rhein zwischen Baden und der Schweiz aus dem Jahre 1909; zwischen den Niederlanden und der BRD auf dem Ems- Dollart; zwischen dem Irak und dem Iran auf dem Shatt el Aab und schließlich zwischen der DDR und der BRD auf einem Grenzabschnitt der Elbe, dar.

Grenzstreitereien in Bundesstaaten z.B. der Schweiz zwischen Zürich und

---

[242] Vgl. Ebenda § 38 Absatz 3 und 4.

Schaffhausen (1897); Konstanz und der Schweiz über die Hoheitsrechte auf dem Bodensee (ab 1681 bis in die sechziger Jahre des vorigen Jahnhunderts) können zum Vergleich dienen.

Eindeutig ist: Eine Ufergrenze als präsumtive (als vermutete) Staatsgrenze sollte in jedem Falle ausgeschlossen werden. Diese Grenze würde einer Seite Vorteile gewähren, die auch nicht durch völkerrechtliches Gewohnheitsrecht (auch *Ersitzung)* zu rechtfertigen wäre. Hier wird davon ausgegangen, dass die Mittellinie die Staatsgrenze ist.

Eine *politische Ausnahme bildete* bis zum Anschluss der DDR und auch danach noch die Elbegrenze.[243]

Welche Auswirkungen das Hochwasser der Oder auf den Grenzverlauf der Staatsgrenze hat, wird beschrieben.

"Der Fluß lebt! Wiederherstellung und Umsetzarbeiten an Grenzzeichen auf Grund von Naturgewalten... Obwohl die Grenze in den Jahren 1976 bis 1979 qualitativ hochwertig überprüft und eindeutig dokumentiert wurde, hat sich der Grenzverlauf auf natürliche Weise verändert. Als Beispiel sei dabei auf das Jahr 1982 verwiesen. Der Winter 1981/1982 war hart, so daß der Eisgang und Hochwasser schwere Schäden an Oder und Lausitzer Neiße verursachten." Die Schäden an beiden Flüssen und ihren Überschwemmungsgebieten waren beträchtlich und es kam zu "katastrophalen Uferveränderungen, die bis zu 50 Meter betrugen. Obwohl die Abtragungen des Ufers größtenteils wieder aufgefüllt wurden, war es nicht immer möglich, die Grenzmarkierungssäulen am alten Standort wieder herzustellen..." [244]

15.3 Die Elbegrenze

Die Elbe durchfließt von ihren Quellbächen bis zur Einmündung in die Nordsee bei Cuxhaven (Scharhörn - Bake) auf einer Strecke von 1165 km Tschechien und Deutschland. Sie ist nach dem Rhein der längste und verkehrsreichste Strom Deutschlands.[245]

Seit etwa 600 u. Z. war der Strom vom heutigen Lauenburg bis zur Mündung der Saale die Grenze des germanischen Siedlungsgebietes. Im Prozess der Entstehung

---

[243] Als ein Beispiel soll dienen: Vitzthum Elbegrenze 1995 Seite 721.

[244] Killiches Arbeit der Geodäten Seite 46 f.

[245] Vgl. auch zu den folgenden Angaben: Brockhaus-Enzyklopädie in 24 Bänden, Band 6, Mannheim 1988, Seite 253 bis 255.

von Territorialstaaten war die Elbe teilweise Grenzstrom z.B. zwischen "den Herzogtümern Holstein und Mecklenburg auf der einen sowie dem Erzstift Bremen und dem Herzogtum Braunschweig-Lüneburg auf der anderen Seite". Seit dem 10. Jahrhundert ist Schiffahrt bezeugt. [246]

Internationales Recht für den Elbstrom gibt es seit Beginn des 19. Jahrhunderts. Bis zu diesem Zeitpunkt war nicht nur die Schifffahrt ungeregelt. Die Instandhaltung, der Kampf um Privilegien der Städte um den Markt, die Stapel- und Umschlagsrechte, das Streben der Schiffergilden nach Zöllen waren bestimmend. So wurden z.B. für die Strecke von Melnik bis Hamburg zeitweilig 48 verschiedene Zölle erhoben. Obwohl sich die Uferstaaten über diese Missstände im Klaren waren, wurden keine Änderungen vorgenommen.

Erst der Wiener Kongress 1814/15 erkannte dem Strom einen internationalen Status zu. Im Jahre 1819 wurde eine Kommission der Elbuferstaaten gebildet, die 1821 die erste Elbschifffahrtsakte verabschiedete, die festlegte, dass die Schifffahrt auf dem Strom bis zur Hohen See zollfrei sein sollte. Es folgte 1844 die sog. Additionsakte. Die letzen Behinderungen wurden mit der Gründung des Deutschen Reiches 1871 beseitigt.

Der Versailler Vertrag vom 28. Juni 1919 erklärte im Artikel 331 die Elbe zu einem internationalen (internationalisierten) Strom, der international verwaltet wurde (Art. 340).[247] Am 14. November 1936 kündigte die deutsche die deutsche Reichsregierung den internationalen Status der Elbe.

Von besonderem Interesse sind hier der völkerrechtliche Status der Elbe und seine Entstehung nach dem zweiten Weltkrieg. Besonders die USA setzten sich nach dem Ende des zweiten Weltkrieges für eine weitgehende Internationalisierung aller europäischen Ströme ein.

Auf der Potsdamer Konferenz vom 17. Juli bis 02. August 1945 hieß es: "Die Reichsregierung den internationalen Status der Elbe.[248]

Die Annektion der CSR durch den deutschen Faschismus hatte bestimmte völkerrechtliche Wirkungen auf den Status der Elbe. Auf deren Darlegungen wird im gegebenen Zusammenhang verzichtet.

Besonders die USA setzten sich nach dem Ende des zweiten Weltkrieges für eine weitgehende Internationalisierung aller europäischen Ströme ein.

Auf der Potsdamer Konferenz vom 17. Juli bis 2. August 1945 hieß es: „Die Konferenz behandelte den Vorschlag der amerikanischen Delegation zu dieser Frage und stimmte zu, ihn zur Behandlung an die bevorstehende Tagung des Rates

---

[246] A.a.O. Seite 254.

[247] Der Friedensvertrag , Versailles, 1919.

[248] Reichsgesetzblatt Teil II 1936, S.361.

der Außenminister in London zu verweisen"[249]

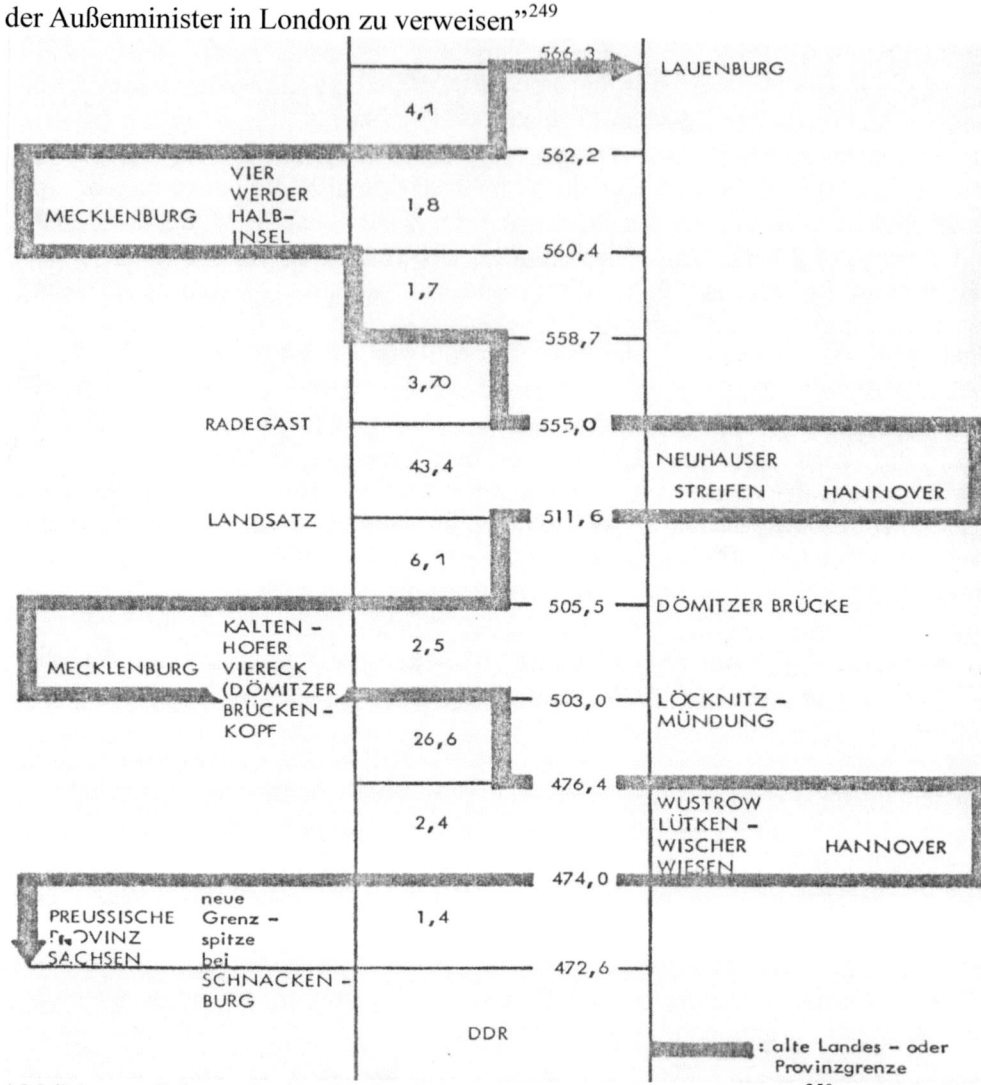

Abbildung: Schematischer Verlauf der Elbegrenze im Jahre 1944.[250] Die Zahlen beziehen sich auf „Stromkilometer.

[249] Dokumentensammlung, Konferenzen , 1978, Ziffer XVII, S. 438 f. In: Berber, Dokumente II, 1967 Seite 2290 bis 2305 *fehlt die Ziffer XVII völlig!*
[250] Aus: 6 Jahre Grenzkommission mit der DDR. Bundesminister des Innern, Bonn 1979.

Der Außenminister in London zu verweisen."[251]
Auf dieser Tagung, die vom 19. September bis 02. Oktober 1945 stattfand, wurde über diese Frage der wichtigsten europäischen Wasserstraßen, wozu die Elbe gehörte, keine Einigung erzielt.
Die sowjetische Delegation verweigerte ihre Zustimmung. Die Vertreter erklärten u .a. hierzu, dass durch den vorgeschlagenen Kontrollmechanismus auf den internationalisierten Strömen, die Hoheitsrechte der Uferstaaten entscheidend eingeschränkt werden.
Weitere Verhandlungen über eine Neugestaltung des Rechtsstatus der europäischen Ströme kamen nicht zustande.

Für die Elbe existierten die vertraglichen Beziehungen zwischen der DDR und der CSR/CSSR.[252]

Zwischen den damaligen deutschen Staaten gab es den Verkehrsvertrag[253], der im Artikel 23 formulierte: "Die Vertragsstaaten gewährleisten einen reibungslosen Binnenschiffsverkehr auf dem Abschnitt zwischen Kilometer 472,6 bis Kilometer 566, 3 der Elbe."
Im Protokollvermerk zum Artikel 23 wurden praktische Fragen geregelt, ohne das über den Verlauf der gemeinsamen Staatsgrenze auf der Elbe eine Klärung herbeigeführt wurde.
Die DDR vertrat den Standpunkt, dass zuerst ein die gesamte Elbe betreffender völkerrechtsgemäßer Verlauf auf dem gesamten Grenzabschnitt vorliegen müsse, ehe über die im Protokollvermerk genannten praktischen Probleme detaillierte Verhandlungen stattfinden könnten. Dieser Standpunkt blieb grundsätzlich bis zum Anschluss der DDR unverändert.

Die Feststellung des Grenzverlaufs auf der Elbe stand nach Auffassung der DDR "in voller Übereinstimmung mit dem Grundlagenvertrag... Eine weitere Verzögerung der Feststellung des genauen Grenzverlaufes auf der Elbe muß die gegenseitigen Beziehungen belasten und die Regelung anderer Fragen erschweren."[254]
Während des offiziellen Besuches von Bundesminister Seiters und eines Treffens

---

[251] Dokumentensammlung, Konferenzen, 1978, Ziffer XVII, Seiten 438 f. In: Berber, Dokumente II, 19676, Seiten 2290 bis 2305
[252] Dazu gehören u.a. siehe Grenzverträge: Tschechoslowakei, Grenzbevollmächtigte, 1956; CSR Zollwesen, 1958; CSSR, Zusammenarbeit, 1976.
[253] Grenzverträge, DDR, Verkehrsvertrag, 1973.
[254] Aide-Memoire und Non-paper der DDR, übergeben am 6. Mai 1982. In: Potthoff , Dialog, 1997 Seite 727.

mit dem Außenminister der DDR am 3. und 4. Juli 1989 in Berlin heißt es: "In der Frage der Elbe-Grenze habe es nach dem Besuch von MP (Ministerpräsident K.E.) Dr. Albrecht (am 27. und 28. April 1989 beim Staatsratsvorsitzenden Honecker) den Anschein gehabt, dass ein neuer Anlauf gemacht werden könne". Gemeint waren vertrauliche Gespräche zwischen den Delegationsleitern der gemeinsamen Grenzkommission über den Verlauf der Grenze in der Elbe.[255]

Kompliziert und bis zum offiziellen Abschluss der Grenzmarkierung durch die Grenzkommission im Jahre 1978 (letzte Sitzung 25./26.10.1978 in Hildesheim) war neben der Warmen Bode im Harz eine Regelung des Verlauf der gemeinsamen Grenze in der Elbe, Stromkilometer 472,6 (ostwärts von Schnackenburg und westlich von Wittenberge) und dem Stromkilometer 566,3 (südlich von Lauenburg und westlich von Boizenburg).
In diesem 93,7 km langen Grenzabschnitt wechselte die Grenze wiederholt von einem Ufer auf das andere. Die Elbe *gehörte* in diesen Bereichen einem der beiden Staaten ganz. Den Verlauf der Landesgrenze Preußen-Mecklenburg und der Grenzen der preußischen Provinzen Hannover, Mark Brandenburg und Sachsen im Jahre 1944 wird in einer schematischen Skizze dargestellt.[256]
Gewohnheitsgemäß wurde in der Praxis ein einheitlicher Grenzverlauf auf dem gesamten Grenzbereich des Stroms von beiden Seiten grundsätzlich respektiert.[257]

Über den Grenzkonflikt vom Oktober 1966 mit dem bundesdeutschen Peilungsschiff "Kugelbake", der ohne Schusswechsel zwischen den Grenztruppen der DDR einerseits, dem BGS und den britischen Streitkräften andererseits, beendet werden konnte, wird berichtet.[258]
Wo die sowjetischen Truppen blieben, bleibt im Dunkeln.

Im Regierungsprotokoll vom 29. November 1978 über die Tätigkeit der Grenzkommission DDR / BRD heiß es im Artikel 1 Absatz 2:
"Für die Grenzabschnitte 7 bis 9 - Elbe- und einem Teil des Grenzabschnitts 24 - Warme Bode- sind die Arbeiten zur Feststellung, Markierung und Dokumentation des Verlaufs der Grenze und hinsichtlich der Regelung sonstiger mit dem Grenzverlauf im Zusammenhang stehenden Probleme noch nicht abgeschlossen. Sie werden fortgesetzt…"[259]

---

255 Dokumente , DzD Deutsche Einheit 1989/90, Dokument Nr. 13, vgl. S. 323 bis 331.
256 Siehe Seite 75.
257 Vgl. Baumgarten, DDR-Grenzen 2004 Seite31.
258 Ebenda. Auch Borchardt, Teilung Deutschlands, o. D. Seite n274 ff.
259 Grenzverträge, DDR, Grenzdokumentation, Seite.88, (Protokollvermerk Ziffer1)

Im diesem Protokollvermerk zu diesem Artikel heißt es:" Bis zur Herbeiführung der Übereinstimmung werden beide Seiten den Umstand, dass die Arbeiten zu den Grenzabschnitten 7 bis 9 noch nicht abgeschlossen sind, zur Vermeidung von Schwierigkeiten bei allen Maßnahmen weiterhin berücksichtigen". Beide Seiten gingen davon aus, dass die im Rahmen des Verkehrsvertrages "getroffenen Regelungen zur Gewährleistung eines reibungslosen Binnenschiffsverkehrs die Auffassungen zur Rechtslage unberührt bleiben"[260]

Die Auffassungen beider Staaten zur Rechtslage lassen sich wie folgt verkürzt darlegen:
Die BRD und das Land Schleswig-Holstein gingen davon aus, dass sich die Grenze am DDR-seitigen Ufer bzw. an den Buhnenköpfen verlief. Wobei *selbstverständlich* davon ausgegangen wurde, dass es sich hier nicht um eine völkerrechtliche Grenze handelte.[261]
Lagoni umschreibt das Problem wie folgt: Die behandelten Grenzfragen haben mit dem Grenzverlauf BRD/DDR in der Elbe "sachlich und rechtlich nichts … zu tun…. Auch sind die hier verwendeten Argumente nicht auf jenes anders gelagerte Problem der deutsch-deutschen Grenze anzuwenden."[262]
Im Deutschen Bundestag, in Gutachten und in wissenschaftlichen Arbeiten wurde immer der offizielle Standpunkt der BRD vertreten.[263]
Diese "Gefälligkeits" gutachten und die anderen wissenschaftlichen Arbeiten wurden von Dieter Schröder einer vernichtenden, insbesondere auf Quellenstudien fußenden, Kritik unterzogen.[264]
Anzumerken bleibt, dass Nass im *Verzeichnis ausgewählter Literatur* Schröder, Dieter in seiner *Vermessung des Eisernen* Vorhangs nicht einmal erwähnt.[265] Naja, es handelt sich ja lediglich um eine Auswahl, zumal Dieter Sch. juristische Wahrheit bestätigt wurde, ihm aber mangelnder bundesdeutscher *Patriotismus* vorgeworfen wurde.

---

[260] Ebenda , Ziffer 3. Vgl. ebenfalls Nass 2010, Seiten 78 ff.
[261] Vgl. Nass, 2010 Seite 76.
[262] Lagoni Elbe 1982 Seite 6.
[263] Deutscher Bundestag Drucksache 10/3615; Kieler Gutachten. Institut für Internationales Recht an der Christian-Albrecht-Universität Kiel. Gutachten über den Verlauf der Grenzlinie zwischen der BRD und der DDR im Elbe-Abschnitt von Stromkilometer 472,6 bis Stromkilometer 566,3 erstattet für die Regierung des Landes Schleswig-Holstein. Kiel 1985; Rauschning, Die Grenzlinie im Verlauf der Elbe. In: Recht im Dienst des Friedens. Festschrift für Eberhard Menzel. Berlin 1975 Seite 429-449. Gleichfalls: Zieger, Gottfried. Das Problem der Elbe-Grenze und die offenen deutsche Frage. In: Mitteilungsblatt des Königsteiner Kreises 1984 Nr. 2 Seite 7 bis 14. Vgl. auch Lagoni Elbe 1982.
[264] Schröder, Dieter, Elbe 1986 Seite 25 ff.
[265] Siehe: Nass Seite 371.

Die DDR hielt an dem durch Theorie und Praxis des Völkerrechts gebildeten Prinzip fest, dass in schiffbaren Strömen die Grenze entweder in der Mitte oder der Mitte des Talweges verläuft.

Der Verlauf der Elbegrenze hatte bis zur Niederlage Deutschlands im zweiten Weltkrieg nur staatsrechtliche, administrative-territoriale Bedeutung zwischen den angrenzenden deutschen Ländern bzw. Provinzen.

Bei der Festlegung der Zonengrenzen gemäß Londoner Protokoll[266] gingen die späteren Besatzungsmächte davon aus, dass die Grenzen zwischen den Zonen in erster Linie Demarkationslinien (DL)zwischen ihren Truppenverbänden waren.

Viel später wurden dann auch in der Bundesregierung klar, dass "aus Demarkationslinien Staatsgrenzen geworden" waren.[267]

Das Londoner Protokoll umschrieb die "Ostzone (wie in der beigefügten Karte `A´ ersichtlich)" in Bezug auf die Elbe, obwohl dieser Strom überhaupt nicht genannt wurde: Sie beginnt *an dem Punkt in der Bucht von Lübeck, an dem die Grenzen von Schleswig-Holstein und Mecklenburg zusammentreffen, entlang der Westgrenze von Mecklenburg zur Grenze der Provinz Hannover verläuft und weiter entlang der Ostgrenze von Hannover zur Grenze von Braunschweig, entlang der Westgrenze Anhalts, entlang der Westgrenze der preußischen Provinz Sachsen und der Westgrenze Thüringens...*"[268] Die Ostzone und die DL, blieben durch die Einbeziehung Frankreichs als Besatzungsmacht, unverändert.[269]

In der "Feststellung über die Besatzungszonen in Deutschland" heißt es: "Deutschland wird innerhalb seiner Grenzen, wie sie am 31. Dezember 1937 bestanden, für Besatzungszwecke in vier Zonen aufgeteilt..."[270]

Die hier zitierten Regelungen der Besatzungsmächte verdeutlichen, dass sie grundsätzlich davon ausgingen, möglichst ein gesamtes Land, Provinz, Regierungsbezirk in den Bestand einer Besatzungszone zu übernehmen.

Soweit schiffbare Flüsse (Ströme) in den betreffenden Bereichen der DL vorhanden waren, wichen die Besatzungsmächte vom Gebietsbestand der Verwaltungseinheiten ab. Sie gingen dann von den "natürlichen Grenzen", den (völkerrechtsgemäßen) Prinzipien der Grenzfeststellung in schiffbaren Gewässern aus. Wovon sollten sie sonst ausgehen?

Als Beweis dafür sollte die Festlegung der DL im Rhein gemäß der Ergänzungen zum Londoner Protokoll vom 14. November 1944 zur "Nordwest - Zone " dienen, in denen es u.a. heißt, dass die "Mitte der Schiffahrtsrinne des Rheins" den

---

[266] Vgl. Protokoll , Londoner Protokoll, 2004.

[267] Brandt, Grundlagenvertrag 1995, Seite 378.

[268] Protokoll , Londoner Protokoll, 2004 Ziffer 2.

[269] Vgl. Abkommen ,zum Londoner Protokoll vom 14. November 1944. Seite 8.

[270] Ebenda S. 10.

Verlauf der DL im Raum des ehemaligen Hessen/Darmstadt darstellt. Die "Südwest - Zone" wird u. a. auch mit "Mitte der Schiffahrtsrinne des Rheins" umrissen. In einer anderen Übersetzung ins Deutsche heißt es: "Entlang der Mittellinie des schiffbaren Kanals des Rheins"[271] Das Abkommen vom 26. Juli 1945 zum Londoner Protokoll enthält sowohl zur "Südwest-Zone (Vereinigte Staaten)" als auch zur "West - Zone (Frankreich)" die Begriffe "Mitte der Schiffahrtsrinne des Rheins."[272]

Damit war ein einheitlicher Verlauf der DL zwischen den drei westlichen Besatzungsmächten im Rhein festgelegt.

Warum sollte nun der Verlauf der Demarkationslinie gegenüber der Ostzone/DDR nach anderen Kriterien erfolgt sein?

15.3.1 Der Kontrollratsbeschluss vom 30. Juli 1945 über Gebietsaustausche im Elbe-Bereich

Dieser Beschluss über die Präzisierung des Verlaufs der Demarkationslinie zwischen der sowjetischen und der britischen Besatzungszone zwischen Marschall Shukow und dem britischen Feldmarschall Montgomery beinhaltet einen Gebietsaustausch zwischen den Besatzungszonen und bewirkte damit bestimmte Neufestlegungen der Demarkationslinie.

Der etwa 43,4 km lange Abschnitt östlich der Elbe, zwischen Radegast und Rüterberg wurde der sowjetischen Besatzungszone eingegliedert. Die Elbe wurde als DL genommen, weil "die Elbe in diesem Gebiet *eine natürliche Grenze* bildet und daß ferner alle Brücken zerstört worden sind". Dieser Vereinbarung lag eine Karte im Maßstab von etwa 1: 250.000 bei. Auf dieser Karte war die Elbe auf ihrer gesamten Breite als DL zwischen den Besatzungsmächten gekennzeichnet.

Die Frage nach dem genauen Verlauf der DL, Zonengrenze und späteren Staatsgrenze zwischen der DDR und der BRD war damit nicht beantwortet.[273]

Die Formulierung im Kontrollratsbeschluss der "östlich der Elbe" gelegene Teil der Provinz Hannover diente nur der allgemeinen topographischen Kennzeichnung des zu übergebenen Gebietes.

Genauso ist ein Strich mit einem Taktikstift von Militärs auf einer Stromkarte (1: 250.000) ist schon auf Grund der Schreibbreite des Schreibmittels kein Grund

---

[271] Berber, Friedrich , Dokumente II, Seite. 2269.

[272]

[273] Vgl. Schröder, Dieter, Elbe 1986 Seite 38 f.

eine "Ost - Ufergrenze" festzustellen.

Die zuständigen Militärs der Besatzungsmächte übten Befugnisse auf der gesamten Breite der Elbe aus. Damit brachten sie zum Ausdruck, dass sie von einem einheitlichen Verlauf der DL in der Elbe ausgingen. Es erscheint rechtlich unerheblich, in welchem Umfang, in welcher Regelmäßigkeit und an welchen Stellen die Besatzungsmächte diese Befugnisse wahrnahmen.

Für die Abschnitte der Elbe zwischen den Stromkilometern
-472,6 und 474,0 (Preußische Provinz Sachsen: Neue Grenzspitze bei Schnackenburg);
-474,0 und 476,4 (Hannover: Wustrow/Lütgenwischer Wiesen);
-503,0 und 505,5 (Mecklenburg: Kaltenhofer Viereck/Dömitzer Brückenkopf);
-511,6 und 555,0 (Hannover: Neuhäuser Streifen) sowie
-560,4 und 562,2 (Mecklenburg: Vierwerder Halbinsel)[274]
wurden weder im Londoner Protokoll mit seinen Änderungen, noch im Kontrollratsbeschluss vom 30. Juli 1945 abweichende Festlegungen von den deutschen Provinzgrenzen vorgenommen.

Daraus ergibt sich, dass in den genannten Elbeabschnitten die Elbe in ihrer gesamten Breite jeweils zur anderen Besatzungszone hinzu gerechnet werden muss.

Für die Rechtslage ergaben sich daraus folgende Gesichtspunkte:
Auf der Elbe gab es zu den genannten Abschnitten drei verschiedene Demarkationslinien, die später zu Staatsgrenzen wurden:
- *Erstens* die Demarkationslinien der Elbe, die vom Londoner Protokoll nebst Änderungen sowie den Kontrollratsbeschluss vom 30. Juli 1945 im Strom (Mitte oder Mitte Talweg);
- zweitens die Demarkationslinie am Westzonen Ufer;
- drittens die Demarkationslinie am Ostzonen Ufer.

In dieser Dreiteilung lag der Ausgangspunkt für die DDR-Seite in der Grenzkommission [275], dass für den gesamten Grenzstreckenabschnitt der Elbe ein einheitlicher, völkerrechtlich üblicher Grenzverlauf in der Elbe festzulegen bzw.

---

[274] Vgl. ebenda, S. 67.

[275] Die Grenzkommission wurde entsprechend Artikel 3 nebst Zusatzprotokoll gemäß gebildet und erhielt den Auftrag: „Die Markierung der zwischen den beiden Staaten bestehenden Grenze zu überprüfen und, soweit erforderlich, erneuern oder ergänzen sowie die erforderlichen Dokumentationen über den Grenzverlauf erarbeiten. Gleichermaßen wird zur Regelung sonstiger mit dem Grenzverlauf stehender Probleme, zum Beispiel der Wasserwirtschaft, der Energieversorgung und der Schadensbekämpfung beitragen."

festzustellen ist.

Nicht unerwähnt soll bleiben, dass DDR-Spionageorgane, die "Binnenschiffahrt auf der Elbe, dort wo die Elbe zugleich die Staatsgrenze bildete, so z. B. der Einsatz batteriebetriebener kleiner Boote, die lautlos nachts über das Wasser glitten" dazu nutzten, das Verbindungssystem zum Kundschafter in der BRD aufrecht zu erhalten.

15.3.2 Kenntnisstand der Bundesregierung seit 1953

Die BRD-Delegation in der Grenzkommission vertrat *wider besseren Wissens* den Standpunkt, dass der Kontrollratsbeschluss vom 30. Juli 1945 zwar die Landgebiete ostwärts der Elbe, nicht aber den Strom selbst beträfe. Daraus wurde gefolgert, dass die o. gen. Abschnitte auf "Grund mündlicher Vereinbarungen" der Besatzungsmächte so geregelt worden seien, wie die seit 1945 *geübte Praxis* wäre.
Die Grenze verliefe am DDR-seitigen Ufer bzw. der Streichlinie an den Buhnenköpfen. In diesem Zusammenhang scheint erwähnenswert, dass die BRD keineswegs die Uferlinie als Grenze betrachtete, sondern immer die "Streichlinie" des Wassers an den Buhnenköpfen als Grenze angesehen wurde.

Die Prüfung der Unterlagen durch Schröder ergab eindeutig, dass ein "Grenzverlauf in der Strommitte aus guten Gründen zu vertreten ist, der vor allem der britischen Auffassung völlig entspricht. Diesen Grenzverlauf nimmt auch die DDR heute an. Insofern kann die Bundesregierung die Erfüllung ihrer Pflicht zur Grenzfeststellung nicht verweigern…"[276] An anderer Stelle bemerkt Dieter Schröder: Wer meint, es stünde im politischen Ermessen der jeweiligen Bundes- bzw. Landesregierung zwischen den Dokumenten der Alliierten bzw. der britischen Rheinarmee von 1948 die besonders günstigste Variante auszuwählen, *vernachlässigt ein politisches Risiko, das sich heute daraus ergeben kann, daß die Frage, die während der Zeit uneingeschränkter Besatzungsherrschaft zwischen den Mächten nicht mit letzter Genauigkeit entschieden worden ist, nunmehr jederzeit von der DDR aufgeworfen werden könnte." …Aber es fällt schwer zu lernen, dass die DDR einmal der Wahrheit nahe kommen könnte, während die Bundesrepublik Deutschland einen Irrtum verficht."*[277]

---

[276] Schröder, Dieter 1986, Elbe, Seite 65.
[277] Schröder, Dieter , Elbe Seite 65, 66.

Dass die Rechtsauffassungen der DDR zur Elbegrenze auch in der Bundesregierung diskutiert wurden, machte die Kabinettssitzung vom 6. November 1974 deutlich:

Zu den Verhandlungen der Grenzkommission über den "Verlauf der Grenze zur DDR im Elbeabschnitt von Schnackenburg bis Lauenburg" wurde erläutert, dass die britische Besatzungsmacht im Jahre 1945 "das ostwärts der Elbe gelegene Gebiet des Amtes Neuhaus an die Sowjets abgetreten und dann im Jahre 1953 dem damaligen Bundeskanzler Kartenanlagen zum britischen Memorandum übergeben hatte, in *denen die Grenze durchgehend in der Mitte des Stromes eingezeichnet* war. Am Grenzverlauf in der Mitte des Stromes hätten die Briten auch weiter festgehalten, als in den 60er Jahren ´im Rahmen der damaligen uneingeschränkten Konfrontation mit der DDR´ seitens der Bundesregierung versucht wurde, eine rechtliche Untermauerung für die in der Bevölkerung weit verbreitete Auffassung vom Grenzverlauf am Ostufer der Elbe ´oder doch in der Streichlinie der östlichen Buhnenköpfe´ zu erreichen. Da die Feststellung eines anderen Grenzverlaufs ´rechtlich nicht vertretbar´ sei, müsse einem entsprechenden Protokollvermerk in der Grenzkommission zugestimmt und durch Aufklärung der Bundestagsabgeordneten, der Korrespondenten, der ortsansässigen Bevölkerung sowie ´der in viele Konfrontationen verwickelten Angehörigen des Bundesgrenzschutzes, des Zollgrenzdienstes und der Hamburgischen Wasserschutzpolizei´ die *öffentliche Meinung korrigiert werden, daß ´das Ostufer die Grenze bilde und die Hoheitsfahrzeuge der DDR´ sich auf der Elbe ohne Rechtsgrundlage bewegen.´*"[278]

Die Bundesregierung informierte am 13. November 1974 die Opposition über diese tatsächliche Rechtslage. Diese fand "in einer ausgesprochen unangenehmen Atmosphäre" statt. Die Opposition brachte zum Ausdruck, dass sie "mit oder ohne Einsichtnahme in die alliierten Dokumente" an der alten Rechtsposition (Grenze am DDR-seitigen Ufer) festhielte[279]

Die Frage nach einer völkerrechtgemäßen Staatsgrenze zwischen beiden deutschen Staaten in der Mitte oder Mitte Talweg auf der Elbe sollte damit eigentlich beantwortet sein?

Wahrheitswidrig erklärte die Bundesregierung noch im Sommer 1985 vor dem Bundestag, "aus den vorhandenen Unterlagen der Besatzungsmächte sei nicht zu

---

[278] 87. Kabinettssitzung der Bundesregierung Bonn, 6. November 1974. In: Dokumente DzD VI/3, Dokument Nr. 253, Seite 832 f., insbesondere Anmerkung 1 und 2. Hervorhebungen von mir.

[279] Vgl. 87. Kabinettssitzung der Bundesregierung Bonn, 6. November 1974. In: Dokumente DzD VI/3, Dokument Nr. 253 Seite 833 Anmerkung 2.

entnehmen, daß die für den Verlauf der innerdeutschen Grenze maßgebliche Grenzen zwischen der britischen und der sowjetischen Besatzungszone in der Mitte der Elbe festgelegt worden sei".[280]

Am 1. Dezember des gleichen Jahres bot der Minister für innerdeutsche Beziehungen für den Verlauf der Staatsgrenze einen "Nutzungsvertrag" an.[281]

Dass die Meinung über den Grenzverlauf am DDR-seitigen Ufer bzw. den Streichlinien an den Buhnenköpfen auch noch in der neuesten Zeit von Bedeutung ist, geht u. a. daraus hervor, dass wahrheitswidrig behauptet wird, die DDR hätte darauf bestanden, dass "die Grenze am westlichen Ufer verläuft"[282].
Diese Behauptung war und ist unsinnig und frei erfunden!

Nach der völkerrechtlichen Theorie und Praxis, die bis zum Anschluss von der DDR vertreten wurde, gab es keinen Grenzverlauf in schiffbaren Grenzgewässern, der an einem Ufer verlief. Das betrifft sowohl das DDR-seitige wie das BRD-seitige Ufer der Elbe.
Die DDR ging immer davon aus, daß ein einheitlicher Grenzverlauf auf dem gesamten Strom nur Mitte Talweg *oder* Mitte Strom sein kann.
Auch an der Elbe galt die völkerrechtliche Maxime, dass mit der Gründung beider deutscher Staaten im Jahre 1949 aus der Zonengrenze /Demarkationslinie eine Staatsgrenze wurde.[283]

Weil es zwischen beiden Staaten eine Grenze gab, deshalb galten für den Verlauf dieser Grenze auch jene völkerrechtlichen Grundsätze, die sich über einen langen Zeitraum in der Praxis herausbildeten.
Unbestritten ist, dass auf schiffbaren Grenzgewässern, wenn eine gegenteilige Vereinbarung fehlt, der Grenzverlauf Mitte Talweg oder Mitte Strom, als *präsumtive* Staatsgrenze, verbindlich ist.

Noch im Juli 1989 wurde von der BRD-Seite angestrebt, die Fragen des Verlaufs der Elbe-Grenze nicht im Rahmen der bestehenden Grenzkommission, sondern auf einer anderen politischen Ebene zu lösen. Die BRD-Seite hatte noch "nicht alle einschlägigen Dokumente vorgelegt."
Eine Kompromissmöglichkeit seitens der DDR wurde darin gesehen, dass auf

---

[280] Position der Bundesregierung Elbegrenze, 1985.
[281] http://www.de/wde/generator/wissen/Ressort/geschichte/was_geschah_am/ind Abgerufen am 30.10.2008.
[282] Borchardt Teilung Deutschlands, o. D. Seite 281.
[283] Vgl. Wagner, Helmut , innerdeutsche Grenzen, 1990 Seite 261.

etwa 40 km die Grenze einvernehmlich in der Mitte festgestellt wurde und auf dem restlichen Abschnitt die praktischen Belange entscheidend seien.[284]

Die Erklärung der Delegationsleiter der BRD und der DDR zu Verhandlungsprotokoll zur Ziffer I des Zusatzprotokolls zum Grundlagenvertrag belegt eindeutig, dass sich der Verlauf der Grenze nach den Festlegungen des Londoner Protokolls und den späteren Vereinbarungen der Besatzungsmächte richtet.

Wenn es Abweichungen gibt, "wird ihr genauer Verlauf durch die Kommission an Ort und Stelle unter Beiziehung aller Unterlagen festgelegt und markiert."[285]

Offensichtlich hat es die Bundesrepublik unterlassen, "alle Unterlagen" bei zuziehen.

In diesem Zusammenhang stellt sich die Frage der Erfüllung des völkerrechtlichen Grundsatzes nach Treu und Glauben durch die BRD. Eine dauernde Zusammenarbeit zwischen den Staaten ist "ebenso wenig denkbar ohne den Grundsatz von Treu und Glauben; er durchzieht das gesamte Völkerrecht".[286]

Das politische Problem der Elbe- Grenze entstand nach Ansicht von Dieter Schröder die ich teile, vor allem darin, dass die fehlende einheitliche Grenzfeststellung die BRD daran hinderte, die gesamte Grenzaufnahme als Grenzfestlegung zu deklarieren um damit "die Existenz völkerrechtlicher Beziehungen zwischen den beiden deutschen Staaten (zu) belegen."[287]

Die Feststellung der Elbe-Grenze wurde zu einem Grundsatzproblem der Deutschlandpolitik und von beiden Seiten hochstilisiert.

Anhand detaillierter Forschungen in offenen britischen Archiven kam Schröder bereits in den 80er Jahren, die er im Jahre 1986 veröffentlichte, zu der Schlussfolgerung, dass die Behauptung der Bundesregierung falsch ist, die Elbe-Grenze verlaufe am DDR-Ufer.

Die Akten der Britischen Militärregierung und der Britischen Rheinarmee zum Grenzverlauf im Elbe-Abschnitt, insbesondere das Memorandum vom 25. Juli 1945 und die drei dazu gehörenden Karten, Darstellungen von Konfliktpunkten

---

[284] Vgl. Offizieller Besuch des Bundesministers Seiters in Berlin (Ost) 3. / 4. Juli 1989. Gespräch mit Honecker. In: Dokumente DzD, 1989 Nr. 13 Seiten 327, 331 ff.

[285] Grundlagenvertrag 1973.

[286] Vitzthum Begriff, Geschichte und Rechtsquellen des Völkerrechts. In: Derselbe. Völkerrecht 2007 Seite 29.

[287] Schröder, Dieter, Elbe, 1986 Seite 18.

und Grenzzwischenfällen wurden von der Bundesregierung als "geheime Verschlußsache behandelt" und in den wissenschaftlichen Veröffentlichungen nicht beachtet und demzufolge auch nicht berücksichtigt.[288]

Die Akten aus der DDR, z.B. über Zusammenarbeit der Wasserstraßenämter Wittenberge und Hitzacker, der Wasserstraßendirektionen Magdeburg und Hamburg aus den Jahren 1945 bis 1949 belegen, dass bestimmte Zuständigkeiten zur Unterhaltung der Fahrrinne abgestimmt wurden. Die Gegenstücke der BRD haben nicht vorgelegen.[289]

Ausführlich möchte ich auf die Probleme zwischen dem Text des Londoner Protokolls und der jeder Fassung beigefügten "ungefähren (approximated)" topographischen Karten aufmerksam machen. Wenn eine in einem Maßstab von 1:1.600.000 vom Statistischen Reichsamt erarbeite Kartenskizze vom Stand 1. Januar 1941, als Basis für eine Grenze auf der Elbe dienen sollte, dann wird das zumindest als zweifelhaft angesehen. "Dort, wo diese Grenze als Zonengrenzen festgelegt ist, verläuft über den ursprünglichen Markierungen ein roter Strich von etwa einem Millimeter Breite".[290]

Die topographischen Karten zum Londoner Protokoll sind keine Grenzkarten, sondern nur Skizzen in ungenauen Maßstäben und Signaturen, die zwar auf die Grenze in der Elbe aber nicht auf ihren genauen Verlauf hinweisen.

Die Frage danach, ob der Text oder die Karten zum Londoner Protokoll Vorrang haben, sollte damit eigentlich beantwortet sein.[291]

Wegen der erheblichen Divergenz ("kilometerweit"[292]) zwischen der "Wortlautgrenze" und der "Kartengrenze" im Londoner Protokoll wird gefolgert, dass dieses Problem für den Verlauf der Staatsgrenze im Neuhäuser Streifen nicht relevant ist bzw. war.[293]

Aufgrund des Staatsvertrages zwischen den Ländern Niedersachsen und Mecklenburg-Vorpommern über die Umgliederung des Amtes Neuhaus vom 26.5.1993[294] wurde das fragliche Gebiet *wieder* Bestandteil des Landkreises Lüneburg. Die Frage des Grenzverlaufs auf der Elbe wurde damit rückwirkend zugunsten der BRD einer *Lösung zugeführt.* Wenn nicht die allgemeinen völkerrechtlichen Regeln (Grenzverlauf in schiffbaren Strömen ohne Vereinbarung), an denen sich die DDR orientierte, gewesen wären.

"Die zuständigen britischen Stellen haben der sowjetischen Seite in der

---

[288] Vgl. ebenda Seite 21 f.

[289] Vgl. ebenda S.24.

[290] Ebenda Seite 26.

[291] Vgl. ebenda Seite 34 f.

[292] Gielen Text und Karte im Völkerrecht, 1996 Seite 110.

[293] Ebenda Seite 111.

[294] Niders. GVBL. Seite 124.

gemeinsamen Grenzkommission schon 1945 vorgeschlagen, sich über eine durchlaufende Grenze in der Strommitte zu verständigen. Die sowjetischen Vertreter waren mit einer Bereinigung im Grundsatz einverstanden, sie forderten jedoch den Talweg als durchlaufende Grenze. Bis zur Einstellung der Arbeit der Kommission im Jahre 1948 ist es nicht zu einer Einigung gekommen".[295]
Die Praxis der Besatzungsmächte lässt sich u.a. belegen, an britischen Weisungen für die Wasserschutzpolizei und dem sowjetischen Befehl zum Aufbau von zwei deutschen Wasserstraßenverwaltungen 1945, Absprachen über die Unterhaltung des Stromes 1946 den britischen Grenzfeststellungen im Jahre 1948 und dem Memorandum der Alliierten Hohen Kommission über den Grenzverlauf aus dem Jahre 1953.[296]

Innerhalb der Grenzkommission gab es in Bezug auf die Elbegrenze weniger Auseinandersetzungen über die Art des Verlaufs der Grenze als vielmehr um die Frage, was vorrangig zu lösen sei: Zuerst Grenzfeststellung/-festlegung oder zuerst Klärung sonstiger Probleme?

Zu letztgenannten gehörten: Belastung des Stromes mit Wasserschadstoffen; Austausch gewässerkundlicher Daten; Sicherung des Hochwasser-Meldedienstes an Elbe und Jeetzel; Abstimmung Deich- und wasserbaulicher Maßnahmen; Wassersport, Fischfang und Jagd auf der Elbe; vielfältige Verkehrsprobleme.

Welchen Stellenwert die "sonstigen Probleme" für die beiden Seiten einnahmen, drückt z.B. das Fernschreiben vom 22. Mai 1975 aus, als 35 Jungrinder von DDR-Seite die Elbe durchschwammen.[297] In einer Gesprächsnotiz von DDR-Seite hieß es dann: Das Ministerium für Auswärtige Angelegenheiten der DDR ersucht die Ständige Vertretung der BRD, ihren zuständigen Behörden mitzuteilen, das die übergewechselten Jungrinder am Grenzübergang Horst/Lauenburg am 21. oder 22. Mai 1975 entgegengenommen werden können.[298]

Einigung wurde dahingehend erzielt, dass z.B. die bereits vereinbarten Grundsätze über die Schadensbekämpfung und die Grundsätze zur Instandhaltung und zum Ausbau der Grenzgewässer sowie der dazugehörigen wasserwirtschaftlichen Anlagen vom 22. September 1973[299] erst mit dem Protokoll vom 29. November 1978 (Artikel 3 und Anhang III) in Kraft traten.

---

[295] Schröder, Dieter, Elbe, 1986 Seite 43.
[296] Vgl. ebenda Seite 44 bis 58.
[297] Vgl. Dokumente DzD VI/4 (1975/76) Dokument Nr. 48 Seite 195
[298] Vgl. ebenda
[299] Grenzverträge DDR, Instandhaltung und Ausbau Grenzgewässer, 1978.

Wider besseres Wissen wird auch im Jahre 2007 noch behauptet und dokumentiert, dass das DDR-seitige Ufer der Elbe die Grenze zwischen beiden deutschen Staaten gewesen sei.[300]

Selbst in einer ausführlichen Veröffentlichung zu den deutschen Staatsgrenzen, die sich zum Ziel stellt, *rechtshistorische Grundlagen* und Probleme zu erarbeiten, wird die Elbe-Problematik zwischen den beiden deutschen Staaten nicht einmal erwähnt. [301]

Auf die "Vermessung der Eisernen Vorhangs" von Nass aus dem Jahre 2010 wurde mehrfach hingewiesen, wo er sich als *übriggebliebener Kalter Krieger* entpuppte.

Offensichtlich zeigt sich an diesem Beispiel im Ergebnis die Delegitimierungs-Strategie der BRD und ihrer Regierung gegenüber den ehemaligen DDR-Bürgern, die vom damaligen Bundesjustizministers Kinkel auf den Punkt gebracht wurde.

---

[300] Leisering Weltatlas, 2007, Seite 122.
[301] Khan, Staatsgrenzen, 2004 Seite 733 bis 744.

Abhandlungen

Begrüßungsansprache des Bundesministers der Justiz Dr. Klaus Kinkel

vor dem 15. Deutschen Richtertag am 23. September 1991 in Köln

Der erste Richtertag nach der deutschen W[...]
findet statt i[...]

Kinkel, Begrüßungsansprache zum 15. Deutschen Richtertag

[...] den hochausgebildeten Rechtsstaat der alten Bundesrepublik voraussetzen, während viele Länder Mittel- und Osteuropas und auch die neuen Länder der Bundesrepublik erst *auf dem Weg* zum Rechtsstaat sind und dringend Hilfe und Wegbegleitung benötigen.

Welche Umbrüche – historisch wohl erst später endgültig

satorische Schaffung von fünf Gerichtsbarkeiten, der Aufbau der Gerichte, die Entsendung von Richtern, Staatsanwälten, Rechtspflegern und sonstigem Gerichtspersonal sind erheblich fortgeschritten. Aber es ist kein Geheimnis, daß wir gemeinsam doch noch viel tun müssen, bevor man wirklich sagen kann, wir hätten die so wichtige Erkenntnis des in dieser Situation Teilen-Müssens in die Praxis umgesetzt. Ich

Sie, meine Damen und Herren, haben als Richter und Staatsanwälte bei dem, was noch auf uns zukommt, eine ganz besondere Aufgabe. Es wird sehr darauf ankommen, wie die in allen Rechtsbereichen auf die Gerichte zukommenden Fragen behandelt werden, ob es vor allem auch gelingen wird, die für die Einheit so wichtige Akzeptanz der gerichtlichen Entscheidungen bei den Menschen zu erreichen. Davon hängt ab, ob der Rechtsstaat in den Augen der Bevölkerung in der Lage ist, mit dem fertig zu werden, was uns das vierzigjährige Unrechtsregime in der früheren DDR hinterlassen hat. Und in manchem müssen wir sehr aufpassen, daß uns nicht wieder später gesagt werden muß, wir hätten verdrängt, versagt, zu spät gehandelt. Ich weiß sehr wohl, daß die Gerichte nicht allein leisten können, was aufzuarbeiten ist. Aber einen wesentlichen Teil *müssen* Sie leisten, alternativlos. Ich baue auf die deutsche Justiz. Es muß gelingen, das SED-System zu delegitimieren, das bis zum bitteren Ende seine Rechtfertigung aus antifaschistischer Gesinnung, angeblich höheren Werten und behaupteter absoluter Humanität hergeleitet hat, während es unter dem Deckmantel des Marxismus-Leninismus einen Staat aufbaute, der in weiten Bereichen genauso unmenschlich und schrecklich war wie das faschistische Deutschland, das man bekämpfte und – zu Recht – nie mehr wieder entstehen lassen wollte.

[...] rechtliche Wiedervereinigung ist mit Wirtschafts-, Währungs- und Sozialunion, mit dem Einigungsvertrag und mit der außenpolitischen Zwei-plus-vier-Einbettung gut

den Arbeitskollegen zu bespitzeln hatte. Daß plötzlich aus verstehbaren Gründen gerade im STASI-Zusammenhang viele Menschen die belastenden, alten Dinge gar nicht mehr

16 Die Territorialgewässergrenze auf See

Die Kriterien für die Festlegung der Seegrenzen der Staaten sind in Theorie und Praxis wesentlich eindeutiger als die der Festlandgrenzen. Wesentlich hat dazu die Kodifizierung der Normen des Seerechts durch die UNO und ihrer Spezialorganisationen beigetragen. Im Jahre 1949 hatte die Völkerrechtskommission auf ihrer ersten Tagung beschlossen, die Normen des Regimes der "Offenen Meeres" und der "Küstengewässer" zu kodifizieren.

Der wissenschaftlich-technische Fortschritt bei der Nutzung der Bodenschätze innerhalb der Küstengewässer veranlasste die Kommission, sich auch mit den Normen über den Festlandsockel und den Fischfang zu befassen.

Auf der Genfer Seerechtskonferenz im Jahre 1958, an der 86 Staaten teilnahmen, wurden folgende Konventionen beschlossen:

-am29.April 1958 Konvention über das offene Meer[302];
- Konvention über die Küstengewässer und die Anschlusszone[303];
- Konvention über den Fischfang und den Schutz der lebenden Schätze
  des Meeres[304];
- Konvention über den Festlandsockel[305].

Ebenso wie die DDR hat auch die BRD als Küstenstaat den vorgelagerten Küstenstreifen ihrer territorialen Souveränität unterstellt.

Nach Grenzgesetz bestehen die Seegewässer aus den Territorialgewässern (TG), den inneren Seegewässern einschließlich der Seewasserstraßen.[306]

Die TG hatten damals eine Breite von 3 Seemeilen. Die Reeden, die ganz oder teilweise außerhalb der Grenze der TG liegen, wurden als Bestandteil der TG definiert. Sofern die TG an die TG benachbarter oder gegenüberliegender Staaten angrenzen, war bestimmt, dass der Verlauf völkerrechtlich festzulegen ist.[307]

In einer Durchführungsverordnung wurde die Breite der TG erweitert.[308] Gemessen von der Grundlinie betrug der Abstand 12 Seemeilen. Der Verlauf der äußeren Begrenzung der TG (Seegrenze) sollte die noch ausstehenden Abgrenzungen des Festlandsockels und der Fischereizone mit den Nachbar- und

---

[302] GBL. II 1974, Seite 465.

[303] Für den Begriff Anschlusszone wird häufig der Begriff Ergänzungszone; für Küstengewässer werden die Begriffe Küstenmeer bzw. Territorialgewässer verwandt. Die Territorialgewässer schließen die Seegewässer ein. In: GBL. II 1974 Seite 441.

[304] GBL. II 1974 Seite 419.

[305] GBL. II 1974 Seite 421.

[306] Grenzgesetz , 1982 § 3.

[307] Ebenda § 4.

[308] Zweite Durchführungsverordnung zum Grenzgesetz, GBL. I 1984 Seite. 441.

gegenüberliegenden

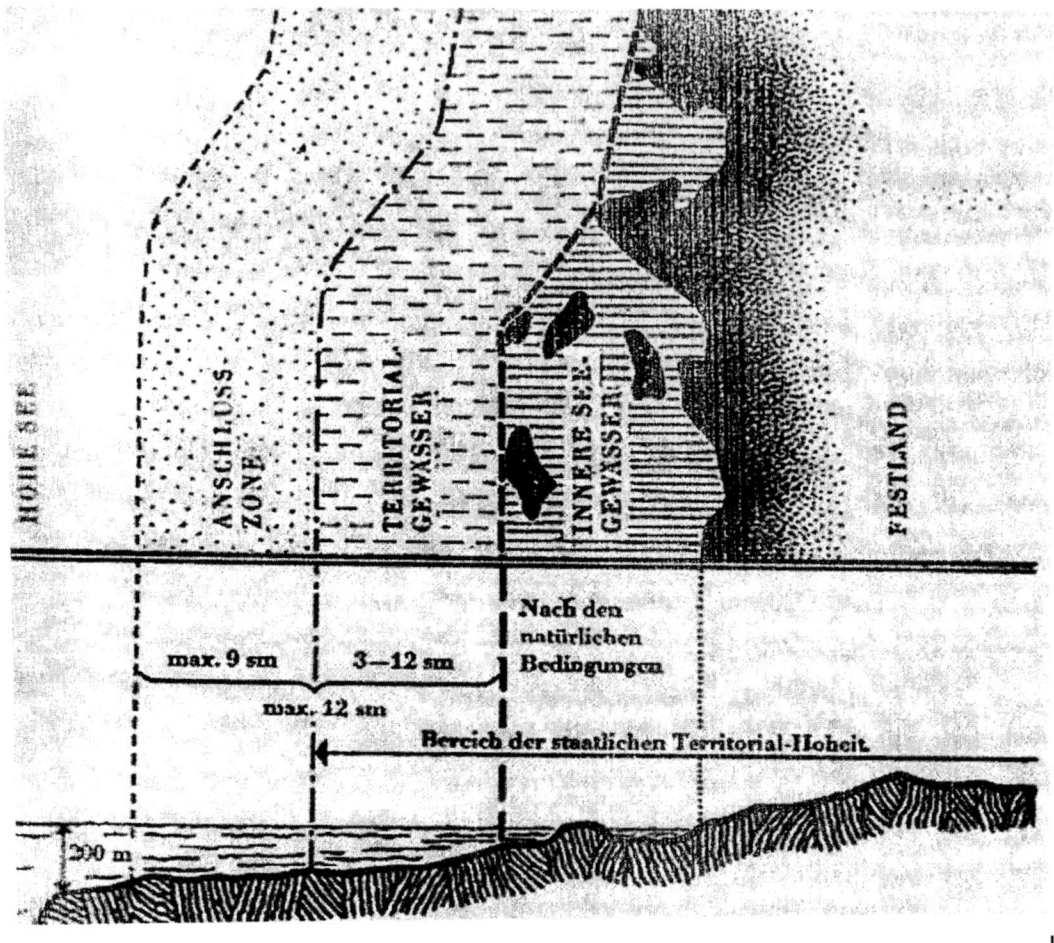

Staaten nicht präjudizieren.[309]

Mit Wirkung vom 01. Januar 1995 trat die Proklamation über die Ausweitung der deutschen TG (Küstenmeeres) auf 12 Seemeilen in Kraft.[310]

---

[309] Ebenda § 1 Absatz 3.

[310] Proklamation der Bundesregierung über die Ausweitung des deutschen Küstenmeeres vom 11. November 1994, BGBl. 1994, Teil I , Seite 3428.

16.1 Die Ausgangspunkte, die zur Festlegung der Territorialgewässergrenze führen

Das Festlegen der TG-Grenze auf See ist abhängig von der Küstenkonfiguration und der darauf beruhenden Grundlinie.

Die Küstenlinie ist dann mit der Grundlinie identisch, wenn sie derartige Ausmaße hat, dass sie über 24 Seemeilen breit ist. Haben sie derartige Ausmaße, werden die Seegewässer nicht zu den "inneren" gerechnet.

Als Grundlinie wird die Niedrigwasserlinie entlang der Küste bezeichnet, wie sie in den amtlichen Seekarten der Staaten eingetragen ist.[311]

Die Staatsgrenze auf See (Seegrenze) verläuft parallel zur Grundlinie. D.h. sie ist jene Linie, die an jedem Punkt vom nächstgelegenen Punkt der Grundlinie um die Entfernung der Breite der TG entfernt ist

Berühren sich die TG gegenüberliegenden Staaten, und ist nichts Gegenteiliges vereinbart, so gilt zwischen beiden die Mittellinie.

Bei Berührung der TG zwischen zwei Staaten wie z.B. in der Lübecker Bucht zwischen den beiden deutschen Staaten galt dieser Grundsatz.

Die TG-Konvention regelt auch Probleme der präsumtiven Grenze auf See.

Im Artikel 12 heißt es; "Liegen die Küsten zweier Staaten einander gegenüber oder grenzen sie aneinander, so ist in Ermangelung einer zwischen ihnen bestehenden gegenteiligen Vereinbarung keiner dieser Staaten berechtigt, sein Küstenmeer über die Mittellinie auszudehnen, die an jedem Punkt gleich weit von den nächstgelegenen Punkten der Grundlinien entfernt ist, von denen aus die Breite des Küstenmeeres jedes der beiden Staaten gemessen wird. Die Bestimmungen dieses Absatzes finden jedoch keine Anwendung, wenn es wegen historischer Rechte oder anderer besonderer Umstände erforderlich ist, die Küstenmeere der beiden Staaten abweichend von diesen Bestimmungen abzugrenzen."[312]

Das UNO-Seerechtsübereinkommen (SRÜ) von 1982 regelt in 320 Artikeln, neun Annexen und zwei Resolutionen sowie einem Durchführungsübereinkommen zum Tiefseebergbau wichtige Bestandteile der Seerechtsordnung.

Dazu gehören u. a., und hier von besonderer Bedeutung,

-die Ausdehnung der Breite des Küstenmeeres auf 12 Seemeilen und der Meerengen;

-die Ausschließlichen Wirtschaftszonen (AWZ) von 200 Seemeilen

---

[311] Vgl. TG- Konvention Artikel 3.
[312] Ebenda.

-Breite und die Festlandsockelzonen;
-die Nutzung der Tiefsee zum Meeresbergbau;
-Schutz der Meeresumwelt;
-das Recht der Meeresforschung;
-die Beilegung von Rechtsstreitigkeiten.

"Das SRÜ enthält in weiten Teilen geltendes Meeresvölkerrecht, indem es bewährte Regelungen aus den vier Genfer Seerechtskonventionen von 1958 übernimmt oder andere gewohnheitsrechtlich anerkannte Tatbestände kodifiziert... Für alle Staaten geht es darum, zunächst den `territorialen´ Gebietsbestand zur See gegenüber Nachbarstaaten abzugrenzen.... Große Entwicklungsmöglichkeiten bietet das neue Seerecht für die Dritte Welt... Zentrale Bedeutung gewinnen die nationalen Meeresinteressen von der Schifffahrt über Fischerei, Meeresforschung und Meerestechnik, Rohstoffgewinnung, Küstenschutz und Küstenmanagement, Umweltschutz bis hin zur Verteidigung. Nach Meinung vieler Beobachter steht das `Ozeanische Jahrhundert´ vor der Tür."[313]
Die Territorialgewässergrenzen sind in offiziellen Seekarten zu veröffentlichen und beim Generalsekretär der UNO zu hinterlegen.[314]

16.2 Die Seegrenze in der Lübecker Bucht zwischen beiden deutschen Staaten

Die Beschreibung der Demarkationslinie (DL) im Londoner Protokoll vom 14. September 1944[315] begann an der Landgrenze.
Hierzu heißt es:
"Das Gebiet Deutschlands (einschließlich der Provinz Ostpreußen) östlich der Linie, die von dem Punkt an der Lübecker Bucht gezogen wird, wo sich die Grenzen Schleswig-Holsteins und Mecklenburgs treffen, entlang... wird von den Streitkräften der UdSSR besetzt..."[316]
Obwohl das so war, einigten sich beide Delegationen in der Grenzkommission DDR/BRD auf eine Regelung, die beiden Seiten entgegen kam.
In der Vereinbarung über den Fischfang in einem Teil der Territorialgewässer

[313] Jenisch, Bibliographie ,1998.Serite 9 f.
[314] Vgl. SRÜ Artikel 16.In: BGBl. 1994 II; Seite 1805 f-
[315] Ebenda.
[316] Ebenda, I 2. (Ostzone).

der DDR in der Lübecker Bucht[317] wurde in einem *bestimmten Seegebiet* (Artikel 2) eine Grenze am Schifffahrtsweg Nr. 3 festgelegt, der die praktischen Frage der Fischerei von 110 Lübecker Stadtfischern mit der *Festlegung* des Verlaufes der Seegrenze zwischen den beiden Staaten in einem Junktim verband.

Dieses *bestimmte Seegebiet*, wurde "im Westen und Nordwesten bis zum Punkt mit den Koordinaten 53°′59′10 N und 10°56′07" O durch die Grenze zwischen der " DDR und der BRD "und im Osten durch die Verbindungslinie zwischen dem bezeichneten Punkt und der Mündung der Harkenbäk begrenzt",[318] *umschrieben*. Diese "Umschreibung" führte dazu, dass beide Staaten ihr Gesicht wahren konnten. Die BRD konnte für die Lübecker Stadtfischer ein Fanggebiet sichern, das eigentlich zum Hoheitsgebiet der DDR gehörte, die DDR hatte den politischen und völkerrechtlichen Vorteil, dass hier eine *Festlegung* der Staatsgrenze auf See erfolgte, deren Verlauf nicht im Londoner Protokoll festgelegt wurde.

Die Tatsache, dass die Beschreibung der DL gemäß Londoner Protokoll an der Landgrenze beginnt woraus die BRD-Delegation in der Grenzkommission ableitete, die Abgrenzung der Küstengewässer falle nicht in die Zuständigkeit und Aufgabenstellung der Grenzkommission, wurde letztlich von beiden Seiten ignoriert.[319]
Im Beschluss des Politbüros vom 11. September 1973 wurde für die weitere Tätigkeit DDR-Delegation in der Grenzkommission bestimmt, dass eine Festlegung des Verlaufes der Seegrenze entsprechend der Völkerrechtspraxis angestrebt wird.[320]
Es wurden zwei Möglichkeiten der völkerrechtlichen Praxis aufgezeigt: Eine "ordnungsgemäße vertragliche Festlegung des Verlaufs der Grenze" oder "Bestimmung des Verlaufes der Grenze nach dem Mittellinienprinzip" innerhalb von Buchten.
Der bundesdeutsche Begriff der "Gebrauchsgrenze" sei zurückzuweisen. "Da der Schiffahrtsweg nach Lübeck teilweise durch die der DDR zustehenden Territorialgewässer führen würde, wenn das Mittellinienprinzip verwirklicht wird, kann … letztlich einer… Festlegung des Grenzverlaufes DDR-seitig des Schiffahrtweges… zugestimmt werden… Ist die BRD nicht bereit, eine von der Mittellinie abweichende Grenze mit der DDR vertraglich zu vereinbaren, ist darauf zu bestehen, daß dann der Grenzverlauf entsprechend der internationalen Praxis als durch die Mittellinie festgelegt gilt und von der BRD anerkannt werden

---

[317] Grenzverträge, DDR, Territorialgewässer, 1978.
[318] Grenzverträge **DDR,** Territorialgewässer, 1978 Artikel 2 Absatz 1.
[319] Vgl. Dokumente DzD VI /3 1973/74 Dokument Nr. 11 Seite 38.
[320] Vgl. Ebenda Dokument Nr. 71 Seite 291 f.

muß.[321]

Abbildung unten: Die Grenzkommission, Bundesministerium für innerdeutsche Beziehungen Dezember 1978, Anhang IV, Anlage 2 Blatt 4

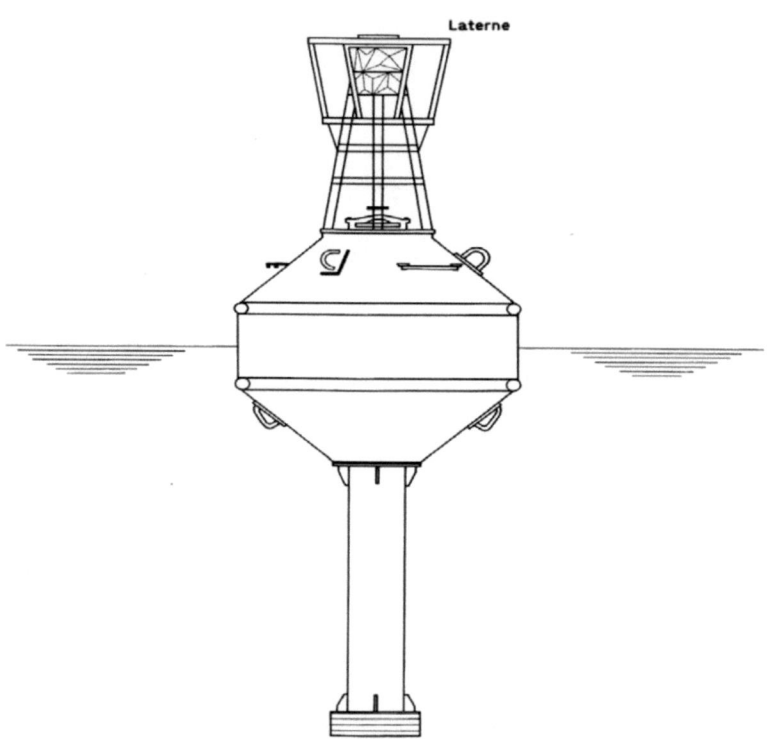

Leuchttonne mit Flüssiggas–Druckfaß (300 kg)

M 1:50

Laterne

Anstrich: von oben gesehen je zwei über Kreuz liegende rote und gelbe Felder

Befeuerung: weiß, Kennung Funkel mit langer Unterbrechung [Fkl.unt.(lg.)], 2–5 sec. Funkel, 15–18 sec. Unterbrechung, Wiederkehr mindestens 20 sec.

Aufschrift: schwarz „GRENZE"

---

[321] Ebenda Seite 292

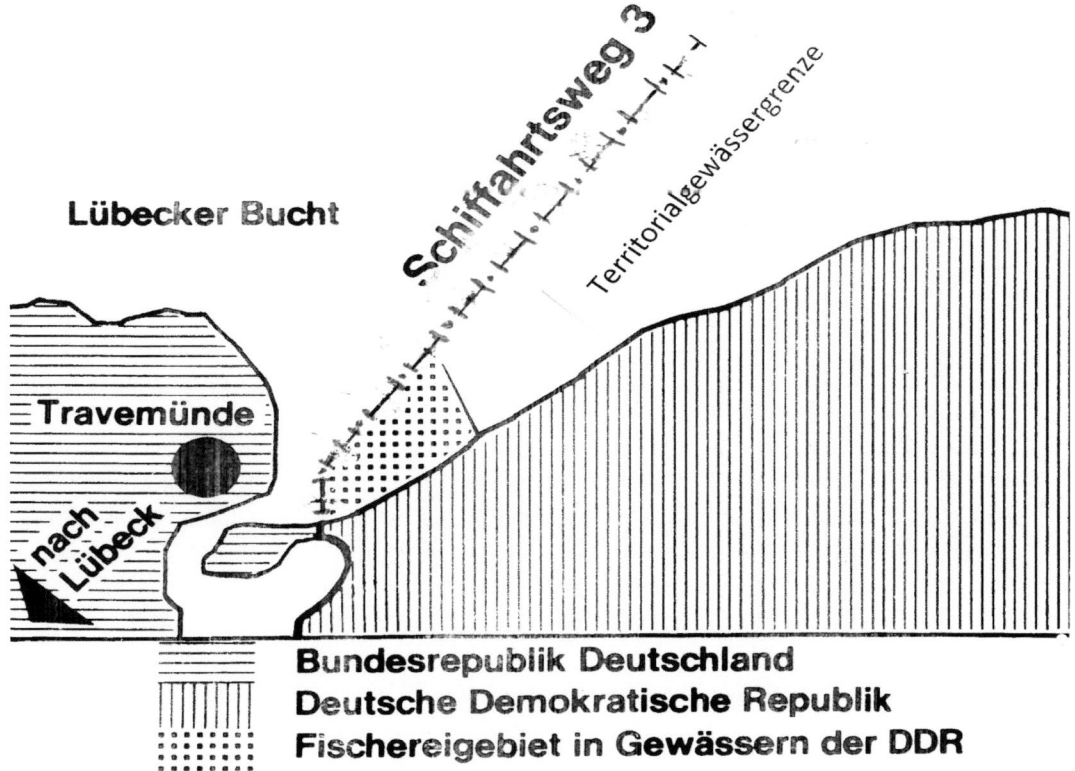

Abbildung: Gebiet des Fischfangs der Lübecker Stadtfischer in den Inneren Seegewässern der DDR, vereinbart in der gemeinsamen Grenzkommission.

Dieser "Sonderfall der Küstenmeerabgrenzung" der mit dem Einigungsvertrag außer Kraft trat, wurde von Gornig als starke Benachteiligung der DDR angesehen.[322] Bei dieser Betrachtungsweise durch Gornig bleiben aber die Fragen der *Festlegung* der Seegrenze gemäß dem internationalen Seerecht,[323] (das Hauptinteresse der DDR), das Seenotrettungswesen, sowie die Lösung von Sicherheitsproblemen mit Sportbooten aus der DDR ("Fluchtversuche"), die den betreffenden Bereich in der Ostsee nicht befahren durften, unbeachtet. Das ist ein

---

[322] Gornig, Seeabgrenzung, Ostsee, 2002 Seite 220 .

[323] Vgl. Dokumente DzD 1973/74 Dokument Nr. 131 Seite 487 (Stichwort: Lübecker Bucht).

typisches Beispiel dafür, wie unterschiedlich die Betrachtungsweise aus ostwärtiger oder westlicher Sicht sein kann.

Die Vereinbarung der Grenzkommission über die Lübecker Bucht wurde am 26. Juni 1974 in der Bundesregierung behandelt und durch den Ministerialrat Stern betont, das in den Verhandlungen über den Gesamtkomplex Lübecker Bucht "eine gute praktische Lösung für uns (gemeint ist die BRD- K. E.) erzielt worden sei".[324]

Es ist nicht bekannt geworden, dass *Nichtspezialisten* in Ost und West den "Braten gerochen hätten". Für diese Vermutung spricht neben der oben vertretenen Ansicht von Gornig auch, dass es über die *Festlegung der Seegrenze* in der Lübecker Bucht keine Aussagen bekannt sind.[325]

Nicht unerwähnt soll bleiben, dass die BRD-Seite auch mittelalterliche Privilegien des Kaisers Friedrich I aus dem Jahre 1188 und des Kaisers Barbarossa aus dem Jahre 1226 (Lübecker Reichsfreiheitsbrief, Rechte der Lübecker Stadtfischer) als Argumentationshilfe in der Grenzkommission heranzog.[326]

Gleichfalls wurde festgestellt, dass die Hoheits- und Fischereirechte, der Reedegrenze in der Travemünder Bucht sowie die Grenzen der Staatshoheit zwischen Mecklenburg-Schwerin (der späteren SBZ/DDR) und Lübeck Mitte der zwanziger Jahre des vorherigen Jahrhunderts, innerhalb des Deutschen Reiches, heftig umstritten waren.

17 Umweltprobleme und Staatsgrenzen

Viele Umweltprobleme stehen in enger Beziehung mit der Staatsgrenze, das heißt, sie haben häufig schädliche Wirkungen auf den Nachbarstaat bzw. auf andere Gebiete, die außerhalb der nationalen Souveränität liegen (Weltmeere, Weltraum, Antarktis).

Zu denken ist an die häufig national umweltgefährdende Nutzung der Binnen - bzw. Grenzgewässer; die Einleitung von Industrieabwässern; Belastungen durch Schadstoffe aus der Landwirtschaft; dem Bergbau; Wasserentnahmen zur Bewässerung; Bau und Betrieb von Staudämmen; Transport gefährlicher Güter; Erhöhung der Wassertemperatur zur Kühlung von Industrieanlagen (Atom-

---

[324] A.a.O. Dokument Nr. 182 Seite 637. Fußnote 3.

[325] Vgl. Ehrhardt/ Woythe/ Mangold u a.. Grundfragen, 1975 Seite 135 bis 143.

[326] Vgl. Unterzeichnung von Vereinbarungen über den Verlauf der Innerdeutschen Grenze und über Hochwasserbecken an der Itz. In: Archiv der Gegenwart, Band 7, 29. November 1978 Seite 7045.

reaktoren).

Als "innerdeutsches" Beispiel soll das in den Jahren 1974/1975 durch einen Industriebetrieb der DDR verursachte Fischsterben in der BRD-Teil der Flüsse Leine, Jeetzel und Oker gelten.

Hier handelte es sich um eine offensichtlich um einen Fall des Artikels 4 Absatz 1 der Schadensvereinbarung die lautete, *"jede Seite wird alle möglichen Maßnahmen ergreifen, um den Eintritt von Schäden auf dem Gebiet des anderen Staates, die ihre Ursachen auf dem Gebiet des eigenen Staates haben, zu verhindern". Nach Artikel 5 Satz 1 wurde vereinbart, dass Schadensfälle grundsätzlich von jeder Seite in eigener Zuständigkeit untersucht werden. Jede weitere Bearbeitung zur Regulierung des Schadensfalles erfolgte grundsätzlich über die Ständigen Vertretungen (Botschaften) beider Staaten.*[327]

Im Übereinkommen zum Schutz und zur Nutzung der grenzüberschreitenden Wasserläufe und Seen vom 17. März 1992 (Art. 7) als auch im Übereinkommen vom gleichen Tage über die grenzüberschreitenden Auswirkungen von Industrieunfällen werden die Staaten aufgefordert, die internationalen "Bemühungen um die Aufstellung von Regeln, Kriterien und Verfahren... zu unterstützen."[328]

Es erscheint in diesem Zusammenhang erwähnenswert, dass die DDR und die BRD mit der Regelung "sonstiger mit dem Grenzverlauf im Zusammenhang stehender Probleme", die in der Grenzkommission gelöst wurden, offensichtlich international eine *Vorreiterrolle* spielten.

Diese Feststellung wird trotz der Tatsache getroffen, dass bei der Aufzählung "Internationale und nationale Regelungsinstrumente"[329] die BRD und die DDR nur im Zusammenhang mit der "Schadensvereinbarung" genannt wurden.[330]

Es handelt sich um die Vereinbarungen/Protokollvermerke:

- Über den Betrieb, die Kontrolle und die Instandhaltung der auf dem Territorium der DDR gelegenen Teile der Trinkwasserversorgungsanlagen der Stadt Duderstadt/BRD) mit Protokollvermerk zu Artikel 5 (Festsetzung einer Pauschale, unterschiedliche Rechtspositionen in Vermögensfragen bleiben unberührt);
- über die Regelung von Fragen betreffend die Eckertalsperre und die Eckerfernwasserleitung mit Protokollvermerk (unterschiedliche Rechtspositionen in Vermögensfragen bleiben unberührt, Modalitäten des

---

[327] Grenzverträge DDR Schadensvereinbarung, 1978. **DDR**, (Instandhaltung und Ausbau Grenzgewässer, 1978):

[328] Der Grenzüberschreitende Umweltschäden, 2006 Seite 398.

[329] A. a. O. Seite 577 bis 608.

[330] A. a. O. Seite 590. Vgl. auch: Grenzverträge DDR Schadensvereinbarung 1978.

Betretens und der Kontrolle durch Bevollmächtigte der BRD, Zahlung einer jährlichen Pauschale an DDR und Erklärung über Zuständigkeit der Harzwasserwerke Niedersachsens);

- Protokollvermerk über die Generalüberholung des auf dem Territoriums der DDR verlaufenden Abschnittes der Eckerfernwasserleitung;
- über die Regelung von Fragen, die mit der Errichtung und dem Betrieb eines Hochwasserrückhaltebeckens an der Itz zusammenhängen mit Protokollvermerken zu Artikel 5 Absatz 1 und Artikel 6 (Grenzverlauf und Signale bei Überstauung, Zahlung und Modalitäten einer einmaligen Pauschale durch BRD);
- Protokollvermerk über Betrieb, Kontrolle und Instandhaltung der auf dem Territorium der DDR gelegenen Teile der Trinkwasserversorgungsanlage der Gemeinde Heringen, Ortsteil Kleinensee (BRD) mit Kartenanlage und Anlage 2 unterschiedliche Rechtspositionen in Vermögensfragen bleiben unberührt, Modalitäten und Höhe der jährlich zu zahlenden Pauschale der BRD);
- Protokollvermerk über Verfahrensregeln bei wasserwirtschaftlichen Maßnahmen mit Anlage (Verfahrensregeln für die Vorbereitung und Durchführung wasserwirtschaftlicher Maßnahmen im Rahmen der *Vorabanwendung* der Vereinbarung zwischen der DDR und BRD über Grundsätze zur Instandhaltung und zum Ausbau der Grenzgewässer sowie der dazugehörigen wasserwirtschaftlichen Anlagen vom 20. September 1976 (Verfahrensregeln - wasserwirtschaftliche Maßnahmen);
- Protokollvermerk über Beseitigung des im Bereich des Grundstückes "Zur Bergmühle" (BRD) anfallenden Oberflächenwassers und gereinigten Abwassers;
- Vereinbarung DDR / BRD über Grundsätze zur Instandhaltung und zum Ausbau der Grenzgewässer sowie der dazugehörigen wasserwirtschaftlichen Anlagen vom 20. September 1973 mit Anlage (Begriffsbestimmungen);
- Protokollvermerk über Informationen bei Hochwassergefahren gemäß der Grundsätze zur Schadensbekämpfung vom 20. September 1973;
- Protokollvermerk über Wasserentnahme aus Grenzgewässern der DDR mit Anlage 1 (Nutzung von Grenzgewässern der DDR durch die BRD zum Tränken von Vieh und zur Bewässerung der landwirtschaftlichen Flächen) sowie Erklärung zum Protokollvermerk über die Wasserentnahme (Information über Tierseuchen durch die BRD);
- Protokollvermerk über das Überfahren der Grenze durch Sportboote und andere Wasserfahrzeuge in Abschnitten der Grenzgewässer Werra und Saale;

- Protokollvermerk über den Betrieb von wasserwirtschaftlichen Anlagen;
- Grenzboje im Schwarzmühlenteich (Grenzzug 2 c)[331].

Die Ressourcen von Süßwasser sind weltweit begrenzt. Diesbezügliche Probleme "hängen mit den vorherrschenden Nutzungsarten und der Nutzungsintensität zusammen, wobei physisch-geographische und sozio-ökonomische Gegebenheiten maßgeblich sind. In manchen Regionen beziehen sich die Zentralfragen auf die Verschlechterung der Wasserqualität durch Verschmutzung, in anderen auf ungenügend oder unregelmäßig verfügbare Wassermengen."[332]

Die Entwicklung eines Umweltvölkerrechts hängt eng mit dem internationalen Wasserrecht zusammen. Besonders seien die UN-Konferenzen über die Umwelt des Menschen, Stockholm 1972, und über Umwelt und Entwicklung, Rio de Janeiro 1992, genannt.
Das Umweltvölkerrecht entwickelt sich allmählich von einem Koexistenzrecht (mit dem Ende des sozialistischen Weltsystems) zu einem kooperativen Bewirtschaftungsrecht für das die Einbeziehung von "Umweltschutzbelangen in sämtliche Bereiche der Wirtschafts- und Entwicklungspolitik" charakteristisch ist.[333]
Ohne auf weitere Details einzugehen, spielte auch während des hier untersuchten Zeitraumes das Abwehrrecht beider deutscher Staaten gegen (gegenseitige) grenzüberschreitende Umweltbeeinträchtigungen eine nicht unbedeutende Rolle.
Die oben genannten Vereinbarungen/Protokolle belegen, dass sich beide Seiten bei Beachtung ihrer territorialen Integrität auf vernünftige Kompromisse im beiderseitigen Interesse einigen konnten.
Als Ausgangspunkt des völkerrechtlichen Umweltschutzes galt auch zwischen beiden deutschen Staaten "immer noch und vor allem die *staatliche Territorialhoheit* und nicht eine Pflicht zum Schutz eines Gemeinschaftsgutes".[334]

---

[331] Alle hier aufgeführten Vereinbarungen und Protokolle sind veröffentlicht in: GBL. 1978 Teil II Nr. 6 Seite 85 ff.
[332] Dergint Grenzüberschreitende Umweltschäden, 2006 Seite 484.
[333] Ebenda Seite 485.
[334] Ebenda Seite 487.

17.1 Eckertalsperre und Fernwasserleitung im Harz

Hier handelt es sich um Vereinbarungen der Grenzkommission

- über die Regelung von Fragen betreffend die Eckertalsperre und die Eckerfernwasserleitung mit Protokollvermerk;
- den Protokollvermerk über die Generalüberholung des auf dem Territorium der DDR verlaufenden Abschnittes der Eckerfernwasserleitung, die für die Dauer von dreißig Jahren abgeschlossen wurden. [335]

Die Demarkationslinie zwischen den Besatzungstruppen, die spätere Staatsgrenze zwischen der BRD und der DDR verlief direkt durch die Staumauer und den Stausee. Ein Teil der Fernwasserleitung verlief auf dem Hoheitsgebiet der DDR.
Die Eckertalsperre wurde in den Jahren 1939 bis 1942 als Gewichtsstaumauer aus Beton erbaut.
Sie dient der Trinkwasserversorgung, Hochwasserschutz, Erhöhung von Niedrigwasser und Stromerzeugung.
Im Jahre 1938 wurden die Harzwasserwerke Hannover Eigentümer.
Eigentümer des Grund und Bodens auf späterem DDR-Gebiet war bis zur Enteignung im Jahre 1945 Botho Stollberg, Erbprinz zu Stollberg-Wernigerode, aktiver Nazifaschist.
Entsprechend der rechtlichen Regelungen in der SBZ (Provinz Sachsen vom 03. September 1945) wurde das Eigentum der Talsperre und der Fernwasserleitung, auf Gebiet der sowjetischen Besatzungszone liegende, enteignet und der Provinz Sachsen bzw. den Gemeinden Ilsenburg und Schierke als unveräußerliches und unantastbares Volkseigentum übergeben.
Die Enteignung erfolgte schulden- und lastenfrei. Im Grundbuch von Wernigerode, waren die Gemeinden Ilsenburg und Schierke als "Volkseigentümer" eingetragen.
Alle Verträge zwischen Stollberg und den Harzwasserwerken aus den Jahren 1938 und 1940 hatten nach Rechtsauffassung der DDR für sie keine rechtliche Wirkung.
"Rechtsträger des gesamten Talsperrengeländes sowie des Teiles der Talsperre, der sich auf dem Hoheitsgebiet der DDR befindet, ist die Wasserwirtschaftsdirektion Mittlere - Elbe - Sude - Melde´ in Madeburg".[336]

Die BRD bestritt diese Rechtslage. Sie erklärte, die Enteignung sei unrechtmäßig

---

[335] Grenzverträge **DDR** Eckertalsperre, 1978.Vgl. Artikel 8.
[336] Ehrhardt/ Woythe / Mangold u. a. Grundfragen, 1975 Seite 170.

gewesen.

Die DDR-Delegation in der Grenzkommission ging davon aus, dass es sich hier um vermögensrechtliche Probleme handelt, die durch die Grenzkommission nicht lösbar wären.

Mit den o. gen. Vereinbarungen wurde der BRD (dem Lande Niedersachsen, den Harzwasserwerken) gestattet, über jene Teile der Talsperre und der Fernwasserleitung, die sich auf dem Territorium der DDR befanden, den Betrieb die Kontrolle und Instandhaltung sowie die Beseitigung von Schäden durchzuführen. Dabei wurde die bisherige Praxis berücksichtigt. Der genaue Verlauf der Staatsgrenze wurde auf einer Karte dargestellt (Artikel 1).

Es wurde vereinbart, die Ergebnisse der Überwachung und Kontrollen durch die zuständigen Organe/Behörden einmal jährlich auszutauschen. Grundsätzlich galt die Grenzgewässer-Vereinbarung[337] (Artikel 3).

Die BRD Regierung verpflichtete sich, alle möglichen Maßnahmen zu ergreifen, um nachteilige Auswirkungen auf das Territorium der DDR, zu verhindern (Artikel 4 Absatz 1).

Alle Kosten wurden von der BRD getragen. Sie zahlte eine jährliche Pauschale in der auch die Wasserentnahme aus dem Staubecken enthalten war (Artikel 5 und 6).

In einem Protokollvermerk[338] wurde erklärt, dass die *unterschiedlichen Rechtspositionen in Vermögensfragen unberührt bleiben.*

Die Modalitäten des Betretens und der Kontrolle durch Bevollmächtigte der BRD wurde ebenfalls vereinbart.

In einer Erklärung beider Seiten heißt es: "Die Eckertalsperre und die Eckerfernwasserleitung werden von den Harzwasserwerken des Landes Niedersachsen als dem auf Seiten der Bundesrepublik zuständigen Wasserversorgungsunternehmen betrieben und unterhalten.

Die Regierung der Bundesrepublik Deutschland hat durch entsprechende Regelungen sichergestellt, daß die Harzwasserwerke des Landes Niedersachsen die Vereinbarung und die im Zusammenhang damit stehenden Festlegungen beachten."[339]

Nach Anschluss der DDR und Wegfall der Grenzen mit Wirkung vom 03. Oktober 1990 wurden auch die Vereinbarungen zwischen der DDR und der BRD

---

[337] Grenzverträge **DDR,** Instandhaltung und Ausbau Grenzgewässer, 1978.

[338] Grenzverträge **DDR** Eckertalsperre, 1978 Seite 98.

[339] Ebenda Seite 99.

gegenstandslos.

In der "Verordnung über die Festsetzung des Nationalparks Hochharz"[340] wurde die Nordgrenze u. a. " bis zur Eckertalsperre an der Grenze zu Niedersachsen" bestimmt. Mit dieser Verordnung des Ministerrates der DDR, die am 1. Oktober 1990, in Kraft trat, wurden Regelungen des Bundesnaturschutzgesetzes (§ 7 Absatz 2 Ziffer 4.) sinngemäß übernommen.
Mit dem Einigungsvertrag zwischen der DDR und der BRD[341] blieb die Verordnung als *gesamtdeutsches* Recht in Kraft.

17.2 Die Schadensvereinbarung zwischen beiden deutschen Staaten

Die BRD Seite in der Grenzkommission übergab auf der zweiten Sitzung (21. Februar 1973) einen Vorschlag, der als Grundlage für die Erarbeitung der Schadensvereinbarung[342] diente.
"Dieses Papier enthielt in konzentrierter Form die ganze Konzeption der BRD zur Aufweichung und Durchlöcherung der Sicherung der territorialen Integrität der DDR. Es wurde deutlich, daß die BRD mit allen Tricks und Schlichen versuchen würde, das Sicherungssystem der Staatgrenze `durchlässig´ zu machen."[343]
Dazu gehörte:
-Verlagerung der Verantwortlichkeit und unverzügliche Information für drohende und aufgetretenen Schäden an der Staatsgrenze auf die "örtlichen Stellen";
-auf Anforderung personelle und technische Hilfe über die Grenze zu leisten;
-Schaffung direkter Fernsprechverbindungen zwischen den örtlichen Stellen und zusätzlicher Grenzübergänge, die bei Schadensfällen in kürzester Zeit zu nutzen wären;
-Erarbeitung gemeinsamer Einsatzpläne und Durchführung gemeinsamer Übungen;
-über alle die Schadensvorbeugung betreffenden Fragen sollte ein regelmäßiger Kontakt zwischen den örtlichen Organen erfolgen.[344]

Die DDR-Seite der Grenzkommission hatte deshalb keine Konzeption, weil vor

---

[340] GBl. 1990 Sonderdruck Nr. 1469 vom 12. September 1990.

[341] Vertrag Einigungsvertrag, 1990 Artikel 3 Zu Kapitel XII 30. d).

[342] Grenzverträge **DDR** Schadensvereinbarung 1978.

[343] Ehrhardt/Woythe/Mangold u .a., Grundfragen 1975 Seite 146.

[344] Vgl. ebenda Seite 146 f.

allem die Grenztruppen jede Schadensvorbeugung und Schadensbekämpfung gegenüber dem Staatsgebiet der BRD "vielfach als unvermeidliches Übel" betrachteten.

Der Widerspruch zwischen dem völkerrechtlichen Grundsatz der guten Nachbarschaft (z. B. Immissionen über die Staatsgrenze hinweg)[345] und den Problemen der unmittelbaren Grenzsicherung tat sich deshalb auf, weil zwischen Verlauf der Staatsgrenze und den Sicherungsanlagen ein sogenanntes vorgelagertes Gebiet ("feindwärts") existierte, da "aus Gründen der Übersichtlichkeit und Einsparung von Personal und Mitteln die Sicherungsanlagen in das Gebiet der DDR zurückgezogen wurden." Für dieses Gebiet gab es keine echte Verantwortlichkeit. "Dieses Gebiet glich an vielen Stellen eher einem Urwald, einer Sumpflandschaft, verwilderten unübersehbaren ehemaligen Äckern ... als dem Hoheitsgebiet eines modernen Industriestaates! Kultiviert ... wurde nur dann etwas, wenn es sich im Interesse der Sicherung nicht vermeiden ließ. Die alten Sperren der 40er und 50er Jahre wurden grundsätzlich an Ort und Stelle belassen, neue Anlagen wurden" in das Gebiet der DDR zurück gezogen.[346]

Aus einem Bericht der DDR Seite in der Grenzkommission wird zitiert in dem es heißt:

Nach Ansicht der BRD-Seite "führen die im Raum Stapelburg an den Sicherungsanlagen angebrachten Schußtrichter zur Gefährdung von Zivilpersonen und Angehörigen der Grenzschutzorgane der BRD." Sprengungen und Maßnahmen der Unkrautbekämpfung (durch Agrarflugzeuge) hätten zu Schäden auf BRD-Gebiet geführt. Fischsterben durch Einleitung zyanidhaltiger Abwässer, die zur Verunreinigung der Leine (Februar 1974) führten. Seitens der DDR wurde jede Gesprächsführung über die Sicherungsanlagen abgelehnt, da diese sich auf dem Hoheitsgebiet der DDR befänden. Es wurde aber darauf verwiesen, dass BGS-Angehörige in Einzelfällen bis 150 Meter auf DDR-Gebiet vorgedrungen wären[347].

Der Widerspruch zwischen "Sicherung der Staatsgrenze" - eigentlich Sicherung der territorialen Integrität der DDR und der Erfüllung nachbarlicher Pflichten, hier die Einhaltung der Schadensvereinbarung, wurde dem Grunde nach aufgedeckt und davor gewarnt, "unnötige Komplikationen" mit der BRD herbeizuführen. Im Umkehrschluss wurde darauf verwiesen, dass "Grenzstreitereien" mit dem Nachbarn, den völkerrechtlichen Status der Grenze DDR/BRD betonen können. Diese Grenze war eben keine staatsrechtliche (innerdeutsche), wie zwischen den Ländern der BRD.[348]

---

[345] Brände, Hochwasser, Fischsterben, Abschwemmen von Minen, Überwechseln von dreißig Rindern über die Elbe, Auswirkungen von Sprengungen.

[346] Ehrhardt/Woythe/Mangold u .a., Grundfragen 1975 Seite 148 f.

[347] Vgl. ebenda Seite 150 ff.; Seite 153 ff.

[348] Vgl. ebenda Seite 152.

Die DDR hatte ihre Probleme mit der Umsetzung bzw. Realisierung der Schadensvereinbarung, wie Minensperren in hochwassergefährdeten Gebieten und daraus resultierenden möglichen Abschwemmungen von Schützenminen auf das Hoheitsgebiet der BRD.

Aus diesem Grund beschloss der Ministerrat am 16. Mai 1974 die Durchführung notwendiger Maßnahmen und erforderliche Informationsbeziehungen zwischen

Unterzeichnung der Vereinbarung DDR/BRD am 12. Oktober 1983 in München
zur Regelung der Abwasserprobleme des Flusses Röden

den Ministerien (Auswärtige Angelegenheiten, Nationale Verteidigung, Innern,

Umweltschutz und Wasserwirtschaft, Gesundheitswesen, Verkehrswesen, Kohle und Energie, Metallurgie, Erzbergbau und Kali, Land- und Forst- und Nahrungsgüterwirtschaf, Geologie, Amt für Atomsicherheit und Strahlenschutz, die Vorsitzenden der Räte der Bezirke Rostock, Schwerin, Magdeburg, Erfurt, Suhl Gera und Karl - Marx - Stadt) die alle Berührung zur bzw. mit der Staatsgrenze (Schadensfälle) hatten.[349]

Anmerkung: Die Erhaltung seltener Flora und Fauna war ein damals nicht einkalkuliertes Ergebnis des Baus und der Erhaltung der Sicherungsanlagen zur Gestaltung einer "attraktiven Grenze" durch die DDR-Staatsorgane.

18 Die Staatsgrenze im Erdinneren

Diese Staatsgrenze im Erdinneren ist wie die Luftgrenze grundsätzlich nicht kenntlich zu machen.

In Theorie und Praxis herrscht Einigkeit darüber, dass die unterirdischen Staatsgrenzen Flächen sind, die einen unregelmäßigen Kegel bilden, dessen Spitze mit dem Mittelpunkt der Erde zusammenfällt und dessen Basis vom Hoheitsgebiet des darüber befindlichen Staates gebildet wird.[350]

"Das Landgebiet setzt sich lotrecht unter der Erdoberfläche fort. Entsprechend den Befindlichkeiten des Untergrundes erstreckt sich die territoriale Souveränität bis zur Grenze der technischen Nutzungsmöglichkeiten."[351]

Diese Meinung ist aber nicht ungeteilt. Uneinigkeit besteht darüber, wieweit die Staatsgrenze in das Erdinnere reicht, bis zu welcher Tiefe das Hoheitsgebiet des Staates sich erstreckt. Drei Auffassungen werden deutlich:

Die *Theorie der uneingeschränkten Souveränität* geht davon aus,

- dass das Hoheitsgebiet bis zum Mittelpunkt der Erde reicht. Das kann selbstverständlich nur ein theoretische Größe sein;
- die *Theorie der subjektiven Beherrschbarkeit* der territorialen Hoheit nach unten wird durch die technischen Möglichkeiten der Nutzung des unterirdischen Bereiches durch den "Oberflächenstaat" bestimmt;
- die Theorie der *objektiven Beherrschbarkeit,* die davon ausgeht, dass das Hoheitsgebiet soweit in das Erdinnere reicht, wie es das jeweils höchste

---

[349] Vgl. ebenda Seiten 158 ff.

[350] Vergleiche u. a. Braun, Grenzüberschreitender Bergwerksbetrieb 1997, Seite 6; Guggenheim, Völkerrecht und Landesrecht, 1963 Seite 340; Völkerrecht, Lehrbuch 1973 Seite 357.

[351] Schweitzer/Weber, Handbuch Seite 310.

Niveau weltweit von Wissenschaft und Technik zulassen.[352]

Die Erde setzt sich bekanntlich aus verschiedenen Schalen zusammen. Die Erdkruste hat eine Stärke von 5 bis 7 km (ozeanisch), die kontinentale kann unter Gebirgen 50 - 60 km Stärke haben. Der Erdmantel reicht bis etwa 2.900 km Tiefe. Der Erdkern hat zwei Teile, der äußere Erdkern reicht bis etwa 5.100 km. Der innere Erdkern hat einen Durchmesser von etwa 2600 km und eine geschätzte Temperatur von 4700 bis 7000 Grad Celsius. Zum Vergleich: Die Sonne hat eine Oberflächentemperatur von etwa 5500 Grad Celsius.
In einem südafrikanischen Goldbergwerk wurde im Herbst 2008 eine Schachttiefe von 3.770 Meter erreicht. Die Felsen in dieser Tiefe sind 70 Grad Celsius heiß. Die Arbeitstemperatur für die unter Tage arbeitenden Kumpels wird konstant auf 28 Grad gehalten.[353]
Wenn man bedenkt, dass Tiefenbohrungen auf der Halbinsel Kola etwa 15.000 m Tiefe erreichen und vor des Westküste Schleswig-Holsteins (bei Dieksand unweit Friedrichskoog) Tiefbohrungen niedergebracht wurden, deren längste 9275 (Stand im Jahr 2012) misst, dann wird deutlich, dass die Theorie der unbeschränkten Souveränität für die *nächste Zeit* noch Theorie bleiben wird.

Die Staatsgrenzen umschließen das Hoheitsgebiet. Innerhalb seines Hoheitsgebietes übt der Staat die territoriale Souveränität und die Gebietshoheit aus. Sie drücken die Befugnis des Staates aus, über sein Hoheitsgebiet zu verfügen. Wie soll der Staat über sein Hoheitsgebiet aber verfügen, wenn seiner Verfügungsbefugnis ein bestimmter Teil seines Hoheitsgebietes (hier Teil des Erdinneren) überhaupt nicht zugänglich ist?
In der DDR wurde die Inanspruchnahme und Nutzung des Erdinnern bzw. der Erdoberfläche, im Interesse der Volkswirtschaft und der gesamten Gesellschaft verbunden. Etwa 1600 Lagerstätten (Braunkohle, Kali - und Steinsalz, Fluss - und Schwerspat) führten dazu, dass durch diese Eingriffe bestimmte Störungen im Naturhaushalt hervorgerufen wurden.
Allein im Jahre 1974 wurden in 34 Tagebauen mit Hilfe modernster Technik 248 Millionen Tonnen Rohbraunkohle gefördert. Das war rund ein Drittel der Weltförderung. 900 Millionen Kubikmeter Abraum mussten dafür bewegt werden. Infolge zunehmender Mächtigkeit des Deckgebirges erhöhte sich die Abraumbewegung bei annähernd gleich bleibender Rohkohleförderung, weiter. Im Jahre 1979 wurden durch den Braunkohleabbau etwa 900 Quadratkilometer Nutzfläche *hochgradig umgestaltet*.
Es ging darum, nach Abbau der Bodenschätze eine Bergbaufolgelandschaft zu

---

[352] Vgl. Braun Seite 6.
[353] Vgl. Brälle Schachttiefe, 2008.

schaffen, die modernen ökologischen Anforderungen entsprach.[354] Dazu gehörte auch eine stabile, zum gegenseitigen Nutzen ausgestaltete Zusammenarbeit zwischen den beiden deutschen Staaten.

Ohne auf weitere Einzelheiten einzugehen, soll eine Aufzählung einzelner (internationaler) Probleme ausreichen:

Abbau von Erz- und Kohlelagerstätten, Erdgas - und Erdölfelder, wenn sie von der Staatsgrenze "berührt" werden.[355]

Der Vertrag zwischen der BRD und den Niederlanden über den Abbau von Steinkohle regelt z.B. dass "unbeschadet der deutsch-niederländischen Staatsgrenze eine Betriebsgrenze vereinbart" wurde.[356]

Bau von Pipelines und unterirdischen Speichern. In neuester Zeit: Russland - Deutschland, Ostseepipeline.

Unterirdische oder untermaritime Stollen für Verkehrszwecke. Tunnel unter dem Ärmelkanal.

Errichtung und Bau von Kabel- und Rohrleitungen.[357]

Vertikale und horizontale Bohrungen nach Bodenschätzen. Eine zunehmende Bedeutung erhält die Wassergewinnung aus dem Erdinneren.

Grenzüberschreitende Probleme, die mit dem eigentlichen unterirdischen Bergwerksbetrieb im engen Zusammenhang stehen: Abwasseranlagen, Be- und Entlüftung der Schächte, Förderanlagen, Sicherheitseinrichtungen.

Die Nutzung vorhandener Bergwerksstollen und ähnlicher Anlagen zum illegalen Überschreiten der Staatsgrenze, als unterirdische Produktionsstätten für Waffen und Rauschgift, Lagerstätten für (Atom-) Müll (Gorleben).

Grenzüberschreitende Bergschäden durch Untertageabbau.

Auswirkungen auf Nachbarstaat durch Ableitung von Grundwasserströmen oder deren Verunreinigung. Abbau von Bodenschätzen im Festlandsockel.

Diese Beispiele sollen genügen, um den Nachweis zu erbringen, dass auch die Bestimmung der Tiefe des Hoheitsgebietes praktische Auswirkungen für jeden (Nachbar-) Staat haben kann.

Auch die Grenzkommission DDR / BRD hat in einem Protokollvermerk "über den Abbau des grenzüberschreitenden Braunkohlevorkommens im Raum Harbke/ Helmstedt" diese Problematik aufgegriffen.

---

[354] Paucke/Bauer Umweltprobleme, 1979 Seite 227 ff.

[355] Vgl. im Einzelnen: Flormann-Pfaff Lagerstätten 1994.

[356] Vertrag über den Abbau von Steinkohlen im deutsch-niederländischen Grenzgebiet westlich Wegberg-Brüggen vom 28. Januar 1958. In: BGBl. 1959 Teil II Seite 915, Artikel 4.

[357] Vgl. im Einzelnen: Wiese Rohrleitungen 1997.

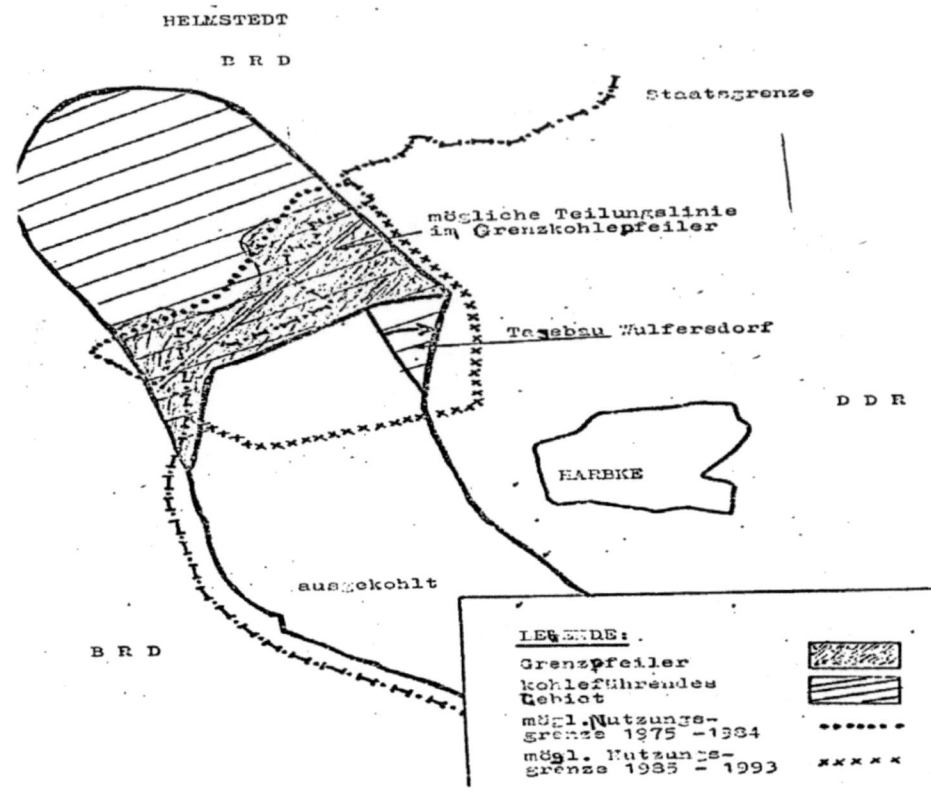

Dort heißt es:

-Der Grenzverlauf wird durch den Kohleabbau nicht verändert;

-nach Abbau der Kohlelagerstätte und eventueller Rekultivierung wird die Markierung der Staatsgrenze wiederhergestellt;

-begrenzt für die Zeit des Kohleabbaus wird "entsprechend den technischen Erfordernissen die Nutzung von Flächen des Gebietes des anderen Staates sowie die Rechte und Befugnisse der nutzenden Seite auf diesem Gebiet..." vereinbart.[358]

Eine Anmerkung: Während der Existenz der DDR und der CSSR gab es zwischen beiden Staaten keinen grenzüberschreitenden Bergbau.[359]

---

[358] Grenzverträge DDR, Kohleabbau 1978. Ziffer 2.
[359] Sächsisches Oberbergamt Erzbergbau an Grenze, 2008.

Ein anderes Problem waren die Verhandlungen über eine Regelung von Fragen, im Zusammenhange mit dem Abbau des Erdgaslagers Salzwedel (DDR)/Wustrow (BRD), das sich beidseitig der Staatsgrenze erstreckte. Im Zentrum der Verhandlungen stand das "Druckregelungsverfahren... für einen geregelten Abbau des Erdgasfeldes"[360].

Ein bedeutendes Problem zwischen beiden deutschen Staaten wurde Ende 1984 gelöst, indem über den grenzüberschreitenden Kaliabbau und damit zusammenhängende Fragen der Bergbausicherheit im Werra-Kalirevier eine Regelung getroffen wurde.[361]

Im beiderseitigen Interesse wurde vereinbart, die Untersuchung, Gewinnung und Verbringung von Stein-, Kali-, Magnesia und Borsalzen in Feldern und Feldesteilen auf dem jeweils anderen Staatsgebiet zu ermöglichen. Es wurde vereinbart, welches Recht wo galt.[362]

Für die abzubauenden Felder wurden die Abmessungen der Sicherheitspfeiler bestimmt.

Um den "innerdeutschen" Charakter zu wahren, hieß in einer Mitteilung der Bundesrepublik ausdrücklich, dass die Vorschriften der BRD, "die zur Verwirklichung eines grenzüberschreitenden untertänigen Abbaus nach jeweils eigenem Recht zu vergleichbaren zwischenstaatlichen Regelungen üblicherweise angenommen werden, finden auf die oben genannten Bergbauberechtigungen... keine Anwendung".[363]

Das Problem der Beseitigung der großen Mengen von Abwässern blieb ungelöst. Die DDR leitete ihre Abwässer direkt in die Werra, die BRD verpresste sie unter Druck in das Deckgebirge über den Kaligruben der DDR. "Jede Seite entsorgte also ihre Abwässer beim anderen".[364]

---

[360] Übersicht über den Stand der Durchführung der Beschlüsse des Politbüros des Zentralkomitees der SED zur Entwicklung der Beziehungen der DDR gegenüber der BRD sowie Berlin (West) 5. Juli 1975. In: Dokumente DzD VI/4 1975/76 Seite 244 mit Anmerkungen.

[361] Bekanntmachung zur Regelung zwischen der Regierung der DDR und der Regierung der BRD über den grenzüberschreitenden Kaliabbau zwischen der DDR und der BRD und zu Fragen der Bergbausicherheit im Werra-Kalirevier vom 13. Dezember 1984. In: GBL. 1985 Teil II Nr. 1 Seite 2.

[362] Hierbei handelte es sich um das Berggesetz der DDR vom 12. Mai 1969. In: GBl. I Nr. 5 Seite 29; Gesetz (der BRD) über den Abbau von Salzen im Grenzgebiet an der Werra vom 3. Dezember 1984. In: BGBl. I Seite 1430; Sprengregime (u.a. Sprengtätigkeit, Sprengzeiten) wurde nach abgestimmten Grundsätzen vom 28. Juli 1982 realisiert.

[363] Ziffer 2.a.) Mitteilung der Regierung der BRD zur Durchführung des grenzüberschreitenden Kaliabbaus zwischen der BRD und der DDR und zu Fragen der Bergbausicherheit im Werra - Kalirevier (13. Dezember 1984). In: GBl. 1985 II Nr. 1 Seite 7.

[364] Seidel Balance 2002 Seite 39.

In jüngster Zeit wurde bekannt, dass es bergbauliche Pläne gibt, auf ehemaligem Hoheitsgebiet der DDR, unter der Stadt Spremberg in der Lausitz, Erkundungsbohrungen nach Kupfererz durchzuführen. Bestimmte Vorarbeiten während der Existenz der DDR hätten ergeben, dass es Flöze mit einer Mächtigkeit von 2,50 Metern gibt.[365]

19 Die Luftgrenze

Der gesamte Luftraum innerhalb der Staatsgrenzen ist Teil des Hoheitsgebietes.

Die territoriale Souveränität erstreckt sich auf die Luftsäule über dem Staatsgebiet Das wurde bereits im Jahre 1919 in der Konvention über die Luftfahrt und im Abkommen über die Internationale Zivilluftfahrt von 1944[366] und den Änderungen übereinstimmend festgeschrieben.[367]
Der §1 des Luftfahrtgesetzes der DDR von 1983[368] lautete etwas gekürzt: Der Luftraum über dem gesamten Festlandgebiet und allen Gewässern der DDR ist Bestandteil des Hoheitsgebietes und unterliegt der ausschließlichen Souveränität.
Der Luftraum durfte nur von Luftfahrzeugen der DDR und anderen benutzt werden "wenn ihnen dies auf Grund eines völkerrechtlichen Vertrages oder durch eine besondere staatliche Erlaubnis gestattet" war.[369]
Der Überflug der Staatsgrenze wurde im § 49 geregelt und legte fest, dass dies nur mit einer staatlichen Erlaubnis, die gemäß dem Grenzgesetz erteilt wurde, möglich war.
Luftfahrzeuge anderer Staaten, die in das Hoheitsgebiet einflogen, hatten ohne Zwischenlandung auf bestimmten Flughäfen zu landen.[370]
Das die "ausschließliche Souveränität" des Luftraumes des darunter befindlichen Staates gar nicht existiert, wird an folgenden Beispielen deutlich:
"Der Luftraum untersteht zwar, soweit Gebieten unter territorialer Souveränität

---

[365] In der Tiefe liegt das Kupfererz. In der Lausitz werden Pläne für den Bau eines Kupferbergwerks konkret. 1000 Meter unter der Stadt Spremberg liegt das Erz und weckt Hoffnungen auf eine Renaissance des Erzbergbaus. In: Frankfurter Allgemeine Zeitung 12. September 2008 Seite 15.
[366] BGBL. 1956 II Seite 442.
[367] Vgl. Völkerrecht, Lehrbuch 1967, Kapitel 7, Fußnote 75.
[368] In: GBl. I Nr. 29 Seite 277.
[369] Ebenda § 2.
[370] Ebenda § 49 Absatz 2.

zugeordnet, staatlicher Hoheit", aber z. B. die Normen des Zivilluftverkehrs, die auf den Luftfreiheiten[371] beruhen oder der internationale Fernmeldeverkehr sind ein grenzüberschreitendes Element im Sinne des "horizontalen Regimes" der Staatsgrenzen.[372]

Nicht unerwähnt sollen in diesem Zusammenhang die grenzüberschreitende Luftverunreinigung (-Erwärmung) und der offenbar durch Vogelflug über den nationalen Luftraum-Staatsgrenzen hinweg, verbreitenden Krankheitserreger für Mensch und Tier sein.

Während der Existenz der DDR war der "saure Regen" in Nordeuropa, der durch die Verkokung von Braunkohle entstanden sein soll zumindest von "medialer" Bedeutung.

Jeder Staat hat in seinem Luftraum die vollständige und ausschließliche Souveränität.

Unklar bei dieser Definition des "nationalen Luftraumes" ist aber die obere Begrenzung zum Weltraum.

Die auf der Erdoberfläche markierte Staatsgrenze verläuft bis zur Grenze zwischen Luft- und Weltraum als vertikale Luftgrenze: Entsprechend der Krümmung der Erdoberfläche und der Krümmung des Luftraumes wird aus der vertikalen eine horizontale Luftgrenze. Diese horizontale Luftgrenze wird von allen Seiten durch die vertikale Luftgrenze "gestützt". Es entsteht damit das Bild einer Glocke, die das Hoheitsgebiet des darunter befindlichen Staates "abdeckt".

Auch im Weltraumvertrag von 1967[373] ist über die Abgrenzung zwischen Luft- und Weltraum definitiv nichts ausgesagt.

Wenn es im Artikel II heißt, dass der Weltraum nicht der nationalen Aneignung durch Hoheitsansprüche, durch Nutzung oder Besetzung oder durch andere Mittel unterliegt, dann wird damit deutlich, dass es zwischen Luft- und Weltraum eine bestimmte Grenze geben muss.

Die Bemessung der Höhe der horizontalen Grenze ist eng mit der Entwicklung von Wissenschaft und Technik verbunden.

"Eine obere Grenze des Luftraumes ist bisher nicht festgelegt worden. Die Flüge

---

[371] Völkerrecht Vitzthum 2007, nennt folgende (fünf)Freiheiten: (1)Recht zum Überflug ohne Landung; (2) Recht zur Landung zu nicht gewerblichen Zwecken; das Recht, (3)Fluggäste, Gepäck, Fracht und Post mit einem Reiseziel im Heimatstaat des Luftfahrzeuges abzusetzen (4) an Bord zu nehmen oder (5)aus einem Drittstatt bzw. in einen Drittstaat zu transportieren. Seite 413 f.

[372] Vgl.a.a.O. Seite 402.

[373] Vertrag über die Prinzipien für die Tätigkeit der Staaten bei der Erforschung und Nutzung des Weltraumes einschließlich des Mondes und anderer Himmelskörper. In: GBl. 1968 Teil I Seite 123.

der künstlichen Erdsatelliten und anderer Weltraumflugkörper in Höhen über 160 km und mehr finden bereits im Weltraum statt; ihre Flüge werden nicht als Souveränitätsverletzungen angesehen."[374]

Die Ansicht rührt sicherlich aus der jahrzehntelangen Praxis der Staaten, die mit dem ersten "Sputnik" im Jahre 1957 begann. Weitere Überlegungen der Ausdehnung des Luftraumes reichen bis zu einem Vorhandensein von Rest-Atmosphäre bis zu 10.000 Meilen.[375] "Umstritten ist weiter, ob die Positionierung `geostationärer´ Satelliten mit Rücksicht auf die Gebietshoheit der betroffenen Staaten deren Zustimmung bedarf..."[376]

"Die weltraumwärtige Begrenzung des Luftraums ist vertraglich nicht geregelt. In der Praxis werden zwei Abgrenzungsmöglichkeiten angewandt:
- `Karman - Linie´ bei ca. 83 km Höhe (flugdynamische Kriterien)
- `NASA - Linie´ bei ca. 100 km Höhe (physikalische Grenzziehung)

Der Ätherraum umfasst in der Vertikalen sowohl den Luft- als auch den Weltraum. Er bedeutet die Gesamtheit des elektromagnetischen Wellenspektrums. Es herrscht *Ätherfreiheit*.
Geostationärer Orbit ist die Satellitenumlaufbahn, die sich in 35.787 km Höhe über dem Äquator befindet. Dort positionierte Satelliten bewegen sich synchron mit der Erddrehung."[377]

Die DDR strebte eine Verständigung darüber an, dass zwischen beiden Staaten Überflugrechte des Linienflugverkehrs vereinbart würden.[378]
Gemäß den Vereinbarungen zwischen den vier Besatzungsmächten gab es zwischen den Besatzungszonen Luftkorridore (Frankfurt a. Main - Berlin; Bückeburg - Berlin und Hamburg - Berlin), die über Hoheitsgebiet der SBZ/DDR führten.[379]
Offensichtlich gingen die Vier davon aus, dass alle "vier Mächte zur Benutzung der Berliner Luftschneisen berechtigt sein sollten."[380]

---

[374] Völkerrecht, Lehrbuch 1973 Seite 393.

[375] Vgl. Völkerrecht, Herden 2007 Seite 166.

[376] Ebenda.

[377] Schmahl Begrenzung Luft/Weltraum, 2005.

[378] Vgl. Offizieller Besuch des Bundesministers Seiters in Berlin (Ost) 3./4. Juli 1989. In: Dokumente DzD, 1989 Nr. 13 Seite 327.

[379] Vgl. Protokoll der 13. Sitzung des Alliierten Kontrollrats am 30. November 1945, CONL/M (45)13. In: Dokumente zur Berlin-Frage 1944 - 1966 Seite 45 f.

[380] Schreiben des Bundesministers für Verkehr Leber an Bundeskanzler Brandt Bonn, 26. Januar 1970. In: Dokumente DzD, 2002 Nr. 60 Seite 192.

Anders als während des Kalten Krieges und ausgehend von der wissenschaftlichen-technischen Entwicklung kommt der "berührungsfreien Fernerkundung" der Erdoberfläche einschließlich der Erdatmosphäre eine zunehmende Bedeutung zu. Vor allem Ballone und Drohnen (siehe Ziffer 4.3.) gewinnen u. a. bei der Grenzüberwachung bzw. der Grenzsicherung zunehmend an Bedeutung. Das gleiche gilt auch für gewässerkundliche Daten, Flugverkehr, Luftverunreinigung, geographischer Fernerkundung u. v. a.[381]

Welche Bedeutung der ehemalige Luftraum der DDR für die Kriegsführung in Afghanistan und Irak durch die US-amerikanischen Streitkräfte spielt, kommt z.B. darin zum Ausdruck, dass der Flughafen Leipzig/Halle zum Truppenaustausch ("Urlaubsflüge") verwendet wird. "Dies stellt eine Konfliktsituation mit dem völkerrechtlich verbindlichen" Zwei-plus-Vier-Vertrag, insbesondere Artikel 5, dar. Dieser Vertrag schließt die Stationierung von NATO-Flugzeugen und dem dazugehörigen militärischen Personal auf dem Hoheitsgebiet der ehemaligen DDR aus.[382]

Die Bundesregierung streitet ab, dass es sich bei der "Strategie Airlift Interim Solution (SALIS)" um ein Projekt der NATO handeln würde. "Vielmehr beteiligen sich daran derzeit 17 NATO - bzw. EU-Staaten, die aufgrund eigener nationaler Entscheidungen durch SALIS ihr Fähigkeitsdefizit im strategischen Lufttransport übergangsweise decken. Die Nationen entscheiden zudem souverän, wofür ihre Aufträge die Be- und Entladungen zu erfolgen haben..."[383]

Zwei "zivile" Flugzeuge vom Typ Antonow 124/100 sind auf dem Flughafen ständig stationiert. Für die BRD wurden im Wesentlichen Hubschrauber, Container - zum großen Teil Sanitätscontainer- "Fahrzeuge" einschließlich beschädigte, "Versorgungsgüter aller Art sowie Verpflegung, Trinkwasser und Zeltmaterial" transportiert.[384] Die Fluggesellschaft World Airways fliegt im Auftrag des US-amerikanischen Verteidigungsministeriums mit Zwischenlandung in Leipzig. Über "die transportierte Fracht dieser militärischen Flüge" liegen der Bundesregierung keine Angaben vor."

---

[381] Vgl. Fernerkundung Seite 1 bis 7.

[382] Vgl. Deutscher Bundestag 16. Wahlperiode, Drucksache 16/4343 vom 19. Februar 2007, Seiten 1, 6, 9.

[383] A. a. O. Seite 2.

[384] Vgl., a. a. O. Seite 3.

20 Das Prinzip der Unverletzlichkeit der Staatsgrenzen in der KSZE-Schlußakte

Im vorliegenden Beschluss[385] wird als größter Erfolg auch für die DDR eingeschätzt, dass das "Prinzip der Unverletzlichkeit der Grenzen als selbständiges Prinzip in den Prinzipienkatalog" der Schlussakte der KSZE aufgenommen wurde. Dieses Prinzip ginge in seiner Eindeutigkeit über die in den europäischen Verträgen "verankerten Grenzformulierungen hinaus".[386]
Das Prinzip "III. Unverletzlichkeit der Staatsgrenzen" hat folgenden Wortlaut:
"Die Teilnehmerstaaten betrachten gegenseitig alle ihre Grenzen sowie die Grenzen aller Staaten in Europa als unverletzlich und werden deshalb jetzt und in der Zukunft keinen Anschlag auf diese Grenzen verüben.
Dementsprechend werden sie sich auch jeglicher Forderung oder Handlung enthalten, sich eines Teiles oder des gesamten Territoriums irgendeines Teilnehmerstaates zu bemächtigen."

Im Prinzip "I. Souveräne Gleichheit, Achtung der der Souveränität innewohnenden Rechte" heißt es, die Grenzen betreffend:
Die Teilnehmerstaaten "sind der Auffassung, daß ihre Grenzen, in Übereinstimmung mit dem Völkerrecht, durch friedliche Mittel und durch Vereinbarung verändert werden können."

Bundesaußenminister Scheel führte in seiner Rede am 4. Juli 1973 in Helsinki aus:
"Die Unverletzlichkeit der Grenzen erhält erst ihren vollen Sinn, wenn die Grenzen natürliche Bindungen nicht zerreißen, wenn es möglich ist, über die Grenzen Kontakte zu erhalten und neu zu knüpfen. Zu der Entspannung gehören humane Praktiken entlang der Grenzen."[387]

Deutlich wird in dieser Äußerung, dass auch Scheel keine Unterscheidung zwischen dem Verlauf und dem Grenzregime machte. (Vgl. Ziffer 4.)

Bundesaußenminister Genscher erklärte am 11. Juli 1975 vor dem Bundesrat:
"Die Bundesregierung begrüßt, daß im Prinzip der souveränen Gleichheit der

---

[385] Beschluß des Politbüros des Zentralkomitees der SED vom 28. Juli 1972, „Bericht über die Ergebnisse der 2. Phase der europäischen Sicherheitskonferenz" sowie „Einschätzung der Schlußdokumente der KSZE". In: Dokumente DzD VI/1975/76 Dokumente Nr. 80 und 81, Seiten 305 bis 318.
[386] Ebenda. Dokument Nr. 80 Seite 306.
[387] Dokumente (Außenpolitik BRD, 1995) Seite 387.

Staaten das Recht der Staaten bestätigt wird, in Übereinstimmung mit dem Völkerrecht ihre Grenzen friedlich und einvernehmlich zu verändern. Diese Klarstellung ist nicht nur in unserem Verhältnis zur DDR, sondern auch im Hinblick auf den europäischen Einigungsprozeß von Bedeutung."[388]

Die DDR - Führung schätzte es als vertretbaren Kompromiss ein, dass im Schlussdokument das "unbeirrte Festhalten an ihrer unverzichtbaren Grundposition, daß Grenzänderungen nur erfolgen können, wenn die drei Bedingungen: 1. In Übereinstimmung mit dem Völkerrecht, 2. Mit friedlichen Mitteln, 3. Im gegenseitigen Einvernehmen, gegeben sind" enthalten waren.[389]
Die friedliche Veränderung der Grenzen wurde "später zur rechtlichen und politischen Voraussetzung für die deutsche Einheit".[390]

Unbestritten ist, dass der Staat als alleiniger Inhaber der territorialen Souveränität über sein Hoheitsgebiet und damit über den Verlauf der Grenzen zu seinen Nachbarn (und zur See, sowie "Niemandsland") verfügen kann. Diese Verfügungsbefugnis schließt selbstverständlich ein, dass der Verlauf von Staatsgrenzen verändert werden kann, wenn beide Nachbarn dieser Ansicht sind. Das ist nichts Neues und wird seit Jahrhunderten praktiziert. Neu ist *lediglich*, dass eine Grenzänderung nur friedlich erfolgen darf. Aber die *Friedlichkeit* steckt bereits im *gegenseitigen Einvernehmen.*

Ich bin der Meinung, dass bereits in der Formel "Unverletzlichkeit der Staatsgrenzen" das Problem steckt, weshalb die Staatsgrenzen (als völkerrechtliche Kategorie) mit dem Grenzregime (als staatsrechtliche Kategorie) miteinander in der Staatspraxis zwischen der DDR und der BRD unvereinbar waren.
Die Begriffe *Unverletzlichkeit der Staatsgrenzen* und *Sicherung der Staatsgrenze* beinhalten die fehlerhafte Interpretationsmöglichkeit, dass eigentlich das Staatsgebiet und sein Luftraum unverletzlich sind und deshalb zu sichern sind.

Das Staatsgebiet beginnt oder endet aber an der Grenze!

Über Jahrzehnte wurde in der DDR weniger darüber diskutiert als nachgedacht, welche Richtung, die von West nach Ost oder von Ost nach West bei der *Sicherung an der Staatsgrenze* die entscheidende ist?
Die polizeilichen bzw. militärischen Sicherungen der DDR (als Außenposten des

---

[388] A. a. O. Seite 414
[389] Dokumente DzD VI/4 1975/76, Dokument Nr. 81 Seite 314.
[390] Kissinger KSZE, 1999 Seite 512.

sozialistischen Lagers - das Grenzregime) richteten sich politisch und propagandistisch gegen den imperialistischen deutschen Staat, die BRD.

Faktisch sollte aber mit der der Grenzsicherung verhindert werden, dass die Staatsgrenze außerhalb von Grenzübergangsstellen, vor allem von Bürgern der DDR, ohne Erlaubnis überschritten, überfahren, untertunnelt, überflogen wird. Dieses "widerrechtliche Passieren" wurde gemäß § 213 Strafgesetzbuch als Straftat angesehen und entsprechend geahndet.

Für die BRD war es die "unmenschlichste aller Grenzen" (gemeint war immer die Sicherung). Diese Sicherung der Staatsgrenzen war dazu da, die Staatsbürger der DDR einzusperren, von der westlichen Welt fernzuhalten, sie ihrer Freiheit zu berauben! Dazu war der nicht existierende Schießbefehl (gemeint war die Schußwaffenanwendung), Mauer, Stacheldraht und Minen vor allem propagandistisch das geeignetste Mittel.

"Was zusammengehört, ist weiter auseinandergerissen, es wird brutal zerschlagen. Das Recht auf Freizügigkeit wurde zertrampelt. Dabei ist es ein primitives Menschenrecht, fliehen zu dürfen von einem Land in das andere. Um wie viel gilt das erst, wenn es sich um die Flucht innerhalb eines Landes und innerhalb einer einzigen Stadt handelt."[391]

Dazu drei Anmerkungen: Ein "primitives Menschenrecht" gab und gibt es nicht. Die Menschenrechte sind unteilbar.

Zweitens: Gemäß Artikel 10 der Verfassung der DDR vom 7. Oktober 1949 war jeder Bürger der DDR berechtigt auszuwandern. Dieses Recht konnte nur durch ein Gesetz beschränkt werden. Die Verfassung vom 6. April 1968 hatte im Artikel 32 bestimmt, dass jeder Bürger das Recht auf Freizügigkeit im Rahmen der Gesetze "innerhalb des Staatsgebietes" hatte. Das war natürlich eine gewaltige Einschränkung, aber es war durch die "Internationale Konvention über zivile und politische Rechte vom 19. Dezember 1966[392] abgedeckt. Dessen Artikel 12 lautet: "1. Jeder, der sich rechtmäßig auf dem Territorium eines Staates aufhält, hat auf diesem Territorium das Recht, sich frei zu bewegen und seinen Aufenthaltsort frei zu wählen.

2. Es steht jedem frei, jedes Land, auch sein eigenes, zu verlassen.

3. *Die oben genannten Rechte dürfen keinen anderen Beschränkungen unterworfen werden als solchen, die durch Gesetz vorgesehen sind, die zum Schutz der nationalen Sicherheit, der öffentlichen Ordnung, Gesundheit oder Moral oder der Rechte und Freiheiten anderer notwendig sind und mit den anderen in dieser*

---

[391] Erklärung des Regierenden Bürgermeisters von Berlin, Willy Brandt, anlässlich der Sondersitzung des Deutschen Bundestages über den Bau der Mauer, 18. August 1961 (Auszüge). In: Dokumente (Außenpolitik BRD, 1995) Seite 264.

[392] GBL. II 1974 Seite 58. Ebenfalls: BGBl. 1973 II Seite 1534.

Konvention anerkannten Rechten zu vereinbaren sind.
4. Niemandem darf willkürlich das Recht entzogen werden, in sein eigenes Land einzureisen."
Ohne auf weitere Details einzugehen, muss aber erwähnt werden, dass häufig die "Allgemeine Erklärung der Menschenrechte vom 10. Dezember 1948" genannt wird, deren Artikel 13 lautet:
"1. Jeder Mensch hat das Recht auf Freizügigkeit und freie Wahl seines Wohnsitzes innerhalb eines Staates.
2. Jeder Mensch hat das Recht, jedes Land, einschließlich seines eigenen, zu verlassen sowie in sein Land zurückzukehren."[393]

Der oben hervorgehobene Artikel 12 *Absatz 3* der Konvention über zivile und politische Rechte von 1966, auf den sich die Staatsmacht der DDR stützte[394] wurde seitens der BRD während des Bestehens zweier deutscher Staaten, weitgehend ignoriert. Auch nach dem Anschluss der DDR taucht der Absatz 3 selten auf.[395]

Schließlich als *dritte Anmerkung*: Auch das Grundgesetz für die BRD kennt nur: *"Alle Deutschen genießen Freizügigkeit im ganzen Bundesgebiet."* (Artikel 11 Absatz 1).
Das allgemeine Völkerrecht kennt keine Freizügigkeit. Nach Völkergewohnheitsrecht bestimmt jeder Staat, unter welchen Bedingungen eigene Staatsbürger ausreisen dürfen und unter welchen Bedingungen Ausländer (Fremde) einreisen dürfen.

Sicherlich gibt es in jedem Staat genügend Beispiele, die belegen, wie eigene Gesetze oder Internationale Regelungen zur sog. Freizügigkeit verletzt werden.

---

[393] Völkerrecht (Dokumente , Teil 1 1980). Seite 224.
[394] Zum Beispiel: § 213 Strafgesetzbuch der DDR „Ungesetzlicher Grenzübertritt".
[395] Dazu gehört: Rummler Gewalttaten, 2000 Anhang Seite 574.

21 Der Zwei-plus-Vier-Vertrag vom 12. September 1990

Den Vertrag[396] haben nach offizieller Lesart die *beiden* deutschen Staaten gemeinsam mit den vier ehemaligen Besatzungsmächten ausgehandelt und abgeschlossen.

Welche Rolle die Volkskammer der DDR und die praktisch handlungsunfähige DDR-Regierung[397] bei den Verhandlungen spielte, bleibt hier nicht thematisiert, aber beachtet. "Das vereinte Deutschland, durch das bisher die Trennungslinie zwischen Ost und West verlief, übernimmt jetzt eine Rolle als Bindeglied in Europa."[398] Nicht unerwähnt soll bleiben, dass der Bericht des Ministerpräsidenten und die anschließende Diskussion in der Volkskammer insgesamt etwa fünf Seiten des stenographischen Protokolls umfassen.[399]

Das Hauptziel der Regierung Lothar de Maiziere bestand darin *"die DDR als selbständigen Staat aufzulösen und der Bundesrepublik so rasch wie möglich beizutreten... In Bonn wünschte man keinen Friedensvertrag. Obwohl man nach der langjährigen offiziellen Doktrin der Bundesrepublik eigentlich die Forderung nach Wiedervereinigung in freier Selbstbestimmung und nach dem Abschluß eines Friedensvertrages mit Deutschland erwarten konnte, war der Gedanke an einen Friedensvertrag und die Selbstbestimmung aller Deutschen für die Bundesregierung völlig unannehmbar geworden... Man war der Auffassung, dies entspreche nicht der realen Stellung der Bundesrepublik im heutigen Europa und in der Welt. Nicht zuletzt wäre eine Friedenskonferenz mit Dutzenden von Teilnehmerstaaten eine langwierige und reichlich komplizierte Angelegenheit geworden, und man hätte mit zahlreichen, vor allem materiellen Ansprüchen rechnen müssen. Außerdem wäre mit der Einberufung einer Friedenskonferenz der Zeitpunkt der Vereinigung der Bundesrepublik mit der DDR automatisch in Abhängigkeit vom Abschluß dieser Konferenz geraten. Das waren zu unsichere Aussichten; die Führung in Bonn war in Eile und wollte kein Risiko eingehen, und die drei Westmächte unterstützten diesen Standpunkt."[400]*

Beim Zwei plus Vier Vertrag handelte es sich nicht um einen Friedensvertrag.

---

[396] Vertrag Zwei plus Vier, 1990.

[397] Vgl. Dokumente DzD, 1998 Seite 214.

[398] de Maiziere: Bericht des Ministerpräsidenten über das Moskauer Treffen der Außenminister zu den 2+4 Verhandlungen. In: Volkskammer der DDR, 10. Wahlperiode 20. September 1990 (Stenographische Niederschrift) Seite 1739.

[399] Ebenda Seite 1737 bis1742,

[400] Kwizinskij Erinnerungen, 1993 Seite 20. Hervorhebungen K. E.

Dem Grunde nach wurden in ihm aber alle Fragen geregelt, *"die einem Friedensvertrag zukamen, wenn auch in einem engeren Kreis von Partnern."* Die Regelungen mussten endgültig sein. Insbesondere *"die Frage der äußeren Grenzen Deutschlands... und damit jegliche Territorialforderungen an Nachbarstaaten ausschließen."*[401]

Weitere Probleme bestanden u. a. in der Einbeziehung der DDR in die NATO, der Abzug der sowjetischen Truppen aus der DDR und der damit zusammen hängenden Fragen.

Von sechs aushandelnden und unterzeichnenden Staaten blieben faktisch nur fünf "für das vereinte Deutschland" zur "Ratifikation oder Annahme" nach der Beitrittserklärung der Volkskammer der DDR vom 23. August 1990 übrig.[402]

In der Präambel wurde der Bezug zum andauernden Frieden seit 1945, zu den Rechten und Verantwortlichkeiten der vier Mächte in bezug auf Berlin und Deutschlands als Ganzes, den Verpflichtungen aus der UNO- Charta, und der KSZE-Schlußakte, hergestellt.

Welche überragende Bedeutung den deutschen *Außengrenzen* beigemessen wurde, zeigt sich darin, dass es schon im Artikel 1 heißt:

"Das vereinte Deutschland umfasst die Gebiete der BRD und der DDR sowie ganz Berlins. Seine Außengrenzen werden die Grenzen der Deutschen Demokratischen Republik und der Bundesrepublik Deutschland sein und werden am Tage des Inkrafttretens dieses Vertrages endgültig sein. Die Bestätigung des endgültigen Charakters der Grenzen des vereinten Deutschland ist ein wesentlicher Bestandteil der Friedensordnung in Europa".[403]

Wie diese Formulierungen, im W*esentlichen ohne die DDR,* zustande kamen ist in den Dokumenten nachzulesen.[404]

Der sowjetische Standpunkt zum "Deutschland-Problem" während der Verhandlungen kommt z.B. in den Formulierungen von Falin zum Ausdruck:

"Vereinigung - ja, Anschluß - nein. Den sozialökonomischen Status des geeinten Deutschlands können und sollen nur die Deutschen festlegen. Äußere, das heißt

---

[401] Ebenda Seite 21.

[402] Vgl. Dokumente DzD, 1998 Seite 223 sowie Vertrag Zwei plus Vier, 1990.Artikel 8 Absatz 1.

[403] Ebenda Artikel 1.

[404] Drittes Treffen der Außenminister der Zwei plus Vier unter zeitweiliger Beteiligung Polens Paris, 17. Juli 1990; Anlage 1 Pariser Text zu den Grenzfragen; Anlage 2 Protokoll 3 Protokoll des französischen Vorsitzenden. In: Dokumente DzD, 1998. Nr. 354; Nr. 354 A; Nr. 354 B; Seite 1367 bis 1370.

militärpolitische Bedingungen, welche die Vereinigung begleiten sollten, bestimmen die vier Mächte gemeinsam mit den beiden deutschen Staaten, und zwar noch vor der Zusammenführung von BRD und DDR. Sämtliche Umgestaltungen in Deutschland sollen friedlich verlaufen. Anwendung oder Androhung von Gewalt ist in keiner Form zulässig. Grundlegend für alle Beschlüsse sollte das Prinzip der Interessenbalance aller Seiten sein. Den Deutschen obliegt es, im Besonderen dafür zu sorgen, daß die Sicherheit unserer Truppen nicht verletzt wird. Diese Truppen müssen Deutschland als Freunde verlassen".[405]

Nach Meinung der Herausgeber der Sonderedition aus den Akten des Bundeskanzleramtes spielte in dieser Situation und beim Anschluss der DDR die persönliche Diplomatie der Staats- und Regierungschefs, *oftmals unter Umgehung ihrer Bürokratien*, eine entscheidende Rolle.[406]

Die *Umgehung der Bürokratien*, die Ausschaltung des Partei- und Staatsapparates in der Sowjetunion wird von anderer Seite als schmerzende Fälschung und Unterstellung betrachtet. *"Es irritierte und machte stutzig, daß Gorbatschow in meiner Gegenwart sich mit einem Gesichtspunkt definitiv einverstanden erklärte, sein Außenminister aber das Gegenteil davon tat. Ohne daß derselbe Gorbatschow ihn richtig stellte"*.
Als ein anschauliches Beispiel erläutert Falin die *"Vereinbarung der Verhandlungsformel: `4 plus 2` oder `2 plus 4`? Der sowjetische Außenminister bekam die `strikte` Anweisung, auf die Version `4 plus 2` zu bestehen. Nicht nur, weil die Verantwortung für `Deutschland als Ganzes` den vier Mächten obliegt und die Bundesrepublik bis in die jüngste Zeit ständig die Bestätigung dieser Verantwortung verlangte. Es galt auch, die Stellungnahme Englands und Frankreichs zu berücksichtigen. Aber das Wichtigste und Grundsätzlichste war: Die Formel `4 plus 2` gab die richtigen Prioritäten wieder."*[407]

Die Bundesrepublik hatte kein Konzept für die Wiedervereinigung. *"Grotesk ist, daß der Anstoß zur Ausarbeitung eines Wiedervereinigungskonzepts aus jenen Kreisen orthodoxer Deutschlandpolitiker in Moskau kommt, die jahrzehntelang die Wiedervereinigungspolitik der Bundesregierung boykottiert haben... Gorbatschow hat die Wiedervereinigung nicht bewußt und zielstrebig vorangetrieben. Vielmehr nimmt er sie als Folge der Entwicklung hin, da ihm*

---

[405] Falin Erinnerungen. 1993 Seite 490 f.
[406] Vgl. Küsters Entscheidungen deutsche Einheit, 1998. Seite 231.
[407] Falin a.a.O. Seite 491.

keine gewaltlose Alternative bleibt ".[408]

Im Mai 1990 gab es auch von sowjetischer Seite keinen Plan über das anzustrebende Abschlußdokument. Alle Diskussionen übersahen die Hauptsache: *"Die Existenz der DDR war nur noch eine Frage von Monaten, und wir standen vor der Wahl, in der verbleibenden Zeit entweder aktiv in die Lösung der Frage einzugreifen, oder vollendete Tatsachen zu akzeptieren, die von den anderen im wesentlichen ohne unser Zutun geschaffen wurden... Die Tatsache, daß unsere Truppen immer noch in der DDR standen, wurde auf merkwürdige Weise mit der Vorstellung verbunden, wir könnten im Grunde genommen die Bedingungen der Wiedervereinigung diktieren... "*[409]

Es wurde von sowjetischer Seite darauf verwiesen, dass Gorbatschow *"weder vom Obersten Sowjet oder der Regierung, weder vom Verteidigungs- beziehungsweise Präsidentenrat noch vom Föderativrat, vom Politbüro oder dem Sekretariat des ZK ganz zu schweigen... Vollmacht*[410] *für die von ihm getroffenen Entscheidungen bekommen (hatte). Der Präsident hatte dem Parlament, der Regierung, den Räten seine Pläne und Absichten nicht einmal mitgeteilt. Der Präsidentenrat, ausschließlich er, wurde der Ehre für würdig befunden, die in den Verhandlungen mit den Führern der Bundesrepublik erreichten Ergebnisse zu beglaubigen. Abgesehen vom Inhalt der Nordkaukasus- Vereinbarungen, zu denen man in der Zeitgeschichte lange nach einer Parallele suchen wird, war die Behandlung eines der kompliziertesten Friedensprobleme äußerst anfechtbar und in der Ausführung anstößig. Entschieden wurde für und in Abwesenheit der DDR, die unser Bündnispartner gewesen war. Man hatte sich nicht einmal die Mühe gemacht, die DDR-Vertreter einzuladen oder sie zu fragen. Die Warschauer Vertragspartner waren nicht konsultiert worden. Die Viermächteverantwortung wurde übergangen, die drei Westmächte wurden vor vollendete Tatsachen gestellt".*[411]

Aus den veröffentlichten Unterlagen aus dem Bundeskanzleramt lässt sich das belegen.[412]

---

[408] Küsters a.a.O. Seite 231.

[409] Kwizinskij a.a.O. Seite 11.

[410] Der Begriff ist hier sicherlich nicht korrekt verwandt. Als Präsident hatte er sicherlich bestimmte Vollmachten, die verfassungsrechtlich verankert waren aber hier nicht näher untersucht werden.

[411] Falin a.a.O. Seite 495. Ähnlich auch: Kwizinskij a.a.O. Seite 19.

[412] z.B.: Gespräch des Bundeskanzlers Kohl mit Präsident Gorbatschow im erweiterten Kreis Archys/Bezirk Stawropol. 26. Juli 1990; Telefongespräch des Bundeskanzlers Kohl mit Präsident

Festgehalten wurde auch, "daß DDR-StS Misselwitz bei einer kurzen Sitzung der der politischen Direktoren, in der der vorliegende Fragenkatalog für das Abschlußdokument aufgrund der Gesprächsergebnisse (in) der SU bereinigt werden sollte, rundweg erklärte, die <u>DDR müsse sich ihre Position weiterhin vorbehalten,</u> da sie offiziell von dem Ergebnis nicht unterrichtet sei und im übrigen auch noch in der Sache Vorbehalte habe (!)".[413]

Dazu kann nur angemerkt werden: während einer "kurzen Sitzung der politischen Direktoren" - Misselwitz war immerhin Staatssekretär- sollte er zu einem Fragenkatalog des Abschlussdokumentes - gemeint war hier der Zwei plus Vier Vertrag - Stellung nehmen, den er offiziell nicht kannte. Er (Misselwitz) erlaubte sich rundweg die Bemerkung, dass es seitens der DDR noch Vorbehalte gäbe.

Während der Nachmittagssitzung am 17.Juli 1990 stand die Behandlung der Grenzfragen unter Teilnahme des polnischen Außenministers Skubinszewski im Mittelpunkt. Er wurde vom Protokollanten Hartmann wegen " seiner langatmigen Einführung" kritisiert weil er es sich erlaubte, polnische Bedenken zu artikulieren.[414]

Nach Öffnung der Grenzen war die *Wiedervereinigung* der DDR mit der BRD nicht mehr abzuwenden.

Der Sowjetunion konnte *"es aber durchaus nicht gleichgültig sein, zu welchen Bedingungen sie vollzogen wurde. Sich weiterhin gegen die nationale Einheit der Deutschen zu stemmen habe nun keinen Sinn mehr. Aber es müsste zumindest erreicht werden, daß die DDR in dieser Frage unverzüglich eine eigenständige Position einnehme..."*[415]

Aus dem Gedanken einer deutschen Konföderation wurde nichts. Die Kohl-Regierung verwirklichte ihren Plan einer Währungsunion und des Anschlusses der DDR gemäß Artikel 23 (alt) Grundgesetz für die BRD. Die DDR wurde als Staat liquidiert und löste sich in der BRD auf.[416]

Die "Vereinigung der DDR mit der BRD" erfolgte nicht auf gleichberechtigter Grundlage. Mit dem Entwurf eines Vertrages zur Währungsunion durch die BRD

Bush 17. Juli 1990. In: Dokumente DzD, 1998. Nr. 353 Seiten 1355 bis 1367; Nr. 355 Seiten 1371 bis 1374.

[413] Drittes Treffen der Außenminister der Zwei plus Vier unter zeitweiliger Beteiligung Polens Paris, 17. Juli 1990. In: Dokumente DzD, 1998. Nr. 354 Seite 1367. (Unterstreichung und Hervorhebungen im Original).

[414] Ebenda Seite 1368.

[415] Kwizinskij a..O. Seite 16 f.

[416] Vgl. ebenda Seite 17. Ähnlich: Gespräch des Bundeskanzlers Kohl mit Generalsekretär Gorbatschow Moskau. 10. Februar 1990. In: Dokumente DzD, 1998. Nr. 174 Seite 795 bis 807.

wurde faktisch die rechtliche Basis die "Einverleibung der DDR geschaffen". [417]

Im Weiteren wird an dieser Stelle darauf verzichtet, die Grenzen um Westberlin einer detaillierten Prüfung und Darstellung zu unterziehen. Aber eines muß bereits festgestellt werden: Für die Grenze um Westberlin galten andere Regeln, als die für die Staatsgrenze DDR/BRD dargelegten und völkerrechtlich üblichen: Die Grenze um WESTBERLIN war staatsrechtlicher Art. [418]

---

[417] Non - paper der Regierung der UdSSR 19. April 1990. In: Dokumente DzD, 1998. Nr. 250 Seite 1023f. Vgl. hier: Fußnoten Seite 231 f. unter Hinweis auf §§ 5 und 32 des Vertrages Währungsunion.
[418] Hinzuweisen ist auf mein Buch: „Die Grenze um Westberlin 1945-1990. Eine staatsrechtliche Studie" BoD 2013

Abkürzungsverzeichnis

AO	Anordnung
ADN	Allgemeiner Deutscher Nachrichtendienst (der DDR)
BGBl.	Bundesgesetzblatt der BRD
BGS	Bundesgrenzschutz
BRD	Bundesrepublik Deutschland
Bulletin	Bulletin des Presse- und Informationsamtes der Bundesregierung
BZ	Besatzungszone(n) in Deutschland
CSSR	Tschechoslowakische Sozialistische Republik
DDR	Deutsche Demokratische Republik
DL	Demarkationslinie
DVO	Durchführungsverordnung
DVP	Deutsche Volkspolizei
DzD	Dokumente zur Deutschlandpolitik
EV	Einigungsvertrag DDR / BRD 1990
GBL.	Gesetzblatt der DDR
GG	Grundgesetz für die BRD
GSSD	Gruppe der Sowjetischen Streitkräfte in Deutschland
KSZE	Konferenz für Sicherheit und Zusammenarbeit in Europa
MfAA	Ministerium für Auswärtige Angelegenheiten
ND	Neues Deutschland, Tageszeitung
NVA	Nationale Volksarmee
RGBL	Reichsgesetzblatt
SMAD	Sowjetische Militäradministration in Deutschland
TG	Territorialgewässer
VO	Verordnung
VP	Volkspolizei
WB	Westberlin
Zwei plus Vier	Vertrag über die abschließende Regelung in Bezug auf Deutschland vom 12. September 1990

Literatur- und Quellenauswahl

Abkommen (Londoner Protokoll vom 14. November 1944):
Abkommen vom 14. November 1944 zwischen der Regierung der Vereinigten Staaten von Amerika, der Regierung des Vereinigten Königreichs und der Regierung der Union der Sozialistischen Sowjetrepubliken vom 12. September 1944 über die Besatzungszonen in Deutschland und die Verwaltung von Groß-Berlin. In: Die Grenzkommission. Eine Dokumentation über Grundlagen und Tätigkeit. Bundesministerium für innerdeutsche Beziehungen. Bonn, November 1978.

Abkommen (zum Londoner Protokoll vom 26. Juli 1945):
Abkommen zwischen der Regierung der Vereinigten Staaten von Amerika, der Regierung der Union der Sozialistischen Sowjetrepubliken, der Regierung des Vereinigten Königreichs, und der Vorläufigen Regierung der Französischen Republik über Ergänzungen zum Protokoll vom 12. September 1944 über die Besatzungszonen in Deutschland und die Verwaltung von Groß-Berlin. In: Die Grenzkommission. Eine Dokumentation über Grundlagen der Tätigkeit. Bundesministerium für innerdeutsche Beziehungen, Bonn, November 1978.

Abkommen (DDR/Polen 6.7. 1950):
Abkommen zwischen der DDR und der Republik Polen über die Markierung der festgelegten und bestehenden deutsch- polnischen Staatsgrenze vom 6. Juli 1950, GBl. Seite 1205

Abkommen (DDR/UdSSR 11.4.1957):
Abkommen zwischen der Regierung der DDR und der Regierung der UdSSR über Fragen, die mit der zeitweiligen Stationierung sowjetischer Streitkräfte auf dem Territorium der DDR zusammenhängen, 11.April 1957, GBl. Teil I Seite 237.

Albrecht, Peter - Alexis (**Bundesverfassungsgericht,** 1997):
Das Bundesverfassungsgericht und die strafrechtliche Verurteilung von Systemunrecht - eine deutsche Lösung! Neue Justiz 1997 Seite 1.

Derselbe (Abwicklung der DDR, 1992):
Die Abwicklung der DDR: die 2 + 4 Verhandlungen, ein Insiderbericht. Opladen 1992.

Alliierter Kontrollrat (Alliierter Kontrollrat, 1959):
Alliierter Kontrollrat und Außenministerkonferenzen. Aus der Praxis der Deutschlandpolitik der vier Mächte seit 1945. Kleine Dokumentensammlung. Herausgeber: Karl Bittel, Berlin 1959.

Altmeyer, Klaus (**Dokumente,** 1955):
Die Dokumente vom 5. Juni 1945 und die politische Einheit Deutschlands. In: Europa - Archiv 1955. 5. Folge, Seite 7365.

Altten, Mark (**Währungsreform,** 2008):
Spaltung nach Drehbuch. Berlin, Juni 1948 die Währungsteilung und die sogenannte Luftbrücke. In: Tageszeitung junge Welt 20. Juni 2008 Seite 10 f.

Arnold, Hans (**BRD in UNO,** 2000):
Deutschland, UN-Politik. In: Volger, Helmut (Herausgeber) Lexikon der Vereinten Nationen. München/Wien 2000 Seiten 69 bis 74.

Arnold, Jörg (**Bundesverfassungsgericht contra Einigungsvertrag,** 1997):
Bundesverfassungsgericht contra Einigungsvertrag. Der "Mauerschützen"-Beschluss des Bundesverfassungsgerichts auf dem strafrechtlichen Prüfstand. In: Neue Justiz 1997, Seite 115.

Arnold, Werner (**Bohrtechnik,** 1973):
Die Entwicklung der Bohrtechnik vom Altertum bis zum 18. Jahrhundert. In: Eroberung der Tiefe. 4. Aufl. Leipzig 1973, Seite 10- 106.

Derselbe (Bergbau, 1973):

Die Anfänge des Bergbaus in der Urgesellschaft und in der Sklavenhalterordnung. In: Eroberung der Tiefe. 4. Aufl. Leipzig 1973, Seiten 92 bis100.

Ash,GartonT.**(Europa,**1983):
Im Namen Europas. Deutschland und der geteilte Kontinent. München/Wien 1983.

Atlas, großer (**Atlas zur deutschen Geschichte**, 1994):
Großer Atlas zur deutschen Geschichte. Chur/Schweiz 1994 (Elbe Grenze, Seiten 221, 227, 230f.)

Augstein, Rudolf **(Schreiben,** 2004):
Schreiben, was ist. Kommentare, Gespräche, Vorträge. Herausgeber: Jochen Bölsche, München 2004.

Bachthold, Kurt **(Grenzkorrekturen,** 1987):
Grenzkorrekturen. Die Grenzregulierung nach dem Zweiten Weltkrieg. In: Schaffhauser Magazin 1987 Seite 69.

Badstübner, Rolf **(Quellen,** 1994):
Die sowjetische Deutschlandpolitik im Lichte neuer Quellen. In: Loth, Wilfried (Herausgeber). Die deutsche Frage in der Nachkriegszeit. Berlin 1994, Seiten 102 bis 135.

Derselbe (Potsdamer Konferenz, 1989): Die Potsdamer Konferenz. Verpflichtung und Vermächtnis. In: Bock (Herausgeber) (Krieg oder Frieden, Berlin 1989 Seiten 460 bis 466.

Derselbe (Friedenssicherung, 1990):
Friedenssicherung und deutsche Frage. Vom Untergang des `Reiches´ bis zur deutschen Zweistaatlichkeit (1943 bis 1949). Berlin 1990.

Badstübner, Rolf /**Loth,** Wilfried (Herausgeber) (**Wilhelm Pieck**, 1994):
Wilhelm Pieck- Aufzeichnungen zur Deutschlandpolitik 1945 - 1953. Berlin 1994.

Badstübner, Thomas (**Spaltung,** 1966):
Die Spaltung Deutschlands 1945 - 1949. Berlin 1966.

Bahr, Egon (**Der deutsche Weg,** 2003):
Der deutsche Weg. Selbstverständlich und normal. Dritte Auflage München 2003.

Baier, Stephan (**Europas Grenzen,** 1998):
Europas neue Grenzen. In: Derselbe Osterweiterung. Europas größte Herausforderung. Stuttgart 1998.

Barsch, Wolfgang (**Erzabbau,** 1995):
Bergleute bauten Erz beiderseits der Staatsgrenze ab. In: Sächsische Zeitung, Kreisausgabe Dippoldiswalde 19. Januar 1995.

Barcz, J. (**Unverletzlichkeit der Grenzen,** 1985):
Das Prinzip der Unverletzlichkeit der Grenzen im Vertrag VRP - BRD vom 7.12.1970 und seine praktische Bedeutung. In: Graefrath, Bernhard (Herausgeber), Probleme des Völkerrechts (Beiträge), Berlin 1985.

Bartlsperger, Richard (**Strafverfahren Honecker,** 1993):
Einstellung des Strafverfahrens von Verfassungs wegen. Zum Strafverfahren Erich Honecker. In: Deutsches Verwaltungsblatt 1993, Seite 333.

Bartmann, Martin (**Strafrechtliche Verantwortlichkeit,** 2000):
Strafrechtliche Verantwortlichkeit innerhalb militärischer Weisungsverhältnisse nach der Rechtslage des Deutschen Reiches, der DDR und der BRD. Aachen 2000.

Bauer, Hans (**Politische Strafverfolgung im vereinten Deutschland**):
Politische Strafverfolgung im vereinten Deutschland. In: Siegerjustiz? Berlin 2003.

Bauer, Reinhard (**Grenzbeschreibungen,** 1988):

Die ältesten Grenzbeschreibungen in Bayern und ihre Aussagen für Namenskunde und Geschichte. München 1988.

Bauerkämpfer /Sabrow/ Stöver (Herausgeber): (**Zeitgeschichte** , 1998):
Doppelte Zeitgeschichte. Deutsch-deutsche Beziehungen 1945 - 1990. Bonn 1998.

Baumgarten, Arthur (**Frieden und Völkerrecht**, 1989):
Frieden und Völkerrecht. Herausgeber: Zentralvorstand der Vereinigung der Juristen der DDR. Leipzig 1989.

Baumgarten, Klaus-Dieter /**Freitag**, Peter (Herausgeber) (**DDR-Grenzen**, 2004):
Die Grenzen der DDR. Geschichte, Fakten, Hintergründe. Berlin 2004.

Baumgarten, Klaus-Dieter (**Erinnerungen**, 2008)
Autobiographie des Chefs der Grenztruppen der DDR. Berlin 2008.

Becker, Hans (**Schweizergrenze**, 1931):
Die Rechtsverhältnisse an der Schweizergrenze. Ein Beitrag zum nachbarlichen Völkerrecht. Dissertation Zürich 1931.

Becker, Joachim / **Kemlosy**, Andrea (**Grenzen**, 2004):
Grenzen weltweit. Promedia / Südwind, Historische Sozialkunde, Serie 23, Wien 2004.

Beckert, Erwin / **Bruner**, Gerhard (**Seerecht**, 1991)
Öffentliches Seerecht. Berlin /New York 1991.

Bekanntmachung (**Grenzmarkierung** DDR/BRD, 1978)
Bekanntmachung über die Unterzeichnung und das Inkrafttreten des Protokolls vom 29. November 1978 zwischen der Regierung der DDR und der Regierung der BRD über die Überprüfung, Erneuerung und Ergänzung der Markierung der zwischen der DDR und der BRD bestehenden Grenze, die Grenzdokumentation und die Regelung sonstiger mit dem Grenzverlauf im Zusammenhang stehender Probleme vom 7. Dezember 1978. In: GBl. Teil II Seite 85.

Bekanntmachung (**Aufenthalt** Streitkräfte, 1990):
Bekanntmachung der Vereinbarungen vom 25. September 1990 zu dem Vertrag über den Aufenthalt ausländischer Streitkräfte in der Bundesrepublik Deutschland vom 8. Oktober 1990. In: BGBl. II 1990 Seite 1390.

Bekanntmachung (**BRD Drei Mächte** 1990):
Bekanntmachung der Vereinbarung vom 27./28. September 1990 zu dem Vertrag über die Beziehungen zwischen der Bundesrepublik Deutschland und den Drei Mächten (in der geänderten Fassung) sowie zu dem Vertrag zur Regelung aus Krieg und Besatzung entstandener Fragen (in der geänderten Fassung) vom 8. Oktober 1990. In: BGBl. II 1990 Seite 1385 (deutsch, englisch, französisch).

Bender, Peter ("**Neue Ostpolitik**" , 1995):
Die "Neue Ostpolitik" und ihre Folgen. Vom Mauerbau bis zur Vereinigung. Dritte Auflage München 1995.

Bentzien, Joachim (**Lufthoheit**,1992)
Die Lufthoheit nach der Herstellung der staatlichen Einheit Deutschlands. In: Zeitschrift für Luft- und Weltraumrecht 1992 Seite 3.

Bentzien, Joachim F. (**Elbegrenze**, 1986):
Die heutige Elbgrenze zwischen Lauenburg und Schnackenburg aus rechtlicher Sicht. In: Recht in Ost und West 30 (1986) 4. Seiten 218 bis 220.

Benz, Wolfgang (**Besatzungsherrschaft**, 1991):
Von der Besatzungsherrschaft zur Bundesrepublik. Stationen einer Staatsgründung 1946-1949. Frankfurt am Main 1991.

Derselbe (Herausgeber), (**Handbuch**, 1999):

Deutschland unter alliierter Besatzung 1945-1949/55. Berlin 1999.

Bericht der Weltkommission (für **Umwelt und Entwicklung**, 1988):
Unsere gemeinsame Zukunft. Bericht der Weltkommission für Umwelt und Entwicklung. Berlin 1988.

Bernhardt, Rudolf (Urteil zum Grundlagenvertrag, 1975):
Völkerrechtliche Bemerkungen zum Grundvertrags- Urteil des Bundesverfassungsgerichts. In: Recht im Dienst des Friedens. Festschrift für Eberhard Menzel zum 65.Geburtstag am 21. Januar 1976. Herausgegeben von Delbrück/Ipsen/Rauschning, Berlin 1975. Seiten 109 bis 123.

Derselbe (Deutsche Teilung, 1995):
Die deutsche Teilung und der Status Gesamtdeutschlands. In: Isensee/Kirchhof (Herausgeber), Handbuch des Staatsrechts der BRD, Band I, Heidelberg 1995. Seiten 321bis 350.

Bertsch, Herbert (**DDR und friedliche Koexistenz**, 1989):
Sicherheitspolitik in Mitteleuropa. DDR und friedliche Koexistenz. In: Bock (Herausgeber) (Krieg und Frieden, 1989) Seiten 594-601.

Beschluss des Zweiten Senats des Bundesverfassungsgerichts (**BVerfG**, 1997):
Beschluss des Zweiten Senats des Bundesverfassungsgerichts vom 24. Oktober 1996 -2 BvR 1851/94, 1853/94, 1875/94 und 1852/94. (Zum Rückwirkungsverbot Art. 103 GG Abs. 2). In: Neue Justiz 1997 Seite 19.

Beschluß (Beitritt, 1990):
Beschluß der Volkskammer der DDR über den Beitritt der DDR zum Geltungsbereich des Grundgesetzes der BRD vom 23. August 1990. In: GBL: Teil I Nr. 57 Seite 1354.

Beschluß (Nichtangriffsvertrag von 1939, 1990):
Beschluß des Kongresses der Volksdeputierten der UdSSR "Über die politische und rechtliche Bewertung des sowjetisch-deutschen Nichtangriffsvertrages von 1939". In: Dokumentation (Hitler-Stalin-Pakt). Herausgegeben: Gerhard Hass Dokument 152, Seiten 302 bis 304.

Bethge, Herbert (**Staatsgebiet**, 1995):
Das Staatsgebiet des wiedervereinigten Deutschlands. In: Isensee/Kirchhof (Herausgeber), Handbuch des Staatsrechts der BRD, Band VIII, Heidelberg 1995, § 199, Seiten 321 bis 350.

Beteiligung (Beteiligung, 1989):
Die Beteiligung der Länder bei Abkommen der Bundesrepublik Deutschland mit der DDR. Texte und Materialien zur Verständigung zwischen der Bundesregierung und den Regierungen der Länder unterzeichnet 17. Dezember1987.Herausgegeben vom Bundesministerium für inner-deutsche Beziehungen Dezember 1989.

Bibliographie des deutschen Schrifttums zum Internationen **Seerecht** 1982 - 1996. Baden-Baden 1998.

Bischoff, Horst/**Coburger**, Karli (**Strafverfolgung**, 2003):
Strafverfolgung von Angehörigen des MfS. In: Siegerjustiz? Berlin 2003 Seiten 139 bis 251.

Bisky/Heuer/Schumann (Herausgeber): (**Unrechtsstaat?**, 1994):
Unrechtsstaat? Politische Justiz und die Aufarbeitung der Vergangenheit. Hamburg 1994.

Bischoff/Freitag /Paulsen (Grenzregime der DDR, 2004):
Grundlagen des Grenzregimes. In: Baumgarten/Freitag (Herausgeber): Die Grenzen der DDR. Berlin 2004, Seiten70 bis 103.

Bittel, K. (**Feinde der deutschen Nation**, 1955):
Die Feinde der deutschen Nation. Berlin 1955.

Bleckmann, Albert (**Völkerrecht**, 2001):Völkerrecht. Baden-Baden 2001.

Blessing, Klaus (**DDR - pleite?**, 2008).
War die DDR pleite? Zur Widerlegung einer immer wieder gebrauchten Lüge. In: Tageszeitung

junge Welt 15. September 2008 Seite 3.

Blumenwitz, Dieter (**Vertrag**, 1990):
Der Vertrag vom 12.9.1990 über die abschließende Regelung in bezug auf Deutschland. In: NJW 1990 Seite 3041.

Derselbe (Honecker, 1992):
Zur strafrechtlichen Verfolgung Erich Honeckers. Staats- und völkerrechtliche Fragen. In: Deutschland Archiv 1992, Seite 567.

Böttcher, Fred (**Grenze USA/Mexiko**, 1988):
Die USA zwischen Schein und Wirklichkeit. Die Grenze zu Mexiko wurde zu einer regelrechten Kampfzone. In: Tageszeitung Neues Deutschland 25. Februar 1988 Seite 3.

Derselbe: (BZ/Grenze USA / Mexiko, 1988):
Kampfzone an der Grenze USA/Mexiko. Washington perfektioniert Sicherungssystem mit Millionenaufwand/Training im "Instinkt-Schießen":In: Berliner Zeitung 25. Februar 1988 Seite 4.

Bock, Helmut (Herausgeber) (**Krieg oder Frieden**, 1989):
Krieg oder Frieden im Wandel der Geschichte. Von 1500 bis zur Gegenwart. Berlin 1989.

Bollinger, Stefan (**Anschluss?**, 1998):
Ein direkter Weg zum Anschluß? Deutsch-deutsche Beziehungen im letzten Jahr der DDR (1989/90). In: Hoffman/Nakath (Herausgeber): Beziehungen in vierzig Jahren Zweistaatlichkeit. Schkeuditz 1998, Seite 167 bis 191.

Bonwetsch,/ Bordjugow / Naimark, (Herausgeber), (**Sowjetische Politik**, 1998):
Sowjetische Politik in der SBZ 1945-1949. Dokumente zur Tätigkeit der Propagandaverwaltung (Informationsverwaltung) der SMAD unter Serge Tjulpanow. Bonn 1998.

Borchardt, Hans (**Teilung Deutschlands**, o. D.):
Und am Ende stand die Teilung Deutschlands. Ein Streifzug durch die Geschichte Deutschlands des 20. Jahrhunderts unter besonderer Berücksichtigung der Entstehung und Beseitigung der innerdeutschen Grenze im Landkreis Lüchow-Dannenberg/Nds. Lüneburg, ohne Datum (2005).

Borchmann, Michael (**Verständigung**, 1989):
Eine `Verständigung zwischen der Bundesregierung und den Regierungen der Länder über die Beteiligung der Länder bei Abkommen zwischen der BRD und der DDR". In: Die Beteiligung der Länder bei Abkommen der BRD mit der DDR Texte und Materialien zur Verständigung zwischen der Bundesregierung und den Regierungen der Länder unterzeichnet 17. Dezember 1987. Herausgegeben vom Bundesministerium für innerdeutsche Beziehungen Dezember 1989. Seiten 6 bis 11.

Brälle, Claudia (**Schachttiefe**, 2008):
Goldschürfer im Tiefenrausch. Der südafrikanische Konzern Anglas Gold Askandi plant die tiefste Mine der Welt. In: Frankfurter Allgemeine Zeitung 19. Juli 2008 Seite 10.

Brandt, Willy (**Ostverträge**, 1972):
Erste Beratung der Ostverträge im Deutschen Bundestag, 23.- 25. Februar 1972. In: Bericht der Bundesregierung zur Lage der Nation. Presse- und Informationsamt der Bundesregierung, Seiten 8 bis 10.

Derselbe (Einsichten, 1976):
Begegnungen und Einsichten. Die Jahre 1960 - 1975. Hamburg 1976.

Derselbe (Spiegelgespräche, 1993):
Die Spiegel - Gespräche 1959 - 1992. Stuttgart 1993.

Derselbe (Grundlagenvertrag, 1995):
Rede 15. Februar 1973 (Auszüge). Erste Beratung des Grundlagenvertrages im Deutschen Bundestag. In: Außenpolitik der BRD. Dokumente 1949 bis 1994. Herausgegeben aus Anlaß des

125. Jubiläums des Auswärtigen Amtes. Köln 1995 Seite 377 f.

Brandstetter, Karl J. **(Deutsch-USA Beziehungen,** 1989):
Allianz des Mißtrauens. Sicherheitspolitik und deutsch-amerikanische Beziehungen in der Nachkriegszeit. Köln 1989.

Braun, Günther **(Grenzüberschreitender Bergwerksbetrieb,** 1967):
Die völkerrechtliche Problematik des grenzüberschreitenden Bergwerksbetriebes. Jur. Diss. Köln 1967.

Braun, Martin (Informationsflüsse, 2001):
"Ohne Rücksicht auf Staatsgrenzen": nationale Regelungen und völkervertragsrechtlicher Rahmen grenzüberschreitenden Informationsflüsse (unter besonderer Berücksichtigung des Internet), 2001.

Bremer, Jörg **(Jerusalem** 2008):
Das israelische Jerusalem wächst. In: Frankfurter Allgemeine Zeitung 11.September 2008..

Briefwechsel Stalins (Briefwechsel, 1961):
Briefwechsel Stalins mit Churchill, Attlee, Roosevelt und Truman 1941- 1945. Berlin 1961.

Derselbe: (Briefwechsel mit Churchill und Attlee, 1961):
Briefwechsel J. W. Stalins mit Winston S. Churchill und Clement R. Attlee (Juli 1941 bis November 1945).In: Briefwechsel Stalins mit Churchill, Attlee, Roosevelt und Truman 1941-1945. Berlin 1961. Seiten 11 bis 464.

Derselbe: (Briefwechsel mit Roosevelt und Truman, 1961):
Briefwechsel J. W. Stalins mit Franklin D. Roosevelt und Harry S. Truman (August 1941 bis Dezember 1945). In: Briefwechsel Stalins mit Churchill, Attlee, Roosevelt und Truman 1941 - 1945. Berlin 1961. Seiten 465 bis 789.

Briefwechsel Sorin / Bolz, (Sorin/Bolz, 1975):
Briefwechsel Sorin/Bolz zur Frage des Schutzes und der Kontrolle an den Grenzen der DDR. Moskau, 20. September 1955. In: Dokumentensammlung (Beziehungen DDR/UdSSR, 1975): 2. Halbband Seiten 996 bis 998.

Brühl, Reinhard **(Militärpolitik der DDR,** 1999):
Forschungen zur Geschichte der Militärpolitik der DDR 1989 bis 1999. In: Heft 21 des Marxistischen Forums Januar/Februar 1999. Seiten 1 bis 9.

Brunner, Georg **(Grenzregelungen,** 1982):
Neue Grenzregelungen der DDR. In: NJW 1982 Seite 2479.

Bucher, Silke **("Mauerschützen" und GG,** 1996):
Die Rechtswidrigkeit der Taten von "Mauerschützen" im Lichte von Art. 103 II GG unter besonderer Berücksichtigung des Völkerrechts. Ein Beitrag zum Problem der Verfolgung von staatlich legitimiertem Unrecht nach Beseitigung des Unrechtssystems. Frankfurt 1996.

Buchholz, Erich **(Krenz-Urteile,** 2002):
Die Krenz-Urteile aus der Sicht des DDR-Rechts. In: Rudorf (Herausgeber). Krenzfälle die Grenzen der Justiz. Berlin 2002, Seiten 125 bis 169.

Derselbe (Siegerjustiz?, 2003):
Rechtsfragen der Strafverfolgung von Hoheitsträgern der DDR durch die bundesdeutsche Justiz. In: Siegerjustiz? Berlin 2003 Seiten 255 bis 510.

Derselbe (Strafverfolgung von Grenzern der DDR, 2004):
Zur Strafverfolgung von ehemaligen Angehörigen der Grenztruppen der DDR durch die bundesdeutsche Strafjustiz. In: Baumgarten/Freitag (Herausgeber). Die Grenzen der DDR. Berlin 2004, Seiten 357 bis 389.

Bühler - Reimann, Theodor **(Grenzziehung,** 1989):

Die Grenzziehung als Musterbeispiel von faktischem Handeln mit direkten Rechtswirkungen. In: Morsak/Escher (Herausgeber):Festschrift Luis Carlen, Zürich 1989.
Bußmann, Annette (**Grenzüberschreitende Zusammenarbeit,** 2005).
"Äußere Sicherheit und grenzüberschreitende staatliche Zusammenarbeit". In: Calliess, Christian (Herausgeber): Äußere Sicherheit im Wandel-Neue Herausforderungen an eine alte Staatsaufgabe. Wissenschaftliches Kolloquium aus Anlaß des 60. Geburtstages von Prof. Dr. Torsten Stein. Baden-Baden 2005 Seiten 83 bis 89.

Carter, Jimmy (**Palästina,** 2008):
Außenansicht. Die Tragödie der Palästinenser. Die Welt darf nicht länger hinnehmen, dass Israel mit Hilfe der USA in Gaza eine ganze Bevölkerung brutal bestraft. In: Süddeutsche Zeitung vom 26. Mai 2008 Seite 2.
Carty, Antony (**neuer Grenzbegriff,** 1995):
Für einen neuen Grenzbegriff im Völkerrecht. In: Faber/Naumann (Herausgeber), Literatur der Grenze - Theorie der Grenze. Würzburg 1995.
Churchill, Winston S. (**Fulton-Rede,** 1968):
Rede Churchill 5.3.1946 in Fulton. In: "New York Times" 6. 3. 1946; Handbuch der Verträge 1871- 1964. Berlin 1968 Seiten 394 bis 397.
Derselbe:(Eisener Vorhang, 1954):Der Zweite Weltkrieg. Sechster Band. Triumph und Tragödie. Zweites Buch. Der Eiserne Vorhang. Stuttgart 1954.
Clasen, Claus Dieter (**Artikel 103 GG,,** 1998):
Artikel 103 Abs. 2 GG-ein Grundrecht unter Vorbehalt? In: Deutschland Archiv 1998, Seite 215.
Cornides, Wilhelm/Volle, Herrmann (**Dokumente,** 1948):
Um den Frieden mit Deutschland. Dokumente zum Problem der deutschen Friedensordnung 1941 - 1948 mit einem Bericht über die Londoner Außenministerkonferenz vom 25. November bis 15. Dezember 1947. Oberursel 1948.
Creifelds (Rechtswörterbuch, 2000):
Rechtswörterbuch, 16. Auflage, München 2000.
Derselbe (Rechtswörterbuch, 2007):
Rechtswörterbuch, 19. Auflage, München 2007.
Creutzberger, Stefan (**Besatzungsmacht,** 1996):
Die sowjetische Besatzungsmacht und das politische System der SBZ. Weimar 1996.

Dauses, Manfred (**Staatsgrenze im Raum,** 1972):
Die Grenze des Staatsgebietes im Raum. Berlin 1972.
DDR, UN - Politik (DDR in der UNO, 2000):
DDR, UN-Politik. In: Volger, Helmut (Herausgeber): Lexikon der Vereinten Nationen. München/Wien 2000 Seiten 46 bis 52.
Deim, Hans Werner (**Schutz der Staatsgrenze,** 2004):
Militärstrategische Planungen der Bündnisse in Europa und der militärische Schutz der Staatsgrenze der DDR. In: Baumgarten/Freitag (Herausgeber). Die Grenzen der DDR. Berlin 2004 Seiten 37 bis 69.
Demandt, Alexander (**Grenzen in der Geschichte Deutschlands,** 1990):
Deutschlands Grenzen in der Geschichte. München 1990.
Denkmann von, Justus (**Gorbatschow,** 2008):
Wahrheiten über Gorbatschow. Neuauflage Berlin 2008.
Derselbe: (Lügen über die DDR, 2008): Kleines Handbuch der großen Lügen über die DDR.

Eine Zitatensammlung. Zweite Auflage Berlin 2008.

Denkschrift der Bundesregierung (Denkschrift 1972):
Denkschrift der Bundesregierung zum Vertrag über die Grundlagen der Beziehungen zwischen der BRD und der DDR. In: Bulletin 28.Dezember 1972, Seite 2021.

Dergint, Augusto do Amaral **(Grenzüberschreitende Umweltschäden,** 2006):
Nutzung von Binnengewässern und völkerrechtliche Haftung für grenzüberschreitende Umweltschäden. Baden-Baden 2006.

Deutsch-sowjetischer Grenzvertrag (Grenzvertrag UdSSR/Deutschland , 1990):
Deutsch-sowjetischer Grenz- und Freundschaftsvertrag vom 28. September 1939.(Mit geheimen Zusatzprotokoll). In: Dokumentation (Hitler – Stalin-Pakt, 1990). Herausgegeben: Hass, Gerhard, Berlin 1990. Dokument 125 Seiten 239 bis 245.

Dietrich, Helmut **(Frontex,** 2004):
Die Front in der Wüste. Die EU beginnt mit der Einrichtung von Abschiebe-und Flüchtlingslagern in Nordafrika - mit tatkräftiger Unterstützung Libyens. In: "Konkret" 12/2004 Seiten 1 bis 11.

Direktive (Oberbefehlshaber, 2004):
Direktive der Regierungen der UdSSR, der USA, GB und Frankreichs an die vier Oberbefehlshaber der Besatzungstruppen in Deutschland vom 30. August 1948 (Auszug). In: Mitdank, Joachim. Berlin zwischen Ost und West. Erinnerungen eines Diplomaten. Berlin 2004 Dokument 9, Seite 266.

Dokumentation (Ostpolitik BRD, 1990)
zur Ostpolitik des Bundesregierung. Verträge, Vereinbarungen und Erklärungen. 13. Auflage Berlin 1990 Teil C Seiten 107 bis 154.

Dokumentation (DDR-Unrecht, 2002):
Strafjustiz und DDR-Unrecht. In: Marxen/Werle(Herausgeber). Gewalttaten an der deutsch-deutschen Grenze. Band 2, 1. Teilband/2. Teilband, Berlin 2002.

Dokumentation (Grenzkommission, 1978):
Die Grenzkommission. Eine Dokumentation über Grundlagen und Tätigkeit. Herausgeber: Bundesministerium für innerdeutsche Beziehungen. Bonn 1978.

Dokumentation (Grenzkommission, 1979):
6 Jahre Grenzkommission mit der DDR. Herausgeber: Der Bundesminister des Innern. Bonn 1979.

Dokumentation (Hitler-Stalin-Pakt, 1990):
23. August 1939. Der Hitler - Stalin - Pakt. Dokumentation. Herausgegeben: Gerhard Hass, Berlin 1990.

Dokumentation (Recht in beiden deutschen Staaten, 1966):
Recht für wen und wofür. Eine Dokumentation zur Rechtsanwendung in beiden deutschen Staaten und zu juristischen Annektionsbestrebungen der westdeutschen Bundesrepublik. In: Aus der Tätigkeit der Volkskammer und ihrer Ausschüsse. Herausgeber Kanzlei des Staatsrates der DDR Heft 8 (4.Wahlperiode) 1966.

Dokumentation (Volkskammerspiele, 1990):
Der Demokratie schuldig-die Schuld der Demokratie. Volkskammerspiele. Eine Dokumentation aus der Arbeit des letzten Parlaments der DDR. Berlin 1990.

Dokumente (Außenpolitik BRD, 1995):
Dokumente von 1949 bis 1994. Außenpolitik der BRD. Herausgegeben aus Anlaß des 125. Jubiläums des Auswärtigen Amtes. Köln 1995.

Dokumente (Außenpolitik DDR, 1954):

Dokumente zur Außenpolitik der Regierung der DDR, Band 1, Berlin 1954.

Dokumente (März, 1996):
Dokumente zu Deutschland. 1944 - 1994. März (Herausgeber). München 1996.

Dokumente (DzD, 1996):
Dokumente zur Deutschlandpolitik. II. Reihe / Band 2. Die Konstituierung der BRD und der DDR 7. September bis 31. Dezember 1949. Veröffentlichte Dokumente und Unveröffentlichte Dokumente. München 1996.

Dokumente (DzD, 1998):
Dokumente zur Deutschlandpolitik. Deutsche Einheit. Sonderedition aus den Akten des Bundeskanzleramtes 1989/90. München 1998.

Dokumente (DzD, 2002):
Dokumente zur Deutschlandpolitik. VI. Reihe /Band 1 21. Oktober 1969 bis 31. Dezember 1970. München 2002.

Dokumente (DzD VI/2 (1971/1972; Bahr-Kohl Gespräche 1970-1973, 2004):
Dokumente zur Deutschlandpolitik. VI. Reihe /Band 2 1. Januar 1971 bis 31. Dezember 1972; Die Bahr - Kohl Gespräche 1970 - 1973. München 2004.

Dokumente (DzD VI/3 (1973/74), 2005):
Dokumente zur Deutschlandpolitik. VI. Reihe/ Band 3 1. Januar 1973 bis 31. Dezember 1974. München 2005.

Dokumente (DzD, VI/4 (1975/76):
Dokumente zur Deutschlandpolitik. VI. Reihe/ Band 4 1. Januar 1975 bis 31.Dezember 1976. München 2007.

Dokumentensammlung (Beziehungen DDR/UdSSR, 1975):
Beziehungen DDR - UdSSR 1949 bis 1955, zwei Halbbände, Herausgeber: Ministerium für Auswärtige Angelegenheiten der DDR/Ministerium für Auswärtige Angelegenheiten der UdSSR. Berlin/ Moskau 1975.

Dokumentensammlung (Konferenzen, 1978):
Teheran. Jalta. Potsdam. Moskau 1978.

Dornbusch, Gregor (**Völkerrechtliche Verträge der DDR**, 1997):
Das Schicksal der völkerrechtlichen Verträge der DDR nach der Herstellung der Einheit Deutschlands. Frankfurt a. M. 1997.

Duhamelle, Christophe/**Kossert,** Andreas/**Struck,** Bernhard (Herausgeber) (**Grenzregionen,** 2007):
Grenzregionen. Ein europäischer Vergleich vom 18.bis zum 20. Jahrhundert. Frankfurt a.M./ New York 2007.

Ehrhardt, Heinz / **Woythe,** Willi / **Mangold,** Rudolf u: a:. (**Grundfragen,** 1975):
Die Völker - und staatsrechtlichen Grundfragen der Staatsgrenzen. Die Grenze zwischen der DDR und der BRD, zur Ostsee und um Westberlin und die politisch-operativen Aufgaben ihrer Sicherung. Forschungsarbeit, Potsdam 1975.

Ehlers, Peter/Erbguth, Wilfried (Herausgeber)(**Seerecht,** 2003):
Aktuelle Entwicklungen im Seerecht II. Dokumentation der Rostocker Gespräche zum Seerecht 2000-2002. Baden-Baden 2003.

Ehlert, Hans (Herausgeber):(**Militär-und Sicherheitspolitik,** 1996):
Die Militär- und Sicherheitspolitik in der SBZ/DDR. München 1996.

Ehmke, Horst (**Einheit,** 1994):
Die Einheit, auf die keiner vorbereitet war. In: Ebender. Mittendrin. Von der Großen Koalition

zur Deutschen Einheit. Zweite Auflage Berlin 1994 Seiten 403 bis 434.

Eichhoff, Cyrus/**Karin,** M./**Hoburg,** Rudolf (Herausgeber) (**Deutsch,** 2000):
Die deutsche Sprache zur Jahrtausendwende Sprachkultur oder Sprachverfall? Mannheim 2000.

Eichner, Klaus / **Schramm,** Gotthold (Herausgeber) (**Spionage,** 2004):
Spionage für den Frieden. Eine Konferenz in Berlin am 7. Mai 2004. Alle Referate und Beiträge. Berlin 2004.

Einigungsvertrag (EV, 1990):
Vertrag zwischen der Deutschen Demokratischen Republik und der Bundesrepublik Deutschland über die Herstellung der Einheit Deutschlands vom 31. August 1990. In: GBL. I Nr. 64 Seite 1629. Gleichfalls in BGBL. II Nr. 35 Seite 889 oder Sonderdruck aus der Sammlung Das Deutsche Bundesrecht **I A 5** Seite 11.

Elbe (Kugelbake, 1966):
Kugelbake Gorleben. Elbe Strich im Strom. In: Der Spiegel 44/1966 vom 24.10.1966 Seite 47.

Elbegrenze (siehe auch: "**Malerische Versuche**"; **Position der Bundesregierung.**

Emmerich, Klaus (**Unverletzlichkeit der Staatsgrenzen,** 1989):
Der Frieden und die Unverletzlichkeit der Staatsgrenzen. In: Die Erhaltung und Sicherung des Friedens - die wichtigste Funktion des sozialistischen Staates in der Gegenwart. Symposium 14./ 15. Juni 1988. Materialien des Instituts für Theorie des Staates und des Rechts der Akademie der Wissenschaften der DDR. Berlin 1989 Seite 107 - 113.

Derselbe: (Juristische Zeitgeschichte, 1999):
Für ein Forum zur juristischen Zeitgeschichte. In: Humanistische Union, Mitteilungen Nr. 166 vom 01. Juni 1999 Seite 52

Derselbe: (Lügenbolde, 2008):
CDU Lügenbolde. Wo verlief die Grenze zwischen DDR und BRD auf der Elbe? In: RotFuchs / August 2008 Seite 17.

Derselbe: (Grenzen 2009):
Grenzen: Eine Auswahl staats-, völkerrechtlicher sowie zeitgeschichtlicher Aspekte der Grenzen am Beispiel beider deutscher Staaten   und der Hauptstadt Berlin. Berlin 2009.

Derselbe: (Schießbefehl, 2009):
Die Lüge vom "Scheißbefehl". Ein Phantom aus den Zeiten des Kalten Krieges. In. RotFuchs April 2009 Seite 16.

Derselbe: (Innerdeutsch, 2011):
"Gefährlicher Unsinn": Der Begriff "innerdeutsch" und seine   Verwendung im Zusammenhang mit der Staatsgrenze DDR/BRD:. In: Akzente Monatszeitung der Gesellschaft zum Schutz von Bürgerrecht und Menschenwürde 06/2011 Seite 3 f.

Derselbe: (Westberlin 2013)
Die Grenze um Westberlin 1945-1990. Eine staatsrechtliche Studie. Norderstedt 2013.

Engels, Friedrich (**Ursprung,** 1984):
Der Ursprung der Familie, des Privateigentums und des Staats. In:Marx-Engels-Werke, 8.Auflage, Berlin 1984 Band 21 Seite 165.

Derselbe: Anmerkung. Der fränkische Dialekt. In: MEW Band 19 Seiten 494 bis 518.

Derselbe: Zur Urgeschichte der Deutschen. In: MEW Band 19, Berlin 1982 Seiten 425 bis 473.

Engler, Wolfgang (**Ostdeutsche,** 1999):
Die Ostdeutschen. Kunde von einem verlorenen Land. 2. Aufl. Berlin 1999.

Entscheidung des BVerG, 1973):
Entscheidung des Bundesverfassungsgerichts: Das Gesetz zu dem Vertrag vom 21. Dezember 1972 zwischen der BRD und der DDR über die Grundlagen der Beziehungen zwischen der BRD

und der DDR vom 6. Juni 1973 (BGBl. Teil II S. 421) ist in der sich aus den Gründen ergebenen Auslegung mit dem Grundgesetz vereinbar. In: BGBl. 1973 I Seite1058.

Entwurf (Friedensvertrag, 1959):
Entwurf der Regierung der UdSSR für einen Friedensvertrag mit Deutschland   vom 10. Januar 1959.In: Deutsche Außenpolitik Sonderheft I /1959.

Entwurf (Vertrag DDR/BRD, 1970):
Vertrag über die Aufnahme gleichberechtigter Beziehungen zwischen der DDR und der BRD. In: Materialien (völkerrechtliche Beziehungen DDR/BRD, 1970) Seiten 59 bis 62.

Entwurf des Vertrages (Vertragsentwurf, 1991):
Entwurf des Vertrages über Zusammenarbeit und gute Nachbarschaft zwischen der DDR und der BRD vom 12.Januar 1990. In: Modrow, Hans: Aufbruch und Ende. Hamburg 1991, Seiten 170 bis 183.

Eppler, Erhard **(Friedensfähigkeit, 1988):**
Wie Feuer und Wasser. Sind Ost und West friedensfähig? Hamburg 1988.

Erbguth, Wilfried **(Windenergieanlagen, 1996):**
Rechtsfragen der Planung und Genehmigung von Offshore-Windenergieanlagen. In: Koch, Hans Joachim/Lagoni, Rainer (Herausgeber Meeresumweltschutz für Nord- und Ostsee. Zum Zusammenspiel von Völkerrecht und nationalem Umweltrecht. Baden-Baden 1996 Seiten 281 bis 307.

Ergänzungen (Ergänzungen Londoner Protokoll, 2004):
Ergänzungen zum Protokoll zwischen den Regierungen der Vereinigten Staaten von Amerika, des Vereinigten Königreiches und der Union der Sozialistischen Sowjetrepubliken über die Aufteilung Deutschlands in Besatzungszonen und die Verwaltung von Berlin vom 12. September 1944. In: Mitdank, Joachim. Berlin zwischen Ost und West. Erinnerungen Eines Diplomaten, Berlin 2004. Englisch und deutsch. Dokument Nr. 2 Seiten 249 ff.

Erklärung der Provisorischen Regierung der DDR (Erklärung ,1975):
Erklärung der Provisorischen Regierung der DDR zur Gründung der DDR und zur Herstellung diplomatischer Beziehungen zwischen der Provisorischen Regierung der DDR und Regierungen anderer Länder vom 24.10.1949. In: Dokumentensammlung, Beziehungen DDR-UdSSR 1949 - 1955, 1. Halbband, Berlin 1975, Seiten 136 ff.

Erklärung der Regierungen (Erklärung vom 12. August 1961, 1985):
Erklärung der Regierungen der Teilnehmerstaaten des Warschauer Vertrages vom 12. August 1961. In: Die Organisation des Warschauer Vertrages. Dokumente und Materialien 1955-1985. Dritte Auflage Berlin 1985, Seiten 67 ff.

Erklärung (Grenzkommission BRD, 1978):
Erklärung des Leiters der Delegation der BRD in der Grenzkommission, Ministerialdirigent Dr. Pagel, bei der Unterzeichnung des Regierungsprotokolls über die Gesamtdokumentation und der Regierungsvereinbarung zum Hochwasserrückhaltebecken an der Itz bei Coburg am 29. 11.1978 in Bonn. In: ADN-Information.

Erklärung (Nationale Mission, 1965):
Die nationale Mission der DDR und der Friedenskräfte Westdeutschlands. Erklärung des Vorsitzenden des Staatsrates der DDR, Walter Ulbricht, auf der 13. Sitzung der Volkskammer der DDR am 5. Mai 1965. In: Schriftenreihe des Staatsrates der DDR Nr. 12/1965.

Erklärung (niemals Krieg, 1964):
Nie mehr darf Deutschland Ausgangspunkt eines Krieges sein. Dokumente der 7.Sitzung der Volkskammer der DDR am 1. September 1964 aus Anlaß des 25. Jahrestages des Ausbruchs des zweiten Weltkrieges und des 50.Jahrestages des Ausbruchs des ersten Weltkrieges. In:

Schriftenreihe des Staatsrates der DDR 1964.

Falin, Valentin (**Erinnerungen,** 1993):
Politische Erinnerungen. München 1993.

Faust, Fritz (**Potsdamer Abkommen,** 1969):
Das Potsdamer Abkommen und seine völkerrechtliche Bedeutung. Vierte Auflage Frankfurt am Main am Main/Berlin 1969.

Faulenbach, Bernd (**Doppelte Nachkriegsgeschichte,** 2001):
zehn Jahre Auseinandersetzung über die doppelte Nachkriegsgeschichte und die Frage der inneren Einheit in Deutschland. In: Timmermann, Heiner (Herausgeber). Deutsche Fragen. Von der Teilung zur Einheit. Berlin 2001 Seiten 647 bis 660.

Fernandez, Gloria (**Außengrenzen EU,** 2008):
Drohnen an den Außengrenzen. Slowenien: EU - Innenminister bereiten Regelungen zur weiteren militärischen Abschottung Europas vor. In: Tageszeitung junge Welt 13. März 2008 Nr. 62 Seite 7.

Fernerkundung (der Erde, 2008):
Internet: http://de. wikipedia.org/Wiki/Fernerkundung Abgerufen am 30.09.2008 Seite 1 bis 7.

Fiedler, Winfried (**Grenze als Rechtsproblem,** 1993):
Die Grenze als Rechtsproblem. In: Harbrichs/Schneider(Herausgeber), Grenzen und Grenzregionen. Saarbrücken 1993.

Fisch, Bernhard (**Stalin und die Oder-Neiße-Grenze,** 2000):
Stalin und die Oder-Neiße-Grenze: Ein europäisches Problem. Berlin 2000.

Flormann/Pfaff, Annette (**Lagerstätten im Völkerrecht,** 1994):
Lagerstätten im Völkerrecht. Joint Development: Zusammenarbeit bei anerkannten und streitigen Grenzen. Berlin 1994.

Flüchlingsrat /Pro Asyl (Grenze, 1998):
Grenzregime. In: Die Grenze. Flüchlingsjagd in Schengenland. Berlin 1998 Seiten 79 bis 122.

Förster, Horst (**Grenzen** , 2000):
Grenzen-eine geographische Zwangsvorstellung? In: Lemberg (Herausgeber). Grenzen in Ostmitteleuropa im 19. und 20. Jahrhundert. Aktuelle Forschungsprobleme. Marburg 2000.

Foitzik, Jan (**SMAD,** 1995):
Die Sowjetische Militäradministration in Deutschland. In: Inventar der Befehle des Obersten Chefs der Sowjetischen Militäradministration in Deutschland (SMAD) 1945 - 1949 - Offene Serie Herausgeber: Institut für Zeitgeschichte, Texte und Materialien zur Zeitgeschichte, Band 8.München 1995 Seiten 7 bis 57.

Derselbe (SMAD Struktur und Funktion, 1999):
Sowjetische Militäradministration in Deutschland 1945-1949. Struktur und Funktion. Berlin 1999.

Foschepoth, Josef (**Überwachung,** 2013):
Überwachtes Deutschland. Post- und Telefonüberwachung in der alten Bundesrepublik, zweite Auflage Göttingen/Bristol (USA) 2013.

Francois, Etienne/**Seifarth,** Jörg/**Struck,** Bernhard (Herausgeber) (**Die Grenze als Raum, 2007):**
Die Grenze als Raum, Erfahrung und Konstruktion. Deutschland, Frankreich und Polen vom 17. bis zum 20. Jahrhundert. Frankfurt Main/New York 2007.

Frankfurter Dokumente (Frankfurter Dokumente, 2008):
Wortlaut der von den Militärgouverneuren den elf deutschen Ministerpräsidenten in Frankfurt

am Main übergebenen drei Dokumente vom 1. Juli 1948. Dokument Nr. I (Grundlinien für die Verfassung); Dokument Nr. II (Aufforderung zur Überprüfung der Ländergrenzen) Dokument Nr. III (Grundsätze eines Besatzungsstatuts) In:documentzArchiv.de(Hersg.)URL:http.//www.documwentArchiv.de/brd/frft .dok.html Abgerufen am 22.September 2008.

Freitag/Rausch/Schindler (Staatgrenze, 2004):
Die Staatsgrenze der DDR und ihre völkerrechtliche Bestimmung. In: Baumgarten/Freitag (Herausgeber). Die Grenzen der DDR. Berlin 2004, Seite, 18 bis 36.

Fricke, Hans (**Schußwaffengebrauchsbestimmungen,** 1993):
Der Dienst in einer Grenzkompanie und die Schußwaffengebrauchsbestimmungen. In: Derselbe. Davor - Dabei - Danach. Ein ehemaliger Kommandeur der Grenztruppen der DDR berichtet. Köln 1993, Seiten 195 bis 207.

Fricke, Hans-Joachim/**Ritzau,** Hans-Joachim (Schienenverkehr, 2004):
Die innerdeutsche Grenze und der Schienenverkehr. Fünfte Auflage. Pürgen 09/2004.

Fricke, Karl Wilhelm (**Baumgarten,** 2008):
Schuldiger mit gutem Gewissen. Baumgartens postdiktatorischer Geschichtsrevisionismus. In: Frankfurter Allgemeine Zeitung 14. Oktober 2008 Seite 10.

Friedensvertrag (Versailles, 1919):
Der Friedensvertrag zwischen Deutschland und der Entente. Deutschlands Grenzen. Im Auftrage des Auswärtigen Amtes. Berlin 1919 Seite 18 - 29.

Frowein, Jochen Abr. (**Deutsche Grenzen,** 1979):
Die deutschen Grenzen in völkerrechtlicher Sicht. In: Europa-Archiv, Folge 19/ 1979 Seiten 591 bis 599.

50 Jahre Görlitzer Abkommen (**Grenze Oder-Neiße,** 2000):
50 Jahre Görlitzer Abkommen. Erfahrungen deutsch-polnischer Zusammenarbeit. Workshop am 25. Mai 2000. In: http://www.vip- ev.de/text01. htm abgerufen am 8.8.08.

Fürtig, Henner (**Krieg Iran /Irak,** 1986):
Sechs Jahre irakisch-iranischer Krieg - eine Bilanz. In: Asien, Afrika, Lateinamerika, 14/ (1986, Berlin Seiten 825 bis 835.

Gal, Gyula/**Wittinger,** Kalman (**Ungarisches Luftrecht,** 1985):
Grundzüge des ungarischen Luftrechts. In: ZLW 4/1985 Seite 302 bis 317.

Gaus, Günther (**Welt der Westdeutschen,** 1986):
Die Welt der Westdeutschen. Kritische Betrachtungen. Köln 1986.

Derselbe (Deutschland, 1986):
Wo Deutschland liegt. Eine Ortsbestimmung. München 1986.

Gelberg, Ludwik (**Grenzen Polens,** 1972):
Die neuen Grenzen Polens. Die Entstehung der Volksrepublik Polen: In: Münch/Walter (Herausgeber). Völkerrecht und Außenpolitik. Frankfurt a. M. 1972, Seiten 70 bis 121.

Derselbe: (Festlandsockel, 1976):
Rechtsfragen des Festlandsockels in der Ostsee. In: Recht im Dienst des Friedens. Festschrift für Eberhard Menzel zum 65.Geburtstag am 21. Januar 1976. Herausgegeben von Delbrück /Ipsen/Rauschning. Berlin 1975. Seiten 519 bis 533.

Das **geltende Recht (der DDR,** 1989):
Das geltende Recht chronologisch und systematisch geordnet. Verzeichnis der geltenden Rechtsvorschriften der DDR vom 7. 10. 1949 bis 31.12.1988. Herausgegeben vom Sekretariat des Ministerrates. Berlin 1989.

Gemeinsames Kommunique (Aufhebung Verkehrsbeschränkungen, 2004):
Gemeinsames Kommunique der Regierungen der Großmächte über die Aufhebung der Verkehrsbeschränkungen zwischen den Besatzungszonen und Berlin, 4. Mai 1949. In: Mitdank, Joachim. Berlin zwischen Ost und West. Erinnerungen eines Diplomaten. Dokument 11, Berlin 2004 Seite 268.

Genscher, Hans - Dietrich (**Zwei plus Vier**, 1995):
Zwei plus Vier. In: Erinnerungen. Berlin 1995 Seiten 709 bis 894.

Gespräch Kohl mit Gorbatschow (Kohl/Gorbatschow 12.6.1989):
In: DZD Deutsche Einheit 1989/90, Dokument Nr. 2 Seite 283.

Gesetz (Grundlagenvertrag, 1973):
Gesetz über den Vertrag über die Grundlagen der Beziehungen zwischen der DDR und der BRD vom 21. Dezember 1974 vom 13. Juni 1973. In GBl. II 1973 Seite 25.

Gesetz (Einigungsvertrag,1990):
Gesetz zum Vertrag zwischen der DDR und der BRD über die Herstellung der Einheit Deutschlands- Einigungsvertrag- vom 31. August 1990 (Verfassungsgesetz) vom 20. September 1990. In GBl. I 1990 Nr. 64 Seite 1627.

Gesetz (Einigungsvertragsgesetz BRD, 1990):
Gesetz zu dem Vertrag vom 31. August 1990 zwischen der BRD und der DDR über die Herstellung der Einheit Deutschlands - Einigungsvertragsgesetz und der Vereinbarung vom 18. September 1990. In: Sonderdruck aus der Sammlung Das deutsche Bundesrecht, (I A / 5). Baden-Baden 1990 Seiten 7 bis 10.

Gesetz (24.September 1990):
Gesetz über die Inkraftsetzung von Vereinbarungen betreffend den befristeten Aufenthalt von Streitkräften der Französischen Republik, der Union der Sozialistischen Sowjetrepubliken, des Vereinigten Königreichs Großbritannien und Nordirland und der Vereinigten Staaten von Amerika in Berlin und von sowjetischen Streitkräften auf dem in Artikel 3 des Einigungs- vertrages genannten Gebiet nach Herstellung der Deutschen Einheit vom 24. September 1990. In: BGBl. Teil II 1990 Seite 1246.

Gesetz (Luftverunreinigung, 1990):
Gesetz zu dem Protokoll vom 31. Oktober 1988 zu dem Übereinkommen von 1979 über weiträumige grenzüberschreitende Luftverunreinigung betreffend die Bekämpfung von Emissio- nen von Stickstoffoxiden oder ihres grenzüberschreitenden Flusses. In BGBL. II 1990 Seite 1278.

Gesetz (zum Vertrag 12. September 1990):
Gesetz zu dem Vertag vom 12. September 1990 über die abschließende Regelung in bezug auf Deutschland vom 11. Oktober 1990. In: BGBL. II 1990 Seite 1317.

Geßner, Klaus (**Befehle**, 1997):
Befehle der Sowjetischen Militäradministration des Landes Brandenburg 1945-1949.Frankfurt am Main 1997.

Geyer, Heinz (**Verbindungen über Elbegrenze**, 2008):
Das Verbindungssystem der HVA. In: Eichner/Schramm (Herausgeber) Hauptverwaltung A. Geschichte, Aufgaben, Einsichten. Referate und Diskussionsbeiträge der Konferenz am 17./ 18. November 2007 in Odense. Berlin 2008 Seiten 278 bis 285.

Giannios, Susanne (**Grenzen Palästinas**, 2002):
Die Grenzen des palästinensischen Staatsterritoriums. In: Dieselbe. Das Werden des Palästinastaates. Eine Untersuchung unter besonderer Berücksichtigung des Völkerrechts. Europäische Hochschulschriften, Reihe 2, Rechtswissenschaft; Band 3307 Frankfurt a. M. 2002,

Seiten 115 bis 123.

Gielen, Imke (**Text und Karte im Völkerrecht**, 1996):
Das Verhältnis von Text und Karte bei Grenzstreitigkeiten im Völkerrecht. Dissertation. FU Berlin 1996.

Gill, Arnon (**Deutsch/polnische Grenze**, 1997):
Eine tragische Staatsgrenze. Geschichte der deutsch-polnischen Grenze von 1918-1945. Frankfurt a. M. 1997.

Glaser, Günther/**Knoll**, Werner (**Sicherung Seegrenze**, 1997):
Zur Sicherung der Seegrenze der DDR. Protokoll der öffentlichen Anhörung der Alternativen Enquetekommission "Deutsche Zeitgeschichte" am 22. Januar 1994 in Rostock. Berlin 1997,

Goebbels, Josef (**Eiserner Vorhang**, 1945):
Das Jahr 2000. In: Wochenzeitung "Das Reich", 25 Februar 1945 (Leitartikel).Teilfaksimile Seite 22 dieses Buches

Görtemaker, Manfred (**Geschichte der BRD**, 1999):
Geschichte der Bundesrepublik Deutschland von der Gründung bis zur Gegenwart. München 1999.

Goguel, Rudi, (**Oder-Neiße-Grenze**, 1959):
Polen, Deutschland und die Oder - Neiße - Grenze. Berlin 1959.

Gorbatschow, Michael S. (**Gipfelgespräche,**1993):
Gipfelgespräche. Geheime Protokolle aus meiner Amtszeit. Berlin März 1993.

Derselbe (Churchill, 1993):
Antwort auf Churchill. Rede vom 7. Mai 1992 in Fulton. In: Gipfelgespräche. Geheime Protokolle aus meiner Amtszeit. Berlin März 1993 Seite 293 bis 308.

Derselbe (BundeskanzlerKohl, 1993):
Gespräch mit Bundeskanzler Helmut Kohl am 15. Juli 1990 in Moskau. In: Gipfelgespräche. Geheime Protokolle aus meiner Amtszeit. Berlin März 1993 Seite 161 bis 177.

Derselbe (Erinnerungen, 1995):
Erinnerungen. Berlin 1995.

Derselbe (Wiedervereinigung, 1999):
Wie es war. Die deutsche Wiedervereinigung. Berlin 1999.

Derselbe (Antikommunismus, 2007):
Rede an der Technischen Universität des Mittleren Ostens (ODTÜ) in Ankara. Herbst 1999. In: offen-siv (Herausgeber): Niederlagenanalyse. Die Ursachen für den Sieg der Konterrevolution in Europa. Reprint der besten Offensiv Artikel, Hannover 2007 Seite 207 f.

Gornig, Gilbert/**Despeux**, Gilles, (**Seeabgrenzung, Ostsee**, 2002):
Seeabgrenzungsrecht in der Ostsee. Eine Darstellung des völkerrechtlichen Seeabgrenzungsrechts unter besonderer Berücksichtigung der Praxis der Ostseestaaten. Frankfurt am Main 2002.

Derselbe (Status Deutschlands, 2007):
Der völkerrechtliche Status Deutschlands zwischen 1945 und 1990. Auch ein Beitrag zu Problemen der Staatensukzession. München 2007.

Derselbe (Zwei plus Vier Vertrag, 1991):
Der Zwei-plus-vier Vertrag unter besonderer Berücksichtigung grenzbezogenen Regelungen. In: Recht in Ost und West 1991 Seiten 97 bis 106.

Gossweiler, Kurt (**Rolle Gorbatschow**, 2007):
Das Innerste des Kerns: Ein Hilfswilliger (Hiwi) des Westens).
In: offen- siv (Herausgeber): Niederlagenanalyse. Die Ursachen für den Sieg der Konterrevolution in Europa. Reprint der besten Offensiv-Artikel, 2007 Seite 207 f.

Derselbe (Doppelstrategie, 2007):
Die antisozialistische Doppelstrategie des Imperialismus und der historische   Wechsel   von
der Konfrontationspolitik - zur schließlich erfolgreichen-`indirekten Strategie´. In: offen-siv
(Herausgeber): Niederlagenanalyse. Die Ursachen für den Sieg der Konterrevolution in Europa.
Reprint der besten Offensiv-Artikel. Hannover 2007.

Graefrath, B./**Oeser,** E./**Steiniger,** P.A. (**Verantwortlichkeit,** 1977):
Völkerrechtliche Verantwortlichkeit der Staaten. Berlin 1977.

Grafe, Roman (**Grenze,** 2002):
Die Grenze durch Deutschland. Berlin 2002.

Graichen, Gisela (Hg.)(**Limes** 2o09)
Limes. Roms Grenzwall gegen die Barbaren. Frankfurt am Main 2009.

Grenzen und Grenzüberschreitungen. (**Grenzenloses Österreich,** 1998):
Grenzen und Grenzüberschreitungen. Die Bedeutung der Grenzen für die staatliche und soziale
Entwicklung des Habsburgerreiches von der Mitte des 18. bis zur Mitte des 19. Jahrhunderts.
Bericht über das Forschungsprojekt. Auftraggeber: Bundesministerium für Wissenschaft und
Verkehr (Wien). Forschungsprogramm: "Grenzenloses Österreich". Dauer: 31. Dezember 1994
bis 30. April 1998. In: http: www.univie.acat/Geschichte/p _grenz.html.

Grenzgesetz (Grenzgesetz, 1982):
Gesetz über die Staatsgrenze der DDR (Grenzgesetz) vom 25.März1982. In: GBL Teil I Seite
197.

Grenzkonflikt (Deutschland/Schweiz, 2003):
Grenzkonflikt friedlich beigelegt. In: DIE ZEIT, 27. November 2003 Nr. 49.

Grenzregime DDR (Sicherung des Hoheitsgebietes) eine Auswahl von Rechtsvorschriften
1952 bis 1990 ohne Quellenangabe (grundsätzlich immer GBL. der DDR):
VO über Maßnahmen an der DL zwischen der DDR und den westlichen BZ vom 26. Mai 1952.
Polizei VO über die Einführung einer besonderen Ordnung an der DL vom 26. Mai 1952.
Auszüge in Schultke, Geschichte Grenzen, Seite 226. Weitere Quelle:
„Grenzmuseum" Festung Dömitz.
VO über weitere Maßnahmen zum Schutze der DDR vom 9. Juni 1952.
AO über Maßnahmen zu Sicherung und zum Schutze des Küstengebietes der DDR vom 10.Juli
1952:
Schußwaffengebrauchsvorschrift für die Angehörigen der HVDVP vom 26. August 1953. In:
Schultke., Geschichte Grenzen, 2008 S. 227 BIS 229.
AO über die Neuregelung der Maßnahmen an der DL zwischen der DDR und Westdeutschland
vom 18. Juni 1954. In: Zentralblatt Seite 266.
VO zur Erleichterung und Regelung der Maßnahmen an der Grenze zwischen der DDR und der
Deutschen Bundesrepublik vom 03. Mai 1956.
Erklärung der Regierungen der Warschauer - Vertrags - Staaten vom August 1961. In: GBL: II
Seite 331.
Beschluß des Ministerrates der DDR (über Maßnahmen zur Sicherung des Friedens, zum
Schutze der DDR, insbesondere ihrer Hauptstadt und zur Gewährleistung anderer
sozialistischer Staaten) vom 12. August 1961. In: GBL. II Seite 332.
VO über die Sicherung und den Schutz des Küstengebietes der DDR vom 21. Juni 1963.
VO über Maßnahmen zum Schutze der Staatsgrenze zwischen der DDR und Westberlin vom 21.
Juni 1963.
AO über die Ordnung im Grenzgebiet zwischen der DDR und Westberlin vom 21. Juni 1963.
VO zum Schutze der Staatsgrenze der DDR vom 19. März 1964.

AO über die Ordnung in den Grenzgebieten und den TG der DDR - Grenzordnung- vom 19. März 1964.

Gesetz über die Staatsgrenze der DDR (Grenzgesetz) vom 25. März 1982, §§ 18 bis 35, 39 bis 41.

DVO zum Gesetz über Staatsgrenze der DDR (GrenzVO) vom 25. März 1982.

AO über die Ordnung in den Grenzgebieten und den Seegewässern der DDR - Grenzordnung - vom 25. März 1982.

AO über die Aufhebung der Personenkontrollen an den innerdeutschen Grenzen vom 27. Juni 1990.

Grenzverträge

der deutschen Staaten mit ihren Nachbarn zur Festlegung, Feststellung und sonstiger damit im Zusammenhang stehender Probleme (eine Auswahl, Stand: 31.12.2006):

(Belgien, 1958):
Vertrag zwischen der BRD und dem Königreich Belgien über die Berichtigung der deutsch -belgischen Grenze und andere die Beziehungen zwischen beiden Ländern betreffende Fragen vom 24.September 1956. In: BGBl. 1958 Teil II Seite 263.

(Belgien, 1970):
Vertrag über Regulierung und Reinigung der Grenzgewässer Breitenbach und Schwarzbach vom 24.12.1969. In: BGBl. 1970 Teil II Seite 1205.

(Dänemark,1922 und 1954):
Vertrag zwischen Deutschland und Dänemark, betreffend die Regelung der durch den Übergang der Staatshoheit in Nordschleswig auf Dänemark entstandenen Fragen vom 10. April 1922 (mit 18 Einzelabkommen). In: RGBl.1922 Teil II Seite 141. Bekanntmachung   der Wiederanwendung dieses Vertrages vom 23.Juni 1954. In: BGBl. 1954 Teil II Seite 717.

(DDR, Verkehrsvertrag, 1972):
Vertrag zwischen der DDR und BRD über Fragen des Verkehrs mit Protokollvermerken vom 26. Mai 1972. In: GBl. Teil I Seite 258.

(DDR, Grundlagenvertrag, 1973):
Vertrag zwischen der DDR und der BRD über die Grundlagen der Beziehungen zwischen der DDR und der BRD mit Protokollvermerk zu Artikel 3(Grenzkommission) vom 21. Dezember 1972. In: GBl. 1973 Teil II Seite 26. Auch in: BGBl. Teil II 1973, Seiten 423, 426.

(DDR, Protokollvermerk Nr. 1)
Protokollvermerk Nr. 1 der Grenzkommission Sitzung vom 28./29. März 1973. Erörterte Frage: Grundsätze für die Aufgaben und Arbeitsweise der Arbeitsgruppe Grenzmarkierung. Anlage Nr. 11.

(DDR, Protokollvermerk Nr. 7):
Protokollvermerk Nr. 7 der Grenzkommission von der 9. Sitzung am 05./06. Dezember 1973 in Wolfsburg. Erörterte Frage: Festlegung des Grenzverlaufes zwischen der BRD und der DDR im Bereich Priwall bis Elbe.

DDR (Eckertalsperre, 1978):
Vereinbarung zwischen der Regierung der DDR und der Regierung der BRD über die Regelung von Fragen betreffend die Eckertalsperre und die Eckerfernwasserleitung. In: GBL. II Nr. 6 Seite 97 bis 99.

DDR (Grenzinformationspunkte, 1978):

Protokollvermerk über Betrieb, Wartung und Entstörung der Fernsprechleitungen zwischen den Grenzübergangsstellen (Grenzinformationspunkten) gemäß Absatz 3 Ziffer 2 der Vereinbarung vom 20. September 1973 über Grundsätze zur Schadensbekämpfung an der Grenze zwischen der BRD und der DDR vom 5. Dezember 1973. In: GBl. 1978 Teil II Seite 101.

DDR, (Kohleabbau. 1978);
Protokollvermerk über den Abbau des grenzüberschreitenden Braunkohlevorkommens im Raum Harbke (DDR) / Helmstedt (BRD). In GBl 1978 Teil II Seite 102.

(DDR, Schadensvereinbarung, 1978):
Vereinbarung zwischen der Regierung der DDR und der Regierung der BRD über Grundsätze zur Schadensbekämpfung an der Grenze zwischen der DDR und der BRD mit Anlage Grenzinformationspunkte und Zuständigkeitsbereiche bei Schadensfällen vom 20. September 1973. In: GBl. 1978 Teil II Seite 108, gleichfalls in: BGBL. 1974 II Seite 1238.

DDR, (Instandhaltung und Ausbau Grenzgewässer, 1978):
Vereinbarung zwischen der Regierung der DDR und der Regierung der BRD über Grundsätze zur Instandhaltung und zum Ausbau der Grenzgewässer sowie der dazugehörigen wasserwirtschaftlichen Anlagen (mit Anlage) vom 20. September 1973. In: GBl.1978 Teil II Seite 110.

(DDR, Territorialgewässer, 1978):
Vereinbarung zwischen der Regierung der DDR und der Regierung der BRD über den Fischfang in einem Teil der Territorialgewässer derDDR in der Lübecker Bucht vom 29. Juni 1974 (mit Erklärung und Protokollvermerken). In: GBl.1978 Teil II Seite 93.

(DDR, Grenzdokumentation, 1978):
Protokoll zwischen der Regierung der DDR und der Regierung der BRD über die Überprüfung, Erneuerung und Ergänzung der Markierung der zwischen der DDR und der BRD bestehenden Grenze, die Grenzdokumentation und die Regelung sonstiger mit dem Grenzverlauf in Zusammenhang stehender Probleme vom 29. November 1978 (mit Protokollvermerken, Anhängen zum Protokoll und Einzelvereinbarungen). In: GBl. 1978 II Seite 86.

(Frankreich, 1956, 1981)
Vertrag zwischen der BRD und der Französischen Republik zur Regelung der Saarfrage vom 27. Oktober 1956. In: BGBl. 1956 Teil II Seite 1589. Abkommen zwischen der Regierung der BRD und der Regierung der Französischen Republik zur Änderung des Vertrages vom 27. Oktober 1956 zur Regelung der Saarfrage vom 20. August 1981. In: BGBl. 1981 Teil II Seite 1107.

(Luxemburg, 1988):
Vertrag zwischen der BRD und dem Großherzogtum Luxemburg über den Verlauf der gemeinsamen Staatsgrenze vom 19. Dezember 1984. In: BGBl. 1988 Teil II Seite 415.

(Niederlande, Verlauf, 1824):
Grenzverträge zwischen dem Königreich Preußen und dem Königreich der Niederlande vom 26. Juni 1816 in Aachen, am 7. Oktober 1816 in Kleve unterzeichneten Verträgen. Grenzvertrag zwischen dem Königreich Hannover und Königreich der Niederlande vom 2. Juli 1824.

(Niederlande, 1963):
Vertrag zwischen der BRD und dem Königreich der Niederlande über den Verlauf der gemeinsamen Landgrenze, die Grenzgewässer, den grenznahen Grundbesitz,

den grenzüberschreitenden Binnenverkehr und andere Grenzfragen vom 8. April 1960. In: BGBl. 1963 Teil II Seite 463.

(Niederlande, 1963,1982,1992):
Vertrag zwischen der BRD und dem Königreich der Niederlande (sog. Ems-Dollart - Vertrag) vom 8. April 1960. In: BGBl. 1963 Teil II Seite 602.

Grenzvertrag über Grenzberichtigungen vom 30.Oktober 1980. In: BGBl.1982 Teil II Seite 735.

Grenzvertrag über Grenzberichtigungen vom 20. Oktober 1992. In: BGBl. 1996 Teil II Seite 954.

(Österreich, 1972, 1977,1979):
Vertrag zwischen der BRD und der Republik Österreich über die gemeinsame Staatsgrenze vom 29. Februar 1972. In: BGBl. 1975 Teil II Seite 766.

Vertrag zwischen der BRD und der Republik Österreich über den Verlauf der gemeinsamen Staatsgrenze im Grenzabschnitt "Dreieckmark-Dandlbachmündung" und "Scheibelberg-Bodensee" sowie über die Befugnisse der Grenzkommission vom 20. April 1977. In: BGBl. 1979 Teil II Seite 379.

(Polen, Oder-Neiße-Friedens Grenze, 1950):
Abkommen zwischen der DDR und der Republik Polen über die Markierung der festgelegten und bestehenden deutsch-polnischen Staatsgrenze vom 6. Juli 1950. In: GBl. 1950 Seite 1205.

(Polen, Wasserwirtschaft an Grenzgewässern, 1967):
Bekanntmachung des Abkommens zwischen der Regierung der DDR und der Volksrepublik Polen über die Zusammenarbeit auf dem Gebiet der Wasserwirtschaft an den Grenzgewässern vom 12. März 1965. In: GBl. Teil I 1967 Seite 93.

(Polen, 1970,1990,1991, 1994):
Vertrag zwischen der BRD und der Volksrepublik Polen über Grundlagen der Normalisierung ihrer gegenseitigen Beziehungen vom 7. Dezember 1970. In: BGBl. 1972 Teil II Seite 651.

Vertrag zwischen der BRD und der Republik Polen über die Zusammenarbeit auf dem Gebiet der Wasserwirtschaft an den Grenzgewässern vom 19. Mai 1992. In: BGBl. 1994 Teil II S. 59.

Vertrag zwischen der BRD und der Republik Polen über die Bestätigung der zwischen ihnen bestehenden Grenze vom 14. November 1990. In: BGBl. 1991 Teil II Seite 1328.

(Schweiz, 1967, 1978):
Vertrag zwischen der BRD und der Schweizerischen Eidgenossenschaft über Neuhausen am Rheinfall vom 23. November 1964. In: BGBl. 1967 Teil II Seite 2041.

Vertrag zwischen der BRD und der Schweizerischen Eidgenossenschaft über die Straße zwischen Lörrach und Weil am Rhein auf schweizerischem Gebiet vom 25. April 1977. In: BGBl. 1978 Teil II Seite 1202.

(Tschechoslowakei CSR, 1956):
Regierungsabkommen über die Grenzbevollmächtigten vom 22.September 1956. Außer Kraft: GBl.1977 Teil II Nr. 16, Art. 36).

(Tschechoslowakei CSR, Zollwesen, 1958):
Abkommen zwischen den Regierungen der DDR und der Tschechoslowakischen Republik über die Zusammenarbeit und die gegenseitige Hilfe auf dem Gebiet des

Zollwesens vom 27. März 1958. In: GBl. 1958 Teil I Seite 345.

(Tschechoslowakei CSR Gemeinsame Erklärung, 1968):
Gemeinsame Erklärung der DDR und der Tschechoslowakischen Republik   über
Freundschaft und Zusammenarbeit vom 23.6.1950. In: Handbuch der Verträge, Berlin
1968, S. 507.

(Tschechoslowakei CSSR, Zusammenarbeit, 1976):
Vertrag zwischen der DDR und der Tschechoslowakischen Sozialistischen Republik
über Zusammenarbeit an der gemeinsamen Staatsgrenze   und die gegenseitige Hilfe in
Grenzangelegenheiten vom 8.September 1976. In: GBl.   1976 Teil II Seite 341.

(Tschechoslowakei CSSR, Staatsgrenze mit DDR, 1980):
Vertrag zwischen der DDR und der CSSR über die gemeinsame Staatsgrenze vom 3.
Dezember 1980. In: GBl.. II Nr. 3 Seite 49.

(Tschechische Republik, Staatsgrenze, 1997):
Vertrag zwischen der BRD und der Tschechischen Republik über die gemeinsame
Staatsgrenze vom 3. November 1994. In: BGBl. 1997 Teil II Seite 566.

(Tschechische Republik, Grenzgewässer, 1997):
Vertrag zwischen der BRD und der Tschechischen Republik über Zusammenarbeit   auf
dem Gebiet der Wasserwirtschaft an den Grenzgewässern vom 12. Dezember 1995.
In: BGBl. 1997 Teil II Seite 924.

(Tschechische Republik, Grenzurkunden, 2001):
Vertrag zwischen der BRD und der Tschechischen Republik über das Grenzurkunden-
werk der gemeinsamen Staatsgrenze vom 3. Juni 1999. In: BGBl. 2001 Teil II Seite 558.

Grewe, Wilhelm G. (Deutsche Frage,1986):
Die deutsche Frage in der Ost-West-Spannung, Zeitgeschichtliche Kontroversen der achtziger
Jahre. Herford 1986.

Grimm, Jakob (Grenzaltertümer, 1865/1991):
Deutsche Grenzalterthümer. In: Derselbe. Kleinere Schriften Band II, 1865/1991, Seiten 30-74.

Derselbe (Rechtsalterthümer, 1955):
Deutsche Rechtsalterthümer,. Band I und II , Darmstadt 1955.

Derselbe: (Vorlesung über deutsche Rechtsalterthümer):
Herausgeberin: Ebel, Else Göttingen/Zürich 1990.

Gropp, Walter (Rückwirkungsverbot, 1996):
Naturrecht oder Rückwirkungsverbot? Zur Strafbarkeit der Berliner "Mauerschützen". In: Neue
Justiz 1996 Seite 393.

Großmann, Werner (Auslandsaufklärung, 2008):
"Geschichte schreiben, nicht Geschichten erzählen". Gespräch mit Werner Großmann. Über den
Umgang mit der DDR-Auslandsaufklärung, die anhaltende Kalte-Kriegs-Hetze und das
Ausblenden vom Zeitzeugen. Und darüber, wie die sich wehren. In: Tageszeitung junge Welt
3./4. Mai 2008.

Grünwald, Gerald (Schusswaffengebrauch, 1966):
Ist der Schußwaffengebrauch an der Zonengrenze strafbar? In: JZ 1966 Seite 633.

Grundlagenvertrag DDR/BRD, (Grundlagenvertrag, 1973):
Vertrag zwischen der DDR und der BRD über die Grundlagen der Beziehungen zwischen der
DDR und der BRD mit Protokollvermerk zu Artikel 3 (Grenzkommission) vom 21. Dezember
1972. In: GBl. !973 Teil II Seite 26,auch: BGBl. 1973 Teil II Seite 421.

Gurion, Chava (Israels Grenzen, 2004):

Über Zäune. In: http://www.israelforum.at/d_gurion.htm

Gusy, Christoph (Polizeirecht, 2000):
Die Organisation der Polizei- und Ordnungsbehörden. In: Polizeirecht vierte Auflage Tübingen 2000 Seite 22 bis 38.

Hailbronner, Kay(Luftgrenzen, 1972):
Der Schutz der Luftgrenzen im Frieden. Köln/Bonn 1972.
Haller, Dieter (Ethnologie der Grenze, 2001):
Entwurf einer Ethnologie der Grenze. Vortrag Europa-Konferenz "Moderne Zeiten, Europäische Räume-Grenzfragen" der Grünen Akademie, 23. Bis 25.Februar 2001. In: http://amor.rz.huberflin.de/-ho92cyt/index.html.
Hanisch; Wilfried (Grenzschutzorgane, 2004):
Zur Entwicklung der Grenzschutzorgane in den Jahren 1949 bis 1960. In: Baumgarten/Freitag (Herausgeber): Die Grenzen der DDR. Berlin 2004 Seiten 104 bis 157.
Hansen, Reimer (Nordgrenze, 1990):
Deutschlands Nordgrenze. In: Demandt,(Herausgeber). Deutschlands Grenzen in der Geschichte. München 1990 Seiten 89 bis 133.
Hartenstein, Michael A. (Oder-Neiße-Grenze, 2006):
Die Geschichte der Oder-Neiße-Linie. München 2006.
Hartmann, Klaus (Antifaschismus, 2005):
Gegen die Liquidierung des Antifaschismus. In. Freidenker 1/2005.
Hartmann, Ralph (Lügen über die DDR, 2007):
Die Alleinschuld der DDR an der Mauer. In: Derselbe: Die DDR unterm Lügenberg, Hannover 2007 Seiten 54 bis 66.
Heinen, Johannes (Schußwaffengebrauch, 2004):
Rechtsgrundlagen Feldjägerdienst. Mit Erläuterungen des UZwG Bw. Einsatzgrundlagen im In- und Ausland. 7. Aufl. Walhalla 2004.
Heller, Wilfriede (Grenzen, 1993):
Politische Grenzen und Grenzräume aus anthropogeographischer Sicht. In: Weisbrod (Herausgeber). Grenzland. Beiträge zur Geschichte der deutsch-deutschen Grenze. Hannover 1993 Seite 173.
Helmholt, Hans, (Entwicklung Grenze, 1896):
Die Entwicklung der Grenzlinie aus dem Grenzsaume im alten Deutschland. In: Historisches Jahrbuch 1896 Seite 235.
Hepper, Günter, (Bibliographie Seerecht, 1986):
Bibliographie "Seerecht der DDR". Rostock 1986.
Derselbe: (UdSSR 200 Seemeilen- Zone, 1986):
Zur Ausgestaltung des Rechtsregimes der 200 - sm - Zonen unter besonderer Betrachtung der neuen Regelungen der UdSSR. In: Seewirtschaft, Berlin 18 (1986) 5 Seiten 228 bis 232.
Herdegen, Matthias (Verträge der DDR, 1997):
Völkerrechtliche Verträge der DDR, gebietsbezogne Verträge. In: Isensee/Kirchhof (Herausgeber). Handbuch des Staatsrecht der BRD. Band IX, Heidelberg 1997, Seiten 629 bis 651.
Derselbe (Europarecht, 2007):
Europarecht. Neunte Auflage München 2007.
Hertle, Hans-Herrmann/Sälter; Gerhard (Mauer und Grenze, 2006):
Die Todesopfer an Mauer und Grenze. Probleme einer Bilanz des DDR-Grenzregimes. In:

Deutschland Archiv 39 (2006) Heft 4 Seiten 667 bis 676.

Hertle/Januch/Kleßmann (Herausgeber) (Mauer, 2002):
Mauerbau und Mauerfall. Ursachen - Verlauf - Auswertung. Berlin 2002.

Herz, Dietmar (Grenzen, 2003):
Das Land. In: Palästina. Gaza und Westbank Geschichte, Politik, Kultur. Fünfte Auflage 2003 Seiten 10 bis 18.

Heuer, Uwe Jens/**Riege,** Gerhard (Rechtsstaat, 1992):
Der Rechtsstaat - eine Legende? Erfahrungen zweier Rechtswissenschaftler 1990/91 in Volkskammer und Bundestag. Baden-Baden 1992.

Heuer, Uwe-Jens (Jurist in zwei deutschen Staaten, 2002):
Im Streit: Ein Jurist in zwei deutschen Staaten. Baden-Baden 2002.

Herzog, Felix(Todesschützen, 1993):
Zur strafrechtlichen Verantwortlichkeit von Todesschützen an der innerdeutschen Grenze. In: Neue Justiz 1993 Seite 1.

Hobe, Stephan/**Tietje,** Christian ("Schießbefehl", 1994):
Schießbefehl an der DDR-Grenze und ins cogens. Zur Nichtigkeit des § 27 Grenzgesetz unter völkerrechtlichen Aspekten. Archiv des Völkerrechts. 1994 Seite 130.

Houtermans, Sarah (Grenze Tschechien/Slowakei, 2007):
Schengenbeitrit befreit Leute aus Kone^na´. In: http://www.radio.cz/de/artikel/98965.

Hübner, Christa (Oder-Neiße-Grenze, 1990):
Oder-Neiße-Grenze- Zankapfel oder Friedensband, In: Horizont international. Magazin für Politik und Wirtschaft. Heft 5/90. Seite 10 f.

Hummer, Waldemar/**Mayr-Singer**, Jelka (SED-Unrecht, 2000):
Der "deutsche Sonderweg" bei der Aufarbeitung von SED- Unrecht. Vergangenheitsbewältigung durch Strafjustiz. In: Neue Justiz 2000, Seite 561.

Innerdeutsche Grenze (Innerdeutsche Grenze, 1987):
Die innerdeutsche Grenze. Herausgegeben vom Bundesministerium für innerdeutschen Beziehungen. Köln Mai 1987.

Innerdeutsche Grenze (Innerdeutsche Grenze , Wikipedia 2008):
Innerdeutsche Grenze Http://de.wikipedia.org/wiki/Innerdeutsche Grenze 30. September 2008 Seite 1 bis 10.

Ipsen, Kurt (Völkerrecht, 1999):
Völkerrecht. München 1999.

Israel (Festlegung Grenzen, 2006):
Israel will Staatsgrenzen ohne die Palästinenser festsetzen. In: Hamburger Abendblatt 10. März 2006.

Issraelian, Viktor (Antihitlerkoalition, 1975):
Die Antihitlerkoalition. Die diplomatische Zusammenarbeit zwischen der UdSSR, den USA und England während des zweiten Weltkrieges 1941-1945. Moskau 1975.

Jach, Michael (Elbgrenze, 1987):
Neue Überlegungen zur Elbgrenze. Albrecht spricht von "Nutzungsregelung mit der DDR" Rechtsstandpunkt soll bleiben. In: Tageszeitung Die Welt 18. August 1987 Seite 1

Jalta - Dokumente (Jalta-Dokumente, 1987):
Die Jalta-Dokumente. Roosevelt, Churchill und Stalin auf der Krimkonferenz im Februar 1945. Department of State USA. Ausgewählte Dokumente vom 17.Juli 1944 bis 3. Juni 1945. Deutsche

Ausgabe. Leoni am Starnberger See 1987.

Jellinek, Georg (Elemente des Staates, 1922):
Die rechtliche Stellung der Elemente des Staates. In: Derselbe. Allgemeine Staatslehre. Dritte Auflage unter Verwertung des handschriftlichen Nachlasses durchgesehen und ergänzt von Walter Jellinek. Berlin 1922 Seite 394 bis 434.

Jelpke, Ulla (Grenzregime 2008):
Rigides Grenzregime. Festung Europa: Die neuen Schengen-Außengrenzen werden mit Hilfe der EU-Agentur Frontex hermetisch abgeriegelt. In.: Tageszeitung junge Welt 29. Mai 2008 Nr. 124 Seite 3.

Dieselbe (Schäubles Grenzregime, 2008):
Schäubles Grenzregime. EU-Innen und Justizminister beraten weitere Abschottungsmaß nahmen. Deutschland an der Seite Sarkozys. Spanien setzt Legalisierungsmöglichkeit für "nützliche" Migranten durch. In: Tageszeitung junge Welt 08. Juli 2008 Seite 5.

Jenisch, Uwe (Bibliographie Seerecht 1998):
Bibliographie Seerecht 1998.

Jochum, Dietmar (Politbüro-Prozess, 1996):
Der Politbüro-Prozeß. Dokumentation eines Justiztheaters. Kückenhagen 1996.

Derselbe (Urteil Politbüro-Prozess, 1998):
Die Plädoyers und das Urteil im Politbüroprozeß. Berlin 1998.

Joseph, Detlef (Rechtsstaat, 1997):
Der Rechtsstaat und die ungeliebte DDR. Schkeuditz 1997.

Jurczek, Peter (Herausgeber), (Staatsgrenzen, 1996):
Regionale Entwicklung über Staatsgrenzen. Berlin 1996.

Jüttner, Horst (Grenzalarm, 2007):
Grenzalarm. Erinnerungen und Erzählungen ehemaliger Grenzsoldaten. Berlin 2007.

Kaminski, Gerd (Volksrepublik China Gebietserwerb, 1975):
Die Haltung der Volksrepublik China zum völkerrechtlichen Gebietserwerb demonstriert an den Fällen der Insel Zhenbao (Damaski) und der Diaoyuu-Inseln (Senkaku-Inseln). Wien 1975

Karau, Gisela (Grenzerprotokolle), 1992):
Grenzerprotokolle. Gespräche mit ehemaligen DDR- Offizieren. Frankfurt am Main 1992.

Karpf, Peter (Kärnten/Slowenien, 2005):
Kärnten - Slowenien: belastete Grenze im "neuen Europa". Klagenfurt 2005.

Karpow, Wladimir (Sowjetunion im Krieg, 2007):
Russland im Krieg 1941 - 1945. Lizenzausgabe Augsburg 2007.

Kempen, Bernhard (Oder-Neiße Grenze, 1997):
Die deutsch-polnische Grenze nach der Friedensregelung des Zwei-plus Vier-Vertrages. Frankfurt a. M. 1997.

Keßler, Heinz (Gespräch, 1988):
"Karten auf den Tisch und anfangen". Armeegeneral Heiz Keßler, Minister für Nationale Verteidigung der DDR, in einem Gespräch mit Theo Sommer und Marlies Menge von der Hamburger Wochenzeitung "DIE ZEIT". In Neues Deutschland 1./2. Oktober 1988 Seite 9 f. Aus "DIE ZEIT" vom 30. September 1988.

Derselbe: (Zur Sache, 1996):
Zur Sache und zur Person. Berlin 1996.

Keßler, Heinz/**Streletz,** Fritz Ohne die Mauer hätte es Krieg gegeben. Berlin 2011.

Khan, Daniel-Erasmus (Staatsgrenzen, 2004):

Die deutschen Staatsgrenzen; rechtshistorische Grundlagen und offene Rechtsfragen. Tübingen 2004.

Kiesler, Richard/**Elbe,** Frank (Weg zur Einheit, 1993):
Ein runder Tisch mit scharfen Ecken. Der diplomatische Weg zur deutschen Einheit. Baden-Baden 1993.

Killiches, Christian (Arbeit Geodäten, 1998):
Die Deutsch-Polnische Grenzvermessung nach 1945. In: Vermessung Brandenburg Nr. 2/98 Seite 40 bis 51.

Kinkel, Klaus (Begrüßungsansprache, 1992):
Begrüßungsansprache des Bundesministers der Justiz vor dem 15. Deutschen Richtertag,23. September 1991 in Köln. In: Deutsche Richterzeitung Heft 1/1992 Seite 4 F: (Teilfaksimile Seite 86 in diesem Buch).

Kissinger, Henry A (Memoiren, 1979):
Memoiren 1968 - 1973. Berlin 1979.

Derselbe (Berlin und Brand, 1979):
Berlin und Brandts Ostpolitik. In: Derselbe. Memoiren 1968 - 1973 Berlin 1979 Seiten. 437 bis 444.

Derselbe (Sicherheitskonferenz, 1979):
Die europäische Sicherheitskonferenz. In: Derselbe. Memoiren 1968 -1973. Berlin 1979, Seiten 445 bis 449.

Derselbe (KSZE, 1999):
Die Europäische Sicherheitskonferenz. In: Derselbe. Jahre der Erneuerung Erinnerungen. München 1999 Seiten 509 bis 533.

Klafkowski, Alfons (Oder-Neiße-Grenze, 1970):
Die deutsch-polnische Grenze nach dem II. Weltkrieg. Posen 1970.

Klein, Alois (Grenzen am Oberrhein, 1976):
Die geodätische Festlegung der Grenzen am Oberrhein (1750 bis 1850): Dissertation (Dr.- Ing.) Karlsruhe 1976.

Klein, Eckart (Wiedervereinigung, 1990):
An der Schwelle zur Wiedervereinigung Deutschlands. In. NJW 1990 S. 1065.

Kleßmann, Christoph (Zwei Staaten, 1997):
Zwei Staaten, eine Nation. Deutsche Geschichte 1955 bis 1970. 2. Aufl. Bonn 1997.

Knopp, Volker ("Schießbefehl", 1996):
Grenzsicherung und Schießbefehl - die Anfänge. In: Derselbe. "Den Gegner vernichten". Die Grenzsicherung der DDR. Berlin 1996, Seite 35 bis 73.

Köhler, Gerhard (Deutsche Territorien, 1995):
Historisches Lexikon der deutschen Länder: Die deutschen Territorien vom Mittelalter bis zur Gegenwart. 5. Aufl. München 1995.

Kötter, Wolfgang (UNO, 1988)
Die UNO und die Abrüstung. Berlin 1988.

Konstantinow, E. (Souveränität, 1987):
Die Entwicklung des Prinzips der staatlichen Souveränität im internationalen Weltraumrecht. In: Graefrath, Bernhard (Herausgeber): Probleme des Völkerrechts. Berlin 1987. Seite 211.

Korea (Seegrenze Nord/Südkorea, 2007):
Verteidigungsminister von Nord - und Südkorea treffen zusammen. In Deutschlandfunk 27. November 2007 16.00 Uhr. (http://www.dradio.de/nachrichten/200711271600(9).

Kowalczuk, Ilko-Sascha/**Wolle,** Stefan (Roter Stern, 2001):

Roter Stern über Deutschland. Sowjetische Truppen in der DDR. Berlin 2001.

Krämer, Raimund (Grenzen EU, 2005):
Grenzen der Europäischen Union. Potsdam. 2005.

Krenz, Egon (Grenzöffnung, 1994):
Der 9. November1989. Unfall oder Logik der Geschichte. In: Prokop, Siegfried (Herausgeber). Die kurze Zeit der Utopie. Die "zweite DDR" im vergessenen Jahr 1989/90. Berlin 1994 Seiten 71 bis 99.

Krocova, Martina (Grenze Sachsen/Böhmen,2007):
Kontinuität und Wandel. Die Wahrnehmung der sächsisch-böhmischen Grenze, 1780-1850. In: Duhamelle/Kossert/Struck (Herausgeber) Grenzregionen Seiten 181 bis 205

Kröger, Herbert (Potsdamer Abkommen, 1985):
Die Bedeutung des Potsdamer Abkommens für die Entwicklung des Völkerrechts und die Friedenssicherung in Europa. In: Graefrath (Herausgeber): Probleme des Völkerrechts (Beiträge). Berlin 1985, Seiten 133 bis 155.

Krohn, Axel (Ostseeregion auf "Landkarten", 2006):
Die Ostseeregion auf der sicherheitspolitischen Landkarte des Kalten Krieges. In: Götz/Hackmann/Hecker u.a. (Herausgeber). Die Ordnung des Raums. Mentale Landkarten in der Ostseeregion. Berlin 2006 Seiten 335 bis 364.

Küchenmeister, Daniel (Herausgeber) (Honecker/Gorbatschow, 1993):
Honecker - Gorbatschow. Vieraugengespräche. Berlin 1993.

Kulikow/Gribkow (Schreiben, 2004):
Kulikow (Marschall der Sowjetunion), Gribkow (Armeegeneral der Sowjetarmee), Schreiben vom 07. Juni 1996 an das Landgericht Berlin., in: Baumgarten/Freitag (Herausgeber): Die Grenzen der DDR. Berlin 2004 Seite 9.

Kymlicka, Will (Staatsgrenzen, 2006):
Staatsgrenzen. Eine liberal - egalitäre Perspektive 2006. In: Deutsche Zeitschrift für Philosophie. Band 54. Berlin 2006. Seiten 549 bis 576.

Laboor, Ernst (KSZE, 1989):
Helsinki. Ein Höhepunkt der Entspannung. In: Bock (Herausgeber) (Krieg oder Frieden, 1989) Seiten 607 bis 614.

Lagoni, Rainer (Elbe, 1982):
Ländergrenzen in der Elbemündung und der Deutschen Bucht. Verfassungsgeschichtliche, staats- und völkerrechtliche Aspekte des Zwischenländerrechts. In: Veröffentlichungen des Instituts für Internationales Recht Kiel. Band 86, Berlin 1982.

Derselbe (Seerecht, 1990):
Die seerechtlichen Verträge nach der Herstellung der deutschen Einheit. In: Schriften des deutschen Vereins für internationales Seerecht. Reihe A, Heft 76. Hamburg 1990.

Langfeld, Adolf (Rechtsgutachten Lübecker Bucht, 1926):
Über die Grenzen der Staatshoheit von Mecklenburg-Schwerin und Lübeck in der Lübecker Bucht. Rechtsgutachten. In: Verein für Mecklenburgische Geschichte und Altertumskunde: Jahrbücher Bd. 90 (1926) Seiten 1 bis 14.

Langhans - Ratzeburg (Strittige Gebiete, 1929):
Die strittigen Gebiete der Erde seit 1900. In: Petermanns Mitteilungen, Perths. Gotha 1929. Heft 1/2 Seiten 10 bis 15. Fortsetzung: Heft 3/4 Seiten 77 bis 82. Schluß: Seiten 136 bis 140.

Langthaler, Herbert (Grenzen, 1999):
Botschaften von den Grenzen. In: Asylkoodination aktuell. Heft 4. Wien 1999.

Lapp, Peter Joachim (Grenzregime, 1999):

Gefechtsdienst im Frieden. Das Grenzregime der DDR. Berlin 1999.
Derselbe (Grenzregime, 2013):
Grenzregime der DDR. Aachen 2013.
Leisering, Walter (Herausgeber) (Weltatlas, 2007):
Die BRD und die DDR 1948-1989. In: Historischer Weltatlas. 102. Auflage Wiesbaden 2007.
Leonhard, Wolfgang (Aufarbeitung, 2008):
Demokratie vor Einheit. In: Meine Geschichte der DDR. Hamburg 2008 Seite 221 bis 232.
Lerche, Peter (Beitritt, 1995):
Der Beitritt der DDR - Voraussetzungen, Realisierung, Wirkungen.
In: Isensee/Kirchhof(Herausgeber): Handbuch des Staatsrechts der BRD, Band VIII, § 194.
Heidelberg 1995. Seiten 203 bis 446.
Lewin, David B. (Streitigkeiten, 1980):
Das Prinzip der friedlichen Regelung internationaler Streitigkeiten. Berlin 1980.
Liebig, Horst (Gefallende Grenzsoldaten, 2004):
Sie fielen im Kalten Krieg. In: Baumgarten/Freitag (Herausgeber): Die Grenzen der DDR.
Geschichte, Fakten, Hintergründe. Berlin 2004 Seiten 296 bis 308.
LINKE und "Schießbefehl" (Partei die Linke und "Schießbefehl", 2008):
Wie steht DIE LINKE zum "Schießbefehl"? In:
http://dielinke.de/Partei/geschichte/fragen-und_antworten_zur auseinandersetzung_…   8.8.08.
Lübecker Bucht (Lübecker Bucht, 1974):
Lübecker Bucht. Klare Grenze. In: DIE ZEIT, o5. Juli 1974.
(Lübecker Bucht, 2008):In: http://grenzerinnerungen.info/Seite 6 htm 10.8.08
Lübecker Reichsfreiheitsbrief (Lübeck, 2008):
Lübecker Reichsfreiheitsbrief: In http://de.wikipedia.org/wiki/L%C3%B .9.8.08
Lukacs, John (Kalter Krieg, 1962):
Geschichte des Kalten Krieges. Gütersloh 1962.
Luther, Harald (Oder-Neiße-Grenze,1966):
"Oder - Neiße - Friedensgrenze"- Zum Verständnis völkerrechtlicher Fragen in der sogenannten
DDR: Juristische Diss. Mainz 1966.

de Maizière, Lothar (Deutsche Einheit, 2010):
Ich will, dass meine Kinder nicht mehr lügen müssen. Meine Geschichte der deutschen Einheit.
Unter Mitarbeit von Volker Resing. Freiburg/Basel/Wien 2010.
"Malerische Versuche"
(zum Gutachten Schröder zur Elbegrenze). In: Der Spiegel 25. März 1985 Seite 14.
Martens, Michael (Kosovo, 2008):
Serbien droht der EU mit Den Haag. In: Frankfurter Allgemeine Zeitung 16. September 2008
Seite 6
Martinstetter, Herrmann (Recht der Staatsgrenzen, 1939):
Das Recht der Staatsgrenzen. Berlin/Wien 1939.
Derselbe (Staatsgrenzen, 1952):
Die Staatsgrenzen. 2. Aufl. Berlin 1952.
Marxen, Klaus/**Werle,** Gerhard (Aufarbeitung, 1999):
Die strafrechtliche Aufarbeitung von DDR-Unrecht. Eine Bilanz. Berlin/New York 1999.
Materialien (völkerrechtliche Beziehungen DDR/BRD, 1970):
Gleichberechtigte völkerrechtliche Beziehungen zwischen der DDR und der BRD Beitrag zur
europäischen Sicherheit und zum Frieden. Materialien der 16. Sitzung der Volkskammer am 21.

März 1970. In: Aus der Tätigkeit der Volkskammer und ihrer Ausschüsse. Heft 17 5. Wahlperiode 1970.

Maunz, Theodor (Bundesgebiet, 1957):
Das Bundesgebiet. In: Derselbe. Deutsches Staatsrecht sechste Auflage, München/Berlin 1957 Seiten 20 bis 25.

Medzini, Arnon (Erweiterung Staatsgebiet durch Krieg, 2008):
Gebiete, Grenzen und Siedlungen seit 1967. Israel hat durch Kriege sein Staatsgebiet erweitert. In: Tatsachen & Argumente zumNahostkonflikt.http://www.antidefamation.ch/index.php?id=3&section=3

Meister, Roland (Koexistenz, 1984):
UNO Koexistenz Weltfrieden. Berlin 1984.

Mellenthin, Knut (Grenzen Israels, 2008):
Täuschung vor dem Angriff. Israel versucht, einen Keil zwischen Iran und Syrien zu treiben. Gerüchte über amerikanisch-israelische Kriegspläne nehmen zu. In: Tageszeitung junge Welt 6. Juni 2008 Seite 10/11.

Mercker, Reinhold (Küstengewässer, 1927):
Die Küstengewässer im Völkerrecht. Stuttgart 1927.

Meyer; Günter/**Pütz,** Robert/**Thimm,** Andreas (Herausgeber) (Wasserkonflikte, 2002):
Wasserkonflikte in der Dritten Welt. Mainz 2002.

Meyer, Jürg (Eiserne Grenzen, 1999):
"Die eisernen Grenzen an den Rändern Europas bringen Menschen viele Sorgen". In: Basler Zeitung vom 12.11.1999.

Meyer, Wolfgang (Sprecher, 1995):
Deutsch-deutsche Widersprüchlichkeiten. Aus der Sicht eines DDR-Sprechers. In: Nakath (Herausgeber): Deutschlandpolitiker der DDR erinnern sich. Berlin 1995.

Meister, Roland (Oder-Neiße-Grenze, 1955):
Das Völkerrecht garantiert die Friedensgrenze an Oder und Neiße. Leipzig/Jena 1955.

Menzel, Eberhard (Herausgeber) (Ostverträge, 1971):
Ostverträge - Berlin Status - Münchener Abkommen-, Beziehungen zwischen der BRD und der DDR. Vorträge und Diskussion eines Symposiums. Hamburg 1971.

Mieck, Ilja (Westgrenze, 1990):
Deutschlands Westgrenze. In: Demandt, (Herausgeber. Deutschlands Grenzen in der Geschichte. München 1990 S. 191 - 234.

Mitdank, Jochen (DDR, 2008):
Die DDR zwischen Gründung, Aufstieg und Verkauf. Berlin 2008.

Modrow, Hans (Aufbruch, 1991):
Aufbruch und Ende. Hamburg 1991.

Derselbe (Deutschland, 1998):
Ich wollte ein neues Deutschland. Berlin 1998.

Möller, Kay (Grenzkrieg China/Sowjetunion, 2005):
Der Grenzkrieg mit der Sowjetunion. In: Ebender. Die Außenpolitik der Volksrepublik China 1949 - 2004. Wiesbaden 2005 Seiten 74 bis 79.

Molotow, W. M. (Fragen Außenpolitik, 1949):
Fragen der Außenpolitik. Reden und Erklärungen April 1945 - Juni 1948. Moskau 1949.

Mosely, Philipp E. (Friedenspläne, 1950):
Die Friedenspläne der Alliierten und die Aufteilung Deutschlands. Die alliierten Verhandlungen von Jalta und Potsdam. In: Europa Archiv 1950 Heft 10 Seiten 3032 bis 3043.

Moskauer Konferenz (Moskauer Konferenz, 1988):
Die Moskauer Konferenz der Außenminister der UdSSR, der USA und   Großbritanniens(19.-
30. Oktober 1943) Dokumentensammlung. Moskau/ Berlin 1988.
Müller, Reinhard (Lufthoheit, 1984):
Das Recht der Staaten auf Schutz der Lufthoheit. Neue Justiz 1984 Seiten 350 ff.
Müller, Uwe (Deutsche Einheit, 2006):
Supergau Deutsche Einheit. Hamburg 2006.
Münch, Fritz (Küstenmeer, 1934):
Die technischen Fragen des Küstenmeers. Kiel 1934.
Derselbe (Karten, 1977):
Karten im Völkerrecht, In: Gedächnisschrift für Friedrich Klein. München 1977 S. 335 - 354.
von Münch, Ingo (Verträge Einheit, 1990):
Die Verträge zur Einheit Deutschland. Stand 15.10.1990. München 1990.

Nabiev, Rizvan (Kaspisches Meer, 2003):
Wem gehört das Kaspische Meer? In: Eurasisches Magazin 09.03. 2003.
Naimark, Norman M. (Russen in Deutschland, 1997):
Die Russen in Deutschland. Die sowjetische Besatzungszone 1945 -1949. Berlin 1997.
Nakath, Detlef (Deutschlandpolitiker, 1995):
Deutschlandpolitiker der DDR erinnern sich. Berlin 1995.
Derselbe (Hubertusstock, 1995):
Von Hubertusstock nach Bonn. Eine dokumentierte Geschichte der deutsch-deutschen
Beziehungen auf höchster Ebene 1980-1987. Berlin 1995.
Nakath, Detlef / **Stephan,** Gerd -Rüdiger (Einheit, 1996):
Countdown zur deutschen Einheit. Eine dokumentierte Geschichte der deutsch-deutschen
Beziehungen 1987-1990. Berlin 1996.
Dieselben: (Dreiecksverhältnis, 1999):
Das Dreiecksverhältnis Bonn-Moskau-Ost-Berlin. Aspekte der sowjetischen Einflußnahme auf
die deutsch-deutschen Beziehungen in den siebziger und achtziger Jahren. Berlin 1999.
Nass, Klaus Otto (Hrsg.Vermessung, 2010)
Die Vermessung des Eisernen Vorhangs. Deutsch-deutsche Grenzkommission und DDR-
Staatssicherheit. Mit einem Geleitwort von Gerhard R. Baum, Bundesminister des Innern a.D.
Freiburg 2010.
Nawrocki, Joachim (Elbegrenze, 1977):
Schützenhilfe   vom   Obersten   Gericht   der   DDR.   In   Zeit   online.
http://www.zeit.de/1977/48/Schuetzenhilfe-vom-Obersten-Gericht-der-DDR 18.11.1977 Nr. 48.
Neugebauer, Bernhartd/Schumann, Günter (25 Jahre UNO, 1998):
Multilaterale Hilfe der DDR. In: 25 Jahre deutsche Mitgliedschaft in den Vereinten Nationen:
Der Beitrag zur multilateralen Entwicklungszusammenarbeit. Herausgeber: Deutsche
Gesellschaft für die Vereinten Nationen. Bonn 1998 Seiten 41 bis 50.
Neugebauer, Bernhard (DDR in der UNO. 2000):
DDR, UN - Politik. In: Volger, Helmut (Herausgeber): Lexikon der Vereinten   Nationen.
München / Wien 2000 Seite 46 bis 52.
Neukirchen, Heinz (Küstenstaaten, 1979):
Das Recht von Küstenstaaten. In: Seefahrt, Gestern und Heute. 5. Aufl. Berlin 1979 S.18 - 26.
Nicklis, Hans - Werner (Grenzidee, 1992):
Von der `Grenitze´ zur Grenze. Die Grenzidee des lateinischen Mittelalters (6.-15.Jahrhundert):

In. Blätter für deutsche Landesgeschichte. 1992 Seite 1.

Niebling, Gerhard (Verlassen der DDR, 2002):
Gegen das Verlassen der DDR, gegen Menschenhandel und Bandenkriminalität. In: Grimm u.a.. (Herausgeber): Die Sicherheit. Zur Abwehrarbeit des MfS. Zweiter Band, Berlin 2002 Seiten 161 bis 245.

Niederlagenanalyse (Analyse der Niederlage, 2007):
Die Ursachen für den Sieg der Konterrevolution in Europa. Reprint der besten Offensiv-Artikel. Hannover 2007.

Niemann, Heinz (Umgang mit DDR-Geschichte,1999):
Über total unterschiedlichen Umgang mit DDR-Geschichte. In: Heft 21 des Marxistischen Forums Januar/Februar 1999. Seiten 30 bis 33.

Nolte, Ernst (Deutschland, 1985):
Deutschland und der Kalte Krieg. 2. Aufl. Stuttgart 1985.

Öl unter dem Pol (Öl 2008):
Öl unter dem Pol und Völkerrecht unter dem Eis. In: Frankfurter Allgemeine Zeitung 28. Mai 2008 Seite 6.

Oesau/Großkopf/Busch (Grenzgesetz,1982):
Zum neuen Grenzgesetz aus seerechtlicher Sicht. In: Seewirtschaft 1982, Heft 7, Seite 321.

Oeser, Edith (Streit, 1987):
Der internationale Streit. Berlin 1987.

Dieselbe (Verhandlungen, 1987):
Verhandlungen als Verfahren der friedlichen Streitbeilegung. Zur Staatenpraxis. In: Dieselbe. Der internationale Streit. Berlin 1987 Seiten 77bis 87.

Oeser, Edith/**Poeggel,** Walter (Herausgeber). (Völkerrecht, 1988):
Völkerrecht Grundriß. 2. Aufl. Berlin 1988.

Osterloh, Frank (BRD Gerichte, 2004):
Zu weiteren Aspekten des von BRD-Gerichten praktizierten Unrechts bei der Strafverfolgung von Hoheitsträgern der DDR. In: Baumgarten/Freitag (Herausgeber): Die Grenzen der DDR. Berlin 2004 Seiten 390 bis 418.

Ott, Hermann (DDR-Grenze, 1993):
Die Staatspraxis an der DDR-Grenze und das Völkerrecht. Zugleich Anmerkung zum Urteil des BGH vom 03. 11.1992-5 StR 370/92. In: Neue Justiz 1993 S. 337.

Pätzold, Kurt/**Weißbecker,** Manfred (Herausgeber) (Historische Schlagwörter, o. D.)
Historische Schlagwörter. Köln/Leipzig o. D.

Paucke, Horst/**Bauer,** Adolf (Umweltprobleme, 1979):
Umweltprobleme - Herausforderung der Menschheit. Berlin 1979.

Pautsch, Ilse Dorothee (US-amerikanische Deutschlandplanung, 1990):
Die territoriale Deutschlandplanung des amerikanischen Außenministeriums 1941-1943. Frankfurt a. M. 1990.

Pergande, Frank (Heimtücke, 2007):
Ausgefeilte Heimtücke. Wie die DDR mit System ihre Grenzen abriegelte. In: Frankfurter Allgemeine Zeitung 14. August 2007, Nr. 187 Seite 3.

Peters, Anne (Gebietsreferendum, 1995):
Das Gebietsreferendum im Völkerrecht. Seine Bedeutung im Licht der Staatenpraxis nach 1989. Baden-Baden 1995.

Petersen, Sönke (Küstenrecht, 1989):
Deutsches Küstenrecht. Eine systematische Darstellung. Baden-Baden 1989.

Picha, Wolfgang E. (Wirtschaftszonen, 1986):
Zugangsregelungen zu den lebenden Ressourcen in Ausschließlichen Wirtschaftszonen. In: Seewirtschaft, Berlin 18 (1986) 4 Seiten 172 bis 175.

Piehl/Stutz/Parschau (Grenze Nordwestmecklenburg, 1997):
Einblicke zwischen Schaalsee und Salzhaff. Geschichte und Geschichten entlang der inner-deutschen Grenze in Nordwestmecklenburg. Landkreis Nordwestmecklenburg, Kulturamt 1997.

Plato von, Alexander (Vereinigung, 2003):
Die Vereinigung Deutschlands - ein weltpolitisches Machtspiel. Bush, Kohl, Gorbatschow und die geheimen Moskauer Protokolle. Zweite Auflage. Bonn 2003.

Platzoder, Renate (Ostsee, 1985):
Zur völkerrechtlichen Situation in der westlichen Ostsee nach Ausdehnung der "Territorial-gewässer der DDR". Ebenhausen 1985.

Poeggel, Walter/**Meißner**, Rolf /**Peoggel**, Ch. (Staatennachfolge 1980):
Staatennachfolge in Verträge. Berlin 1980.

Dieselben (Theorie Staatennachfolge, 1985):
Zur Theorie der Staatennachfolge im Ergebnis der Kodifikationsarbeiten der Vereinten Nationen. In: Graefrath (Herausgeber): Probleme des Völkerrechts (Beiträge). Berlin 1985 Seiten 221 bis 236.

Dieselben (Staatennachfolge, 1986):
Staatennachfolge im Völkerrecht. Berlin 1986.

Position der Bundesregierung (Elbegrenze 1985):
Position der Bundesregierung zum Verlauf der Grenze zwischen der BRD und der DDR im Abschnitt zwischen Lauenburg und Schnackenburg. Antwort auf die Kleine Anfrage der Fraktion der SPD - Drucksache 10/ 3463 In: Deutscher Bundestag 10. Wahlperiode Drucksache 10/ 3615 vom 04.07.1985 .

Potthoff, Heinrich (Dialog, 1997):
Bonn und Ost-Berlin 1969 bis 1982. Dialog auf Höchster Ebene und vertrauliche Kanäle Darstellung und Dokumente Bonn 1997.

Praxenthaler; Martin (DDR - Sprache, 2002):
Die Sprachverbreitungspolitik der DDR. Die deutsche Sprache als Mittel sozialistischer auswärtiger Kulturpolitik. Frankfurt am Main 2002.

Prokop, Siegfried (Unternehmen "Chinese Wall", 1993)
Unternehmen "Chinese Wall. Zweite Auflage Frankfurt a. M. 1993.

Derselbe (Herausgeber)(Zeit der Utopie, 1994)
Die kurze Zeit der Utopie. Die "zweite DDR" im vergessenen Jahr 1989/90. Berlin 1994.

Protokoll (Londoner Protokoll, 2004):
Protokoll zwischen den Regierungen der Vereinigten Staaten von Amerika, des Vereinigten Königreiches und der Union der Sozialistischen Sowjetrepubliken über die Besatzungszonen in Deutschlands und die Verwaltung von Berlin vom 12. September 1944. In: Mitdank, Joachim. Englisch und deutsch. Dokument I, Seiten 245 bis 248.

Protokoll (Londoner Protokoll, Berber 1967):
Protokoll zwischen den Vereinigten Staaten, Großbritannien und der Sowjetunion über die Besatzungszonen in Deutschland und die Verwaltung von Groß-Berlin. In: Berber, Friedrich Völkerrecht Dokumentensammlung Band II, München / Berlin 1967 XIII 203 Seiten 2266 bis 2268.

Protokoll (Übergabe Grenzpolizei /Grenztruppen, 2003):
Protokoll über die Übergabe der Deutschen Grenzpolizei durch das Ministerium des Innern und die Übernahme der Grenztruppen durch das Ministerium für Nationale Verteidigung (14.12.1961). In: Uhl/Wagner (Herausgeber). Ulbricht, Chruschtschow und die Mauer. Eine Dokumentation. Dokument Nr. 44 München 2003.Seite 176.

Protokoll (zum Einigungsvertrag, 1990):
Protokoll zum Einigungsvertrag zwischen der BRD und der DDR "Klarstellungen". In: Einigungsgungsvertrag Sonderdruck aus der Sammlung Das deutsche Bundesrecht Baden-Baden 1990 I A 5 Seite 35 bis 38. Gleichfalls in Münch, Ingo. Die Verträge zur Einheit Deutschlands. Stand 15. Oktober 1990. Seiten 68 bis 71.

Rasched, Miriam (Elbe, 2003):
Die Elbe im Völker- und Gemeinschaftsrecht: Schiffahrt und Gewässerschutz. Münster 2003.

Rauschning, Dietrich (Herausgeber). (Rechtsstellung Deutschlands, 1985):
Rechtsstellung Deutschlands, Berlin 1985.

Derselbe: (Elbe, 1975):
Die Grenzlinie im Verlauf der Elbe. In: Recht im Dienst des Friedens. Festschrift für Eberhard Menzel zum 65.Geburtstag am 21. Januar 1976.Herausgegeben von Delbrück/Ipsen/ Rauschning. Berlin 1975. Seiten 429 bis 449.

Regierungserklärung (DDR 14. März 1951):
Regierungserklärung des Ministerpräsidenten der DDR, Otto Grotewohl, in der Volkskammer der DDR am 14. März 1951 über den Kampf um den Friedensvertrag und die Einheit Deutschlands. In: Dokumente Außenpolitik DDR, 1954 Seiten 46 bis 64.

Regierungserklärung (Kohl 30. Januar 1991):
Deutschlands Einheit vollenden. Die Einheit Europas gestalten. Dem Frieden der Welt dienen. Regierungspolitik 1991. Bonn Februar 1991.

Reibert (der) (Schusswaffengebrauch BRD, 2007):
Schusswaffengebrauch (Wachdienst). In: Der Reibert. Das Handbuch für den deutschen Soldaten. Hamburg/Berlin/Bonn 2007 Seiten 69 bis79.

Reichert, Folker (Kartographie, 1998):
Grenzen in der Kartographie des Mittelalters. In: Gestrich/Krauss (Herausgeber). Migration und Grenze. Stuttgart 1998.

Reifarth, Jürgen (Weltraumgrenze, 1987):
Nationale Weltraumgrenze in Europa. In: Zeitschrift für Luft- und Weltraumrecht 1997 Seite 3.

Reintanz, Gerhard (Territorialgewässer, 1962):
Die Territorialgewässer der DDR. In: Neue Justiz 1962 S. 372.

Derselbe(Zoneneinteilung, 1962):
Die Entstehung der Zoneneinteilung Deutschlands und die Sektoreneinteilung Berlins. In. Der deutsche Imperialismus und der Zweite Weltkrieg. Band 5.Berlin 1962 Seite 451.

Reitzenstein, Günter (Flüsse, 1911):
Das Recht der Staaten an gemeinsamen Flüssen. Jur. Diss. Leipzig 1911.

Renzikowski, Joachim (Schusswaffengebrauch, 1992):
Zur Strafbarkeit des Schußwaffengebrauchs an der innerdeutschen Grenze. In: Neue Justiz 1992 Seite 152.

Richter, Wolfgang (Herausgeber): (Unfrieden in Deutschland, 1992):
Unfrieden in Deutschland. Diskriminierung in den neuen Bundesländern. Weißbuch. Band 1, Berlin 1992.

Riedel, Jörg (sog. Schießbefehl, 1992):
"Schießbefehl" und Verjährung. Zum Problem der Strafverfolgungsverjährung bei Schußwaffengebrauch an der ehemaligen DDR- Grenze. In: DtZ 1992 Seite 162.

Riege, Gerhard (Staatsbürgerschaft, 1967)
Zwei Staaten Zwei Staatsbürgerschaften. Berlin 1967.

Derselbe (Herausgeber)(Souveränität, 1984): Beiträge zur Souveränität. Jena 1984.

Derselbe: (Staatsbürgerschaft. 1986):
Die Staatsbürgerschaft der DDR. Zweite Auflage Berlin 1986.

Riedmann, Josef (Südgrenze, 1990):
Deutschlands Südgrenze. In: Demandt (Herausgeber): Deutschlands Grenzen in der Geschichte.
München 1990 Seiten 161 bis 189.

Ritter, Jürgen/**Lapp**, Peter Joachim (Grenze 2006):
Die Grenze. Ein deutsches Bauwerk. Fünfte Auflage Berlin 2006.

Robbe, Martin/**Senghaas**, Dieter (Herausgeber)(Nach Ost-West-Konflikt, 1990):
Die Welt nach dem Ost-West-Konflikt. Geschichte und Prognosen. BERLIN 1990.

Roggemann, Herwig (DDR-Vergangenheit, 1997):
Die strafrechtliche Aufarbeitung der DDR-Vergangenheit am Beispiel der "Mauerschützen" -
und der Rechtsbeugungsverfahren. Eine Zwischenbilanz. In: Neue Justiz 1997 Seite 226.

Rösler, Irmtraud (Landesgrenze gleich Sprachgrenze, 2004):
Landesgrenze = Sprachgrenze? In: Schriftenreihe des Museums Festung Dömitz Band 5. 2004
Seiten 29 bis 41.

Rosenau, Henning (Schüsse, 1998):
Tödliche Schüsse im staatlichen Auftrag. Die strafrechtliche Verantwortung von Grenzsoldaten
für den Schußwaffengebrauch an der deutsch-deutschen Grenze. 2. Aufl. Baden - Baden 1998.

Rühmland, Ullrich (Grenzgesetz, 1982):
Grenzgesetz, Grenz VO und Grenzordnung der DDR: In: Neue Zeitung für Wehrrecht 1982
Seite 175.

Rummler, Toralf (Gewalttaten, 2000):
Die Gewalttaten an der deutsch-deutschen Grenze vor Gericht. Berlin/Baden- Baden 2000.

Rupieper, Hermann-Josef (Verhandlungen, 1994):
Verpaßte Chancen? Ein Rückblick auf die deutschlandpolitischen Verhandlungen 1952-1955. In:
Loth (Herausgeber): Die deutsche Frage in der Nachkriegszeit. Berlin 1994 Seiten 195 bis 213.

Rychlowski, Bogumil (Grenzen, 1985):
Niemand hat das Recht, die heute bestehenden Grenzen in Zweifel zu ziehen. In: horizont Nr.
3/1985 (Berlin).

Sächsisches Oberbergamt (Erzbergbau an Grenze, 2008):
Sächsisches Oberbergamt. Erzbergbau im Freistaat Sachsen, Antwortschreiben vom 28. August
2008 Im Besitz des Verfassers.

Sander, Mirjana (Limes, 2007):
Über das Römische Reich und seine Grenzen. Festvortag. Festakt zur Überreichung der Urkunde
für das UNESCO-Weltkulturerbe "Grenzen des Römischen Reiches-Obergermanisch-Raetische
Limes" am 5. Juli 2006 in Aalen. In: Der Limes Nachrichtenblatt der Deutschen Limes-
kommission. 1. Jahrgang 2007 Heft 1. Remshalden 2007 Seiten 10 bis 15.

Sarge, Günther (Wahrheit, 2003):
Recht oder Unrecht - um die Wahrheit geht es. In: Siegerjustiz? Herausgegeben von der
Gesellschaft zur rechtlichen und humanitären Unterstützung e.V. Berlin 2003 S. 95 - 138.

Derselbe: (Siegerjustiz, 2007):
Die Stunde der Heuchler und Biedermänner. In: Gesellschaft zur rechtlichen und humanitären Unterstützung e.V. Information Nr. 2/ 2007.

Satjukow, Silke (Stationierungsabkommen, 2008):
Die Definition der Grenzen. Der Mauerbau 1961. In: Dieselbe. Die "Russen" in Deutschland 1945-1994. Göttingen 2008 Seiten 80 bis 83. Anmerkungen Seiten 186 bis 207 (Seite 343 f.).

Sauer, Heiner / **Plumeyer.** Hans, Otto(Erfassungsstelle Salzgitter, 1991):
Der Salzgitter Report. Die Zentrale Erfassungsstelle berichtet über Verbrechern im SED-Staat. Esslingen/München 1991.

Schaefgen, Christoph (Staatsunrecht, 2000):
Zehn Jahre Aufarbeitung des Staatsunrechts in der DDR. Christoph Schaefgen, Generalstaatsanwalt a. D., Leiter der Zentralstelle zur Unterstützung der historischen Aufarbeitung des DDR-Unrechts, Berlin. In: Neue Justiz 2000 Seiten 1 bis 5.

Schäuble, Wolfgang (Einigungsvertrag, 1991):
Der Vertrag. Wie ich über die deutsche Einheit verhandelte. Stuttgart 1991.

Schallmayer, Egon (Limes, 2006):
Der Limes. Geschichte einer Grenze. München 2006.

Schauer, Martin (Schengen, 2000):
Schengen - Maastricht - Amsterdam. Auf dem Weg zu einer flexiblen Union. Wien 2000.

Schengener Grenzkodex (Schengener Grenzkodex, 2006):
Verordnung (EG) 562/2006 des Europäischen Parlaments und des Rates vom 15. März 2006 über einen Gemeinschaftskodex für das Überschreiten der Grenzen durch Personen (Schengener Grenzkodex). In: Amtsblatt der Europäischen Union vom 13.04.2006 L 105/1.

Schetter, Conrad (Grenze, 2007):
Die letzte Grenze: Die paschtunischen Stammesgebiete zwischen Taliban und NATO. In: http://www.weltpolitik-net/Regionen/Russland% 20 muß %20 Zentralasien/Afghanistan aktualisiert 24. Mai 2007.

Schindler, Günter (Grenzkommission, 2008):
Gedanken zum Grundlagenvertrag zwischen der DDR und der BRD und die Arbeit der Grenzkommission, insbesondere der Arbeitsgruppe Grenzmarkierung. Internet (ohne Quelle) 21.August 2008. Seiten 1 bis 10.

Schlußakte (KSZE-Schlußakte, 1975):
Schlußakte der Konferenz über Sicherheit und Zusammenarbeit in Europa, 1. August 1975. In Bulletin Nr. 102 15. August 1975, Seiten 965 bis 1000.

Schmahl, Stefanie, (Begrenzung Luft/Weltraum, 2005):
Luftraum, Weltraum, Ätherraum, Geostationärer Orbit, Universität Regensburg Sommersemester 2005. Internet.

Schmid, Carlo (Ostverträge, 1979):
Die Debatte um die Ostverträge. In: Derselbe. Erinnerungen. Bern/München/Wien 1979 Seiten. 845 bis 848.

Schmid, Karin (Grenzgesetz UdSSR, 1984):
Zum neuen Grenzgesetz der UdSSR. Herausgeber: Bundesinstitut für ostwissenschaftliche und internationale Studien. Köln 1984 Seite 37.

Schmidt, Barbara (Seerecht, 1989):
Die Erweiterung der seewärtigen Hoheitsrechte der BRD und der DDR unter besonderer Berücksichtigung deutschlandrechtlicher Probleme. In: Schriften zum Staats- und Völkerrecht, Nr. 39, S. 272. Frankfurt a. M. 1989.

Schmidt, Friedrich (Schengen, 2007):
Rührig wie Wühlmäuse. Aus Grenzern werden Fahnder. FAZ 20. Dezember 2007 Seite 2.
Schmidt, Helmut (Deutsche, 1990):
Die Deutschen und ihre Nachbarn. Menschen und Mächte II. Berlin 1990.
Derselbe: (Militärische Intervention, 2008): Was uns wirklich angeht - und was nicht.
Afghanistan, Balkan, Afrika. Die militärischen Interventionen des Westens sind fragwürdig. In:
Wochenzeitung Die Zeit 30. Oktober 2008 Seite 3.
Schnappauf, Klaus-Dieter (Einigungsvertrag, 1990):
Der Einigungsvertrag - Überleitungsgesetzgebung in Vertragsform. In: Deutsches
Verwaltungsblatt 1990 Seite 1249.
Schneider, Hans (Staatsgrenzen, 1963):
Staatsgrenzen. In: Strupp /Schlochauer (Herausgeber): Wörterbuch des Völkerrechts. Band II,
Berlin 1962 Seite. 332.
Schneider, Reinhard (Grenze 1993):
Lineare Grenze vom frühen bis zum späten Mittelalter. In: Haubrichs/Schneider (Herausgeber):
Grenzen und Grenzregionen. Saarbrücken 1993.
Schönberger, Hans (Limes, 1969):
Der römische Limes in Deutschland, Begriff und Funktion. In: Grenzbildende Faktoren in der
Geschichte. Hannover 1969.
Schöneburg, Karl-Heinz (Herausgeber) (Staats- und Rechtsgeschichte DDR, 1983):
Errichtung des Arbeiter - und Bauernstaates der DDR 1945 bis 1949. Berlin 1983.
Derselbe. Die Gründung des sozialistischen Staates der DDR als Form der Diktatur des
Proletariats. In: Staats- und Rechtsgeschichte DDR, 1983 Seiten 270 bis 289.
Scholtyseck, Joachim (Außenpolitik, 2003):
Die Außenpolitik der DDR. München 2003.
Schreiben (Währungsgebiete, 2004):
Schreiben des Leiters der Delegation der Deutschen Mark der Deutschen Notenbank (DM - Ost)
an den Leiter der Währungsgebiete der Deutschen Mark (DM - West) Berlin 4. Mai 1949. In:
Mitdank, Jochim. Berlin zwischen Ost und West. Erinnerungen eines Diplomaten. Berlin 2004,
Dokument 12.
Schröder, Dieter (Elbe, 1986):
Die Elbe-Grenze Rechtsfragen und Dokumente. Baden-Baden 1986.
Derselbe (Besatzungsrecht, 1990):
Das geltende Besatzungsrecht. Baden-Baden 1990.
Schröder, Marianne/**Fix,** Ulla (DDR-Sprache, 1997):
Allgemeinwortschatz der DDR-Bürger - nach Sachgruppen geordnet und linguistisch
kommentiert. Heidelberg 1997.
Schroeter, Sabina (DDR-Sprache, 1994):
Die Sprache der DDR im Spiegel irrerer Literatur. Studien zum DDR-typischen Wortschatz.
Berlin/New York 1994.
Schulte zu Sodingen, Beate (Schutz der Wälder, 2002):
Der völkerrechtliche Schutz der Wälder The InternationL Protection of Forests.
Berlin/Heidelberg 2002
Schultke, Dietmar (Geschichte Grenzen, 2008):
"Keiner kommt durch". Die Geschichte der innerdeutschen Grenze und der Berliner Mauer 1945
- 1990. Berlin 2008.
Schulz, Dieter (Wiedervereinigungspolitik, 1994):

"Blühende Landschaften". Zur Wiedervereinigungspolitik der Bundesregierung 1989/90. In: Prokop, Siegfried (Herausgeber. Die kurze Zeit der Utopie. Die "zweite DDR" im vergessenen Jahr 1989/90. Berlin 1994 Seiten 55 bis 70.

Schultz, Hans-Dietrich (Natürliche Grenze, 1990):
Deutschlands "natürliche" Grenzen. In: Demandt (Herausgeber): Deutschlands Grenzen in der Geschichte. München 1990 Seiten 33 bis 88.

Schunke, Joachim (13. August 1991, 2004):
13. August 1961 - die Sicherung der Staatsgrenze. In: Baumgarten/Freitag (Herausgeber): Die Grenzen der DDR. Berlin 2004 Seiten 158 bis 199.

Schüsse auf DDR- Grenzer (Mordversuch, 2000/2001):
Schüsse auf DDR-Grenzer als Mordversuch. In: Bundesverfassungsgericht-Pressestelle. Pressemitteilung Nr. 4/2001 vom 12. Januar 2001. Dazu Beschluss vom 30. November 2000. 2 BvR 1473/ 00.

Schwanitz., Wolfgang (Sicherung der DDR, 2004):
Die Sicherung der DDR als Beitrag zur Sicherung des Friedens in Europa. In Eichner/Schramm (Spionage 2004) Seite 85 bis 91.

Schwarze, Hanns Werner (Zone, 1969):
Die DDR ist keine Zone mehr. Köln 1969.

Schweißer, Michael/**Weber,** Albrecht (Handbuch 2003):
Handbuch der Völkerrechtspraxis der BRD. Baden-Baden 2003.

Seckendorf, Martin (Raubzug gegen Österreich, 2008):
Der erste Raubzug. Vor 70 Jahren wurde Österreich von Hitlerdeutschland annektiert-die Aggression wurde von den Nazis propagandistisch als "Wiedervereinigung" gefeiert. In: Tageszeitung junge Welt, 12. März 2008 Nr. 61 Seite 10 f.

SED zur Grenzfrage (Die SED zur Grenzfrage, 1951):
Die SED zur Grenzfrage. Beschluß des Parteivorstandes vom 19. September 1946. In: Dokumente der Sozialistischen Einheitspartei Deutschlands. Band 1,Berlin 1951 Seite 98 f.

Seeber, Eva (Grenzziehung, 1984):
Der Kampf um die Grenzziehung und die Nachkriegsregierung Polens. In: Dieselbe: Die Mächte der Antihitlerkoalition und die Auseinandersetzung um Polen und die CSR. Berlin 1984 Seiten 208 ff.

Dieselbe: (UNO, 1989):
Die Gründung der Vereinten Nationen. Hoffnung auf dauerhaften Frieden: In: Bock (Herausgeber) (Krieg oder Frieden, 1989) Seiten 452 bis 466.

Seidel, Gerd (Verhältnis, 1985):
Verhältnis von Völkerrecht und innerstaatlichen Recht. Berlin 1985.

Seidel, Karl (Normale Beziehungen, 1995):
Erste Schritte auf dem Weg zu normalen Beziehungen zwischen der DDR und der BRD. Persönliche Erinnerungen an die deutsch-deutschen Verhandlungen Anfang der siebziger Jahre. In: Nakath (Herausgeber): Deutschlandpolitiker der DDR erinnern sich. Berlin 1995 Seiten 95 bis 134.

Derselbe (Balance, 2002):
Berlin-Bonner-Balance. 20 Jahre deutsch-deutsche Beziehungen. Erinnerungen und Erkenntnisse eines Beteiligten. Berlin 2002:.

Seiffert, Wolfgang (Selbstbestimmungsrecht, 1992):
Selbstbestimmungsrecht und deutsche Vereinigung. Das Selbstbestimmungsrecht einer geteilten Nation. Baden-Baden 1992.

Shukow, G. K. (Marchall 1969):
Erinnerungen und Gedanken. Band I, Berlin 1969.
Derselbe (Marchall.1976):
Erinnerungen und Gedanken. Band II, Berlin 1976.
Siebs, Benno - Eide (Außenpolitik, 1999):
Wer machte die Außenpolitik? Gouvernemantale und individuelle Faktoren. In: Die Außenpolitik der DDR 1976 - 1989. Strategien und Grenzen. Paderborn 1999. Seiten 53 bis 110.
Siegerjustiz? (Siegerjustiz, 2003):
Siegerjustiz? Die politische Strafverfolgung infolge der Deutschen Einheit. Herausgegeben von der Gesellschaft zur rechtlichen und humanitären Unterstützung e.V. Berlin 2003.
Sperrmaßnahmen (Sperrmaßnahmen, 1987):
Die Sperrmaßnahmen der DDR vom Mai 1952. Die Sperrmaßnahmen der Sowjetzonenregierung an der Zonengrenze und um Westberlin. Faksimilierter Nachdruck des Weißbuches von 1953. Herausgeber: Bundesministerium für innerdeutsche Beziehungen, Mai 1987.
Spoo, Eckart (Hohenschönhausen, 2006):
Was man in Hohenschönhausen lernt. In: Ossietzky Heft 22/2006.
Derselbe: (Herausgeber)(Tabus, 2007): Tabus der bundesdeutschen Geschichte, zweite Auflage Hannover 2007.
Staadt, Jochen (Krenz, 2007):
Was Egon Krenz wissen konnte. Der Schießbefehl an der DDR-Grenze und seine Auswirkungen. In: Frankfurter Allgemeine Zeitung 14. August 2007 Nr.187 Seite 3.
Derselbe (Verräter, 2007):
Verräter liquidieren! Der Schießbefehl für Stasi-Grenzer. In: FAZ 13. 8.2007 Nr. 186 Seite 3.
Staatsgrenzdokumentation (Österreich, 2006):
Staatsgrenzdokumentation. Überblick. BEV - Bundesamt für Eich - und Vermessungswesen. In:http://www.bev.gv.at/portal/page?_pageid=713,1573633&_dad=portal&schema=PO abgerufen am 24.07.06
Staatsvertrag (Neuhaus, 1993):
Staatsvertrag zwischen den Ländern Mecklenburg - Vorpommern und Niedersachen über die Umgliederung der Gemeinden im ehemaligen Amt Neuhaus und anderer Gebiete nach Niedersachsen. In: Gesetz - und Verordnungsblatt für Mecklenburg - Vorpommern 1993 Nr. 14 Seite 571.
Städtke, Herbert (Grenzsicherung Küste, 2004):
Der Einsatz der Grenzbrigade Küste zur land- und seeseitigen Grenzsicherung an der Ostseeküste. In: Baumgarten /Freitag (Herausgeber):Die Grenzen der DDR. Berlin 2004 Seiten 269 bis 280.
Staeck, Klaus (Plakate Deutschland, 1996):
Standort Deutschland. Plakate. Göttingen 1996.
Stalin, J. W. (Glückwunsch, 1954):
Glückwunschbotschaft des Vorsitzenden des Ministerrats der UdSSR, J. W.Stalin, zur Gründung der DDR. (ADN 14.10.49). In: Dokumente zur Außenpolitik der Regierung der DDR. Band I, Berlin 1954, Seite 232.
Steglich, Peter/**Leuchner,** Günter (KSZE, 1996):
KSZE-Fossil oder Hoffnung? Berlin 1996.
Stein, Ekkehart (Deutschlands Rechtslage, 1973):
Deutschlands Rechtslage. In: Derselbe. Staatsrecht. Dritte Auflage Tübingen 1973 Seiten 114 ff.
.**Steinitz,** Klaus (Herausgeber) (Vereinigungsbilanz, 1995):

Vereinigungsbilanz. Fünf Jahre deutsche Einheit. Hamburg 1995.

Stellungnahme (Shatt el Arab, 1969):
Ohne Verfasser: Stellungnahme zu den iranischen Forderungen hinsichtlich des irakischen-iranischen Grenzvertrages und dem gesetzlichen Status der beiden Länder am Shat el Arab; o .O. 1969.

Streletz, Fritz (Grenzöffnung, 2001):
Der 9. November 1989 - Mauerfall oder Grenzöffnung? In: Was war die NVA? Studien-Analysen-Berichte. Zur Geschichte der Nationalen Volksarmee. Berlin 2001 Seiten 581 ff.

Studier, Alphons (Seerechtsreform, 1984)
Seerechtsreform: Vom gemeinsamen Menschheitserbe zur Territorialisierung der Meere. In: Internationales Seerecht 1994 Seiten 76 bis 84.

Sulek, Jersy (Deutsch-polnische Staatsgrenze, 2000):
Über die politische Bedeutung des Görlitzer Abkommens und des Grenzvertrages vom 14. November 1990 - Rückblick und Ausblick. In: 50 Jahre Görlitzer Abkommen (Grenze Oder - Neiße, 2000): Seiten 13 bis 21.

Talalajew, Anati N. (Geltungsbereich, 1977):
Der territoriale Geltungsbereich. In: Das Recht der internationalen Verträge. Berlin 1977 Seiten 104 bis 108.

Teheraner Konferenz (Teheraner Konferenz, 1986):
Die Teheraner Konferenz der höchsten Repräsentanten der drei alliierten Mächte-UdSSR, USA und Großbritannien (28. November - 1. Dezember 1943). Dokumentensammlung. Moskau/ Berlin 1986.

Teltschik, Horst (329 Tage, 1991):
329 Tage Innenansichten der Einigung: Berlin 1991

Teuchert, Wilfried (Luftrecht Grundriss, 1979):
Luftrecht Grundriß. Berlin 1979.

Derselbe (Luftrecht, 1987):
Luftrecht. Berlin 1987.

Thielbeer, Siegfried (Nutzung Nordpol, 2008):
Die Außenminister, die in die Kälte kommen. Dänemark hat zu einer Nutzung der in der Arktis vermuteten Bodenschätze geladen. Es will einen "wilden Wettlauf zum Nordpol" verhindern. In: Frankfurter Allgemeine Zeitung 27. Mai 2008 Seite 6.

Thomas, Siegfried (Kalter Krieg, 1989):
Der Kalte Krieg. Wie Deutschland gespalten wurde. In: Bock (Herausgeber) Krieg oder Frieden, 1989, Seiten 501 bis 507.

Thoß, Hendrik (Grenzregime, 2004):
Gesichert in den Untergang. Die Geschichte der DDR-Westgrenze. Berlin 2004.

Tolmein, Oliver (Strafverfahren gegen Mitglieder Politbüro, 2000):
Anmaßung. Zweites Verfahren gegen Mitglieder des SED-Politbüros. Die Staatsanwaltschaft erfindet neue Rechtspflichten. In: Freitag 02. Juni 2000.

Trumann, H. S. (Memoiren, 1955):
Memoiren. Band I, Stuttgart 1955.

Trümpler, Kai (Küstenmeer, 2007):
Grenzen und Abgrenzungen des Küstenmeeres. Berlin 2007.

Tsoucalas, Stephan (Radioaktive Strahlen, 1999):
DDR setzte radioaktive Strahlen an der Grenze ein. Bei konkreten Verdacht wurden Autos von

Reisenden durchleuchtet. In: http://www.ddr-im www.de/Aktruelles/Aufarbeitung/141299.htm Magdeburg/Berlin, 14. Dezember 1999.
Tunkin, G. I. (Völkerrecht, 1963):
Das Völkerrecht der Gegenwart. Theorie und Praxis. Berlin 1963.

Übersicht (Grenzverlauf Elbe, 1986):
Übersicht Grenzverlauf Elbe 1944. In: Schröder, Dieter. Die Elbe Grenze. Hamburg 1986, Seite 67, siehe auch im Buch auf Seite 75 abgebildet.
Uhl, Matthias/**Wagner,** Armin (Herausgeber) (Mauer, 2003):
Ulbricht, Chruschtschow und die Mauer. Eine Dokumentation München 2003.
Urteil des Bundesverfassungsgerichts (Urteil Grundlagenvertrag, 1974):
Urteil des Bundesverfassungsgerichts vom 31. Juli 1973 im Verfahren zur verfassungsrechtlichen Prüfung des Gesetzes zum Vertrag vom 21. Dezember 1972 zum Vertrag zwischen der BRD und der DDR über die Grundlagen der Beziehungen zwischen der BRD und der DDR vom 6. Juni 1973. In: Entscheidungen des Bundesverfassungsgerichts Band 36 Nr. 1, Tübingen1974.

Verdross, Alfred/**Simma,** Bruno (Völkerrecht, 1984):
Universelles Völkerrecht, Theorie und Praxis. Dritte Auflage, Berlin 1984.
Vereinbarung (Einigungsvertrag, 1990):
Vereinbarung zwischen der BRD und der DDR zur Durchführung und Auslegung des am 31. August 1990 in Berlin unterzeichneten Vertrages zwischen der BRD und der DDR über die Herstellung der Einheit Deutschlands - Einigungsvertrag- vom 23. September 1990. In: BGBl. II Seite 885; gleichfalls in: Sonderdruck aus der Sammlung Das deutsche Bundesrecht, (I A / 5).Baden-Baden 1990 Seite 543.
Die **Vereinten Nationen** (UNO aus persönlicher Sicht, 1991):
Die Vereinten Nationen und deutsche UN-Politik - aus persönlicher Sicht. Deutsche UN-Botschafter berichten. Herausgeber: Deutsche Gesellschaft für die Vereinten Nationen e. V. Bonn 1991,
Verfassung der DDR (Verfassung, 1968**):**
Verfassung der DDR vom 6. April 1968 (GBl. I Seite 199).
Verfassung der DDR (Verfassung, 1974):
Verfassung der DDR vom 6. April 1968 in der Fassung des Gesetzes zur Ergänzung und Änderung der Verfassung der DDR vom 7. Oktober 1974 (GBl. I, S. 432.).
Verfassungsentwurf (Verfassungsentwurf, 1990):
Verfassungsentwurf der DDR. Arbeitsgruppe "Neue Verfassung der DDR" des Runden Tisches, Berlin, April 1990.
Verordnung (Maßnahmen an Demarkationslinie, 1952)
Verordnung über Maßnahmen an der Demarkationslinie zwischen der DDR und den westlichen Besatzungszonen Deutschlands. Vom 25.Mai 1952. In: GBL. Nr. 65 Seite 405.
Verordnung (Weitere Maßnahmen, 1952):
Verordnung über weitere Maßnahmen zum Schutz der DDR. Vom 9. Juni 1952. In: GBL. Nr. 72 Seite 451.
Verordnung (Maßnahmen an Grenze, 1956):
Verordnung zur Erleichterung und Regelung von Maßnahmen an der Grenze zwischen der DDR und der Deutschen Bundesrepublik. Vom 3. Mai 1956. In: GBL. Nr. 45 Seite 385.
Verordnung (Kontrollen, 1990):

Verordnung zu den Abkommen vom 1. Juli 1990 zwischen der Regierung der BRD und der Regierung der DDR über die Aufhebung der Personenkontrollen an den innerdeutschen Grenzen. In: BGBl. Teil II 1990 Seite 570. Auch in: GBl. 1990 Teil I Seite 666.

Verordnung (Truppen, 1990):
Verordnung zu dem Notenwechsel vom 25. September 1990 zu dem Abkommen zwischen den Parteien des Nordatlantikvertrages über die Rechtsstellung ihrer Truppen vom 19. Juni 1951 und zu dem Zusatzabkommen zu diesem Abkommen vom 3. August 1959 nebst zugehörigen Übereinkünften sowie dem Notenwechsel vom 25. September 1990 zu dem befristeten Verbleib von Streitkräften der Französischen Republik, des Vereinigten Königreichs Großbritannien und Nordirland und der Vereinigten Staaten von Amerika in Berlin vom 28. September 1990. In: BGBl. II 1990 Nr.36 S.1250.

Verordnung (Abzug, 1990):
Verordnung zur Inkraftsetzung des Notenwechsels vom 26. September 1990 zwischen der Regierung der BRD und der Regierung der Union der Sozialistischen Sowjetrepubliken über die vorläufige Anwendung der Bestimmungen des Vertrags über die Bedingungen des befristeten Aufenthalts und die Modalitäten des planmäßigen Abzugs der sowjetischen Truppen aus dem Gebiet der BRD zwischen der BRD und der Union der Sozialistischen Sowjetrepubliken vom 28. September 1990. In: BGBl. II 1990 Nr.36 S. 1254.

Verträge (Verträge, 1973):
Verträge im Dienste der europäischen Sicherheit. Vom Moskauer bis zum Berliner Vertrag. Berlin 1973.

Vertrag (Grundlagenvertrag, 1973):
Vertrag über die Grundlagen der Beziehungen zwischen der DDR und der BRD vom 21. Dezember 1972. In: GBl. Teil II 1973 Nr. 5 S. 25.

Vertrag (Einigungsvertrag, 1990):
Vertrag zwischen der DDR und der BRD über die Herstellung der Einheit Deutschlands - Einigungsvertrag - vom 31. August 1990 (Verfassungsgesetz). In: GBL. Teil I Nr. 64 Seiten 1629 bis 1985 vom 28.September 1990; auch: Sonderdruck aus der Sammlung Das deutsche Bundesrecht (I A / 5). Baden-Baden 1990.

Vertrag (Zwei plus Vier, 1990):
Vertrag zwischen der BRD, DDR, Frankreich, UdSSR, Großbritannien und USA vom 12. September 1990 über die abschließende Regelung in bezug auf Deutschland September 1990. In: BGBL. II 1990 Seite 1318 (deutsch, englisch, französisch, russisch).

Vertrag (BRD / UdSSR, 1991):
Vertrag über gute Nahbarschaft, Partnerschaft und Zusammenarbeit zwischen der BRD und der UdSSR vom 9. November 1990. In: BGBl. II 1991, Seite 703 (deutsch, russisch).

Vertrag (Grenzbestätigung, 1991):
Vertrag zwischen der BRD und der Republik Polen über die Bestätigung der zwischen ihnen bestehenden Grenze vom 14. November 1990. In: BGBl. Teil II 1991 Nr.33 Seite 1329.

Virally (Verwaltung Deutschlands, 1948):
Die internationale Verwaltung Deutschlands vom 8. Mai 1945 bis 24.April 1947. Baden-Baden 1948.

Vitzthum, W. Graf (Elbegrenze 1995):
Die Seegebiete und die Seegrenzen. Randziffer 25 Elbe- Grenze. In: Isensee/Kirchhof (Herausgeber) Handbuch des Staatsrechts der BRD Band 1. Zweite Auflage Heidelberg 1995, § 16 Seiten 721 ff.

Volger, Helmut (Herausgeber) (UNO, 2000)

Lexikon der Vereinten Nationen. München /Wien 2000.

Völkerrecht (Dokumente, Teil 1 bis 3, 1973):
Völkerrecht Dokumente, Teil 1 bis 3. Herausgegeben von der Arbeitsgemeinschaft für Völkerrecht beim Institut für Internationale Beziehungen an der Akademie für Staats- und Rechtswissenschaft der DDR. Berlin 1973.

Völkerrecht (Dokumente , Teil 1 bis 3, 1980):
Völkerrecht Dokumente. Herausgegeben von der Arbeitsgemeinschaft für Völkerrecht beim Institut für Internationale Beziehungen an der Akademie für Staats- und Rechtswissenschaft der DDR. 2. Aufl. Berlin 1980.

Völkerrecht (Anzilotti, 1934):
Lehrbuch des Völkerrechts. Anzilotti, Dionissio, nach der 3. italienischen Auflage. Berlin 1934.

Völkerrecht (Berber I, Dokumentensammlung, 1967):
Völkerrecht. Dokumentensammlung. Band I Friedensrecht. Berber (Herausgeber). München/Berlin 1967.

Völkerrecht (Berber II, Dokumentensammlung, 1967):
Völkerrecht. Dokumentensammlung. Band II Konfliktrecht. Berber, (Herausgeber). München / Berlin 1967.

Völkerrecht (Bonfils 1904):
Völkerrecht, Lehrbuch (des). Bonfils, Henry. Berlin 1904.

Völkerrecht (Vanselow, 1931):
Völkerrecht. Einführung in die Praxis der Staaten, von Vanselow, Ernst. Berlin 1931.

Völkerrecht (Völkerrecht, Lehrbuch, 1967):
Völkerrecht. Lehrbuch. Gesamtredaktion: Lewin, D.B. / Kaljusnaja, G. . Berlin 1967.

Völkerrecht (Völkerrecht, Lehrbuch, 1973):
Völkerrecht . Lehrbuch. Teil 1 und Teil 2. Herausgegeben von der Arbeitsgemeinschaft für Völkerrecht beim Institut für Internationale Beziehungen an der Akademie für Staats- und Rechtswissenschaft der DDR. Berlin 1973.

Völkerrecht (Völkerrecht. Lehrbuch, 1981):
Völkerrecht. Lehrbuch. Teil 1 und Teil 2. Herausgegeben von der Arbeitsgemeinschaft für Völkerrecht beim Institut für Internationale Beziehungen an der Akademie für Staats- und Rechtswissenschaft der DDR. Berlin 1981.

Völkerrecht (Herdegen, Völkerrecht, 2007):
Völkerrecht. Herdegen, Matthias. 6. Aufl. München 2007.

Völkerrecht, (Vitzthum, Völkerrecht, 2007):
Völkerrecht. Graf Vitzthum (Herausgeber). Berlin 2007.

Vordeck, Michael (Grenzen in Europa, 2008):
Grenzregionen in Europa und die Last ihrer Geschichte, 2008. Internet, Stichwort Staatsgrenze, ohne Quelle. (Leiter der Sektion Forschung beim Europarat)

Waack, Christoph (Staatsgrenzen, 2000):
Stadträume und Staatsgrenzen. Geteilte Grenzstädte des mittleren und östlichen Europa im Kontext lokaler Alltagswelten, nationalen Politik und supranationaler Anforderungen. Beiträge zur regionalen Geographie. Leipzig 2000.

Wagner, Helmut (Gliederung, 1971):
Die territoriale Gliederung Deutschlands in Länder seit der Reichsgründung: Eine politologische Studie zur Raum, Ordnung. In: Studien zur territorialen Gliederung Deutschland im 19. und 20. Jahrhundert. o.O.1971.

Derselbe (Innerdeutsche Grenzen, 1990):
Die innerdeutschen Grenzen. In: Demandt (Herausgeber): Deutschlands Grenzen in der Geschichte. München 1990 Seiten 235 bis 276.

Wagner, Wolfgang (Teilung, 1963):
Die Teilung Deutschlands (1941-1949). In: Franz, Günther (Herausgeber): Teilung und Wiedervereinigung. Eine weltgeschichtliche Übersicht. Göttingen u.a.. 1963.

Wahl, Rainer (Einigung, 1991):
Die deutsche Einigung im Spiegel historischer Parallelen. In: Der Staat 1991Seite 195.

Wal, Eduard van der (Deutsch-polnische Grenze, 2000):
Die Auswirkungen der Grenzziehung an der Oder und Neiße in den vier Besatzungszonen Deutschlands und der politischen Auseinandersetzungen um diese Grenze zwischen den politischen Kräften in Deutschland 1945-1990. In: 50 Jahre Görlitzer Abkommen (Grenze Oder-Neiße, 2000): Seiten 27 bis 36.

Wehner, Burkhard (Neue Staatsgrenzen, 1992):
Nationalstaat, Solidarstaat, Effizenzstaat neue Staatsgrenzen für neue Staatstypen. Darmstadt 1992.

Weinzierl, Ruth (Menschenrechte, 2007):
Menschenrechte an der EU - Außengrenze. Empfehlungen an die Bundesregierung.   Deutsches Institut für Menschenrechte. Internet: www.institut-fuer-menschenrechte

Weizsäcker von, Richard (Deutschland, 1991):
Von Deutschland nach Europa. Die bewegende Kraft der Geschichte. Berlin 1991.

Weltraum und Recht, (Weltraum und Recht, 1985):
Weltraum und Recht. Herausgegeben: Institut für Staat und Recht an der Akademie der Wissenschaften der UdSSR. Moskau 1985.

Welker, Harald (Klimakriege, 2008):
Klimakriege. Wofür im 21. Jahrhundert getötet wird. Zweite Auflage. Frankfurt a. M. 2008

Wesel, Uwe, (Honecker Prozeß, 1994):
Der Honecker - Prozeß. Ein Staat vor Gericht. Frankfurt a. M. 1994.

Derselbe (Krenz Urteil, 2002):
Das Urteil gegen Egon Krenz. In: Rudorf (Herausgeber): Krenzfälle die Grenzen der Justiz. Berlin 2002 Seiten 205 bis 207.

Wheeler, George S. (USA-Politik, 1958):
Die amerikanische Politik in Deutschland (1945 - 1950). Berlin 1958.

Wiegen, Uwe (Elbe 1945):
Zwischen Boizenburg/Elbe und Ludwigslust-die letzten Kriegstage im April - Mai 1945. In: Zur Geschichte Boizenburgs. Herausgegeben vom Verein Boizenburger Museumsfreunde-Verein zur Förderung des Heimatmuseums. Wiebendorf 2007. Seiten 62 bis 77.

Wieland, Günther (Rechtsverkehr, 2004):
Deutsch-deutscher Rechtsverkehr 1945-1990. In: Derselbe. Naziverbrechen und deutsche Strafjustiz. Berlin 2004 Seiten 352 bis 369.

Wiese, Wolfgang (Rohrleitungen, 1997):
Grenzüberschreitende Landrohrleitungen und seeverlegte Rohrleitungen im Völkerrecht. Berlin 1997.

Wörterbuch des Völkerrechts (Wörterbuch, 1962):
Strupp / Schlochauer (Herausgeber) Wörterbuch des Völkerrechts. Registerband Berlin 1962.

Wolf, Armin (Geschichtsatlanten, 2003):
Zum Deutschland-Bild in Geschichtsatlanten des 19. Jahrhunderts. In: Geschichtsdeutung auf

alten Karten . Archäologie und Geschichte. Herausgegeben von Dagmar Unverhau, Wiesbaden 2003. Seiten 257 bis 286.

Wolf, Birgit (DDR-Sprache, 2000):
Sprache in der DDR. Ein Wörterbuch. Berlin 2000.

Wolff, Friedrich (Beurteilung, 1993):
Die strafrechtliche Beurteilung der Schüsse an der innerdeutschen Grenze als Teilkomplex der juristischen Aufarbeitung der "Regierungskriminalität" in der DDR. In: Lampe (Herausgeber):Deutsche Wiedervereinigung Band II: Die Verfolgung von Regierungskriminalität der DDR nach der Wiedervereinigung. Köln u. a. 1993,

Derselbe (Deutsche Justiz, 2005):
Einigkeit und Recht: die DDR und die deutsche Justiz; Politik und Justiz vom Schießbefehl Friedrich Wilhelm IV. bis zum "Schießbefehl" Erich Honeckers. Zweite Auflage. Berlin 2005.

Wolfram, Rüdiger (Küstenmeer, 1986):
Küstenmeergrenzen der BRD. In: Archiv des Völkerrechts 1986 Seite 247.

Wünsche, Harry (Seerecht, 1985):
Die neue Konvention über das Seerecht und das "Gemeinsame Erbe der Menschheit". In: Graefrath (Herausgeber): Probleme des Völkerrechts. Berlin 1985 Seiten 303 bis 328.

Zernack, Klaus (Ostgrenze, 1990):
Deutschlands Ostgrenze. In: Demandt (Herausgeber): Deutschlands Grenzen in der Geschichte. München 1990 Seiten 135 bis 159.

Derselbe (Brandenburg und Polen, 2001):
Brandenburg und Polen im Mittealter In: Derselbe (Herausgeber).Preußen - Deutschland - Polen. Aufsätze zur Geschichte der deutsch-polnischen Beziehungen. 2. Auflage Berlin 2001.

Zieger, Gottfried (Grenzgesetz 1983):
Das neue Gesetz über die Staatsgrenze der DDR. In: Recht in Ost und West. Heft 1 1983. Seiten 1 bis 12.

Ziegler, Kurt-Heinz (Völkerrechtsgeschichte, 2007): Völkerrechtsgeschichte. Zweite Auflage München 2007.

Zur Frage der Grenzen (Frage der Grenzen, 1959):
Zur Frage der Grenzen. Gutachten des Ausschusses für Auswärtige Angelegenheiten der Volkskammer der DDR vom 9. Februar 1959 über den Entwurf der Regierung der UdSSR für einen Friedensvertrag mit Deutschland. In: Entwurf (Friedensvertrag, 1959) Seite 20 bis 23.